2020 양의 문으로

내 삶의 최고의 멘토
예수 그리스도

1. 내 삶의 최고의 멘토 예수 그리스도　　　　　　　12

2. 2020 양의 문으로 **부활의 영광, 새 언약의 성취**　　122

　　1) 빛과 어두움　　　　　　　　　　　　　　　122
　　2) 궁창(하늘) 위의 물과 아래(땅)의 물　　　　　137
　　3) 하늘의 전쟁　　　　　　　　　　　　　　　150
　　4) 너는 내 앞에서 행하여 완전하라　　　　　　157
　　5) 성령의 인도와 사역 1·2　　　　　　　　　　165
　　6) 그리스도의 부활　　　　　　　　　　　　　178
　　7) 성경은 무엇을 기록하고 있습니까?　　　　　189

여기에 기록된 말씀들을 하나도 빠짐없이 나에게 주시는 말씀으로 읽을 때에 놀라운 그리스도의 말씀이 열리고 풀어지는 하나님의 음성을 듣고 경험하는 성령의 기름 부으심이 흘러가서 66권의 성경의 말씀이 새롭게 영의 세계가 열리며 풀어지는 새 예루살렘의 거룩한 신부로 거룩한 하나님의 아들들로 온전히 변화되시길 간절히 기도하며 앞으로 주님이 행하실 일들을 기대합니다.

말씀이 뜨거워지는 경험을 통하여 영적으로 분별하여 말씀을 더욱 알고 주님을 더욱 갈망하며 마음을 다하고 목숨을 다하고 뜻을 다하여 주님을 사랑하며 이웃을 내 자신같이 사랑하는 십자가의 사랑이 실천되는 사랑의 율법의 완성으로 부활의 생명과 복음의 참 빛으로 완전하게 하실 모두를 주님의 이름으로 축복합니다.

"

마16:16
> 주는 그리스도시요 살아계신 하나님의 아들이시니이다

계21:5-7
> 보좌에 앉으신 이가 이르시되 이루었도다 나는 알파와 오메가요 처음과 마지막이라 내가 생명수 샘물을 목마른 자에게 값없이 주리니 이기는 자는 이것들을 상속으로 받으리라 나는 그의 하나님이 되고 그는 내 아들이 되리라

"

서문

"내가 네게 일러준 모든 말을 책에 기록하라 (렘30:2)"
 2019년 7월 12일 금요일 오전 묵상 중에 마지막 확증으로 책에 기록하기로 결정하였습니다.
 주님의 음성을 듣고 세상의 모든 익숙한 것과의 이별의 시간과 함께 주님이 부르시는 제주도에 가라는 부르심 앞에 강남금식기도원에서 금식하며 최종적으로 하나님의 음성을 듣고 순종하고 하나님의 부르심의 자리, 제주도에서 하나님과 동행하는 삶 가운데 광야의 길의 여정이었음을 나중에야 알게 되었습니다.
 고2때 (화실에 다니면서 결국 인테리어 디자이너가 되는 세상의 꿈은 이루지만 하나님을 떠난 삶이었고 우상숭배에 빠져 살았습니다.) 하나님을 떠나 세속에 물든 탕자였던 저에게 15년 만에 33세의 겨울에 뜨겁게 저를 다시 만나주셨던 그 날을 잊을 수 없습니다. 그때부터 세상은 간곳없고 구속하신 주님만이 전부였습니다.
 알 바와 갈 바를 알지 못하고 따라갔던 아브람처럼 저 또한 약속의 자녀로 부름 받고 제주도로 가라는 주님의 음성 따라 성령의 전적인 인도하심과 하나님아버지의 은혜로 나는 스스로 아무것도 할 수 없지만 아픔의 땅을 한 발자국 내딛고 다시 주님의 전적인 은혜와 부르심 가운데 기쁨으로 순종하며 제주도에 도착하면서부터 하나님은 나를 인도하신다는 것을 순간마다 깨달았고 이전 일들이 정말로 상처가 기억되지 않았고 주님의 그 사랑이 확실히 느껴지는 다시는 버림받지 않는 하나님 나라로 저를 인도하셨습니다. 헵시바라는 새 이름을 주셨습니다. 절망에서 기쁨으로 미움에서 사랑으로 회복하게 하시면서 하나님의 사랑을 느끼며 보게 하셨습니다.
 그리고 중보기도 평신도 사역자에서 저를 목회자로 인도하셨습니다. 잊을 수 없는 결정적으로 주님의 부르심 앞에 제자들의 모습을 떠오르게 하신 그 날 2008년 여름에 제 딸 방 침대에서 예수님께서 빛과 같이 주님의 형상인 모습으로 저에게 친히 오셨습니다.

그리고 그 따스함의 그 사랑의 음성을 잊을 수 없습니다. 그 음성을 듣고 펑펑 울며 어떻게 비천한 저에게 오셨는지 감히 말문이 막혔고 그저 흰 옷을 입고 계신 그 아름다운 광채의 거룩하신 주님의 모습 앞에 감격과 황홀함뿐일 때 주님이 직접 침대에 앉게 하시고 제 발을 닦아 주시면서 "내가 너의 발을 닦은 것처럼 다른 자에게도 이렇게 발을 닦아 줄 때마다 천국에서 내려와 내가 너와 함께 춤을 추리라" 말씀하시며 기쁨의 모습으로 저와 함께 춤을 추셨던 그날의 사건으로 주님의 제자로 목회자의 부르심 앞에 즉시로 순종했던 그 아름다운 날을 영원히 잊지 못합니다.

　3년 동안 부교역자로 섬기고 2011년부터 단독목회를 시작하면서 많은 고난의 훈련의 시간이 있었고 많은 간증들도 있지만 주님은 이전 것은 내려놓고 지금의 있는 그대로 모습으로 인도하실 것을 기대하며 새 생명수를 마시라고 하십니다. 목회의 이야기보다는 제 삶의 일부의 이야기입니다. 실재의 삶이 곧 예배의 삶이라는 것을 깨닫습니다. 나중에 영의 양식(새 생명의 삶)들로 마무리됩니다. 영의 세계를 보는 자들은 알게 될 것입니다. 주님은 우리 각자 모두를 너무도 잘 아십니다.

　저는 자격이 없고 너무도 부족합니다. 그러나 주님의 말씀을 통하여 친히 성령의 기름 부으심이 가르쳐주시기에 각자의 분량의 따라 한 지체로 그리스도의 몸을 이루는 과정이기에 말씀과 기도로 거룩해지는 과정이라는 마음으로 이 책은 오직 예수 그리스도만이 전부입니다. 저에게 주신 말씀들을 멘토링 해주시면서 정리하고 매 순간 기억하라고 우선 저에게 주신 선물로 말씀들을 순간마다 기억해야만 살 수 있다는 아버지의 사랑의 메시지라고 느꼈습니다.

　말의 표현과 경험이 다를 수는 있지만 그러나 그 이상도 그 이하도 아닌 저와 함께하시는 예수 그리스도를 전하며 함께 저의 삶의 실재로 역사하시는 주님과의 교제들을 나눕니다. 저에게는 실재로 지금까지 놓치지 않고 일기장이 지금 현재까지 매일 교제의 시간에 일어나자마자 우선적으로 아침 시간에 묵상을 하며 노트에 적습니다. 전부를 다 담을 수 없기에 가장 최근의 묵상한 내용을 개인적으로 주님과의 만남을 함께 나눕니다.

　2019년 7월 12일 최종 확증될 때까지 2019년 초부터 다른 곳에서 저를 위해 기도할 때 책을 준비하라는 마음을 주신다고 몇 번의 예언기도와 권유 끝에 주님께 기도하기 시작하면서 자연스럽게 렘30:2 말씀을 따라 있는 그대로 일기장에 매일 묵상하며 주님과의 교제의 노트를 기록한 그대로 타이핑으로 옮기기 시작하였습니다.

 이 책을 읽는 모든 분들도 날마다 주님과 교제하며 먼저 주님의 뜻을 구하며 주님이 말씀하시는 것을 하나님의 음성을 듣고 순종하는 삶과 말씀과 기도로 거룩해지며 성령의 인도하심으로 나는 날마다 죽고 날마다 그리스도로 사는 삶으로 변화를 받는, 실재의 삶으로 전환되어 말씀대로 살아가는 훈련 가운데 참 기쁨과 주님 품안에 안식함을 누리는 새 생명의 삶으로 주님을 다시 뜨겁게 만나는 각자가 우선적으로 하나님과 친밀한 교제의 시작으로 성령의 충만과 회복으로 풀어지는 새 하늘과 새 땅을 바라보는 새 예루살렘의 성도가 모두 되시길 주 예수 그리스도의 이름으로 축복하며 기도합니다.

 끝으로 저의 동역자이시고 중보자이신 사랑하고 존경하는 남편(류성호)사부님과 항상 미안함이 많은 보배롭고 존귀한 사랑하는 아들(동욱)과 딸(현주)과 얼마 전에 2019년 4월 28일에 소천하신 사랑하는 엄마와(저자는 2남2녀 중에 막내로 태어남) 저희 가족들(친정, 시댁)과 그리고 성도들과 그리고 교단 총회장님과 선배 후배님들, 동료들과 동역자분들과 중보기도자들에게 진심으로 감사의 마음을 전합니다.

 마지막으로 나를 위해 십자가에 못 박혀 죽으시고 다시 사신 부활의 생명과 영광되시는 주 예수 그리스도와 하나님 아버지께 모든 감사와 찬송과 영광을 올려드립니다.

-너무도 지극히 작은 자 중에 작은 자 안식년 2019년 10월 오 미영(헵시바) 올림-

타이핑 마무리를 할 때 신비한 은혜와 은사로 선물을 주신 주님을 찬양하며 간증합니다. 주님이 책의 마무리로 정리를 할 때 새 피아노와 함께 천상의 찬양을 하도록 큰 기름부음을 주셔서 새예루살렘 빈들찬양예배에 다윗이 하프를 칠 때 사울 속의 악귀가 떠난 것처럼 모든 악귀가 제주도와 온 열방 가운데 그리고 예루살렘까지 피아노 소리가 울려 퍼지는 곳에 악한 것이 떠나고 참되신 예수 그리스도만을 나타나기를 기대합니다.
큰 선물을 주신 주님께 모든 영광 올립니다.

2019.10.21.월

국민일보
[오늘의 설교] 이 세대를 바라보시는 예수님
2017.10.11.

누가복음 19장 41-44절

성령으로 거듭나 변화된 그리스도인은 예수님의 눈물을 아는 중보자, 곧 예배자입니다. 변화된 그리스도인은 예수님의 부활 생명, 부활 영광의 모습을 보는 하나님의 자녀로 신분이 바뀝니다. 주님을 사랑하기 때문에 이 땅을 바라보시며 보좌 위에서 흘리는 하나님의 생명수(눈물)를 봅니다.

오늘 본문에서 예수님은 예루살렘성을 보고 우셨습니다.
"가까이 오사 성을 보시고 우시며."(41절) 예수님이 예루살렘성에 들어오실 때 많은 사람은 종려나무 가지를 흔들었습니다. 그들은 "호산나, 찬송하리로다"라고 소리를 지르면서 환영했습니다.

이런 상황에서 예수님께서 우신 겁니다. 눈앞에 펼쳐진 예루살렘성은 수많은 사람으로 온통 축제 분위기였습니다. 예수님은 죄와 사망에서 구원하시는 메시아로 오셨습니다. 그러나 사람들은 주님을 세상의 나라를 세울 왕으로 오해하고 환영했습니다. 그러니 예수님 보시기에 얼마나 안타깝고 속상하셨겠습니까.

오늘도 마찬가지입니다. 말씀을 제대로 깨닫지 못하면 우리도 예루살렘성 사람들과 똑같이 행동했을 것입니다. 예루살렘은 다윗왕 때부터 예배와 기도의 중심지였습니다. 그러나 주님의 마음을 몰랐습니다. "이르시되 너도 오늘 평화에 관한 일을 알았더라면 좋을 뻔하였거니와 지금 네 눈에 숨겨졌도다."(눅 19:42)

죄를 회개하면 참자유와 소망이 되시는 예수님이 오십니다. 마음으로 믿어 의에 이르게 되고 입으로 시인하여 구원을 얻기 때문입니다. 그러나 그들은 회개하지 않았습니다. 심지어 그들은 예수님을 제대로 알지 못했고 알려고 하지도 않았습니다. 계속적인 외침에도 불구하고 죄가 잉태한즉 사망이 되었습니다. 그것이 결국 재앙이 되어 예루살렘이 무너진 것입니다.

지금 이 세대는 어떻습니까. 교회의 모습에서, 하나님이 세운 지도자와 교사, 성도들의 모습에서 빛의 자녀로서 열매가 나타나고 있습니까. 주님은 오늘도 계속적으로 우리에게 말씀하십니다. 기회를 주시고 계십니다. 주님은 악은 어떤 모양이라도 버리라고 말씀하고 계십니다(살전 5:22). 오늘날 교회와 성도들의 모습은 크게 두 가지로 구별됩니다. 그것은 변화 받지 못한 육의 사람과 변화 받은 성령의 사람입니다.

"육체의 일은 분명하니 곧 음행과 더러운 것과 호색과 우상숭배와 주술과 원수 맺는 것과 분쟁과 시기와 분냄과 당 짓는 것과 분열함과 이단과 투기와 술 취함과 방탕함과 또 그와 같은 것들이라 전에 너희에게 경계한 것 같이 경계하노니 이런 일을 하는 자들은 하나님의 나라를 유업으로 받지 못할 것이요."(갈 5:19-21)

"오직 성령의 열매는 사랑과 희락과 화평과 오래 참음과 자비와 양선과 충성과 온유와 절제니 이 같은 것을 금지할 법이 없느니라 그리스도 예수의 사람들은 육체와 함께 그 정욕과 탐심을 십자가에 못 박았느니라."(갈 5:22-24)

사랑하는 성도 여러분, 지금도 예수님은 이 땅을 바라보시면서 눈물을 흘리고 계십니다. 이제부터라도 주님의 마음을 시원케 해드립시다. 하나님 마음을 기쁘게 해드리는 구별된 거룩한 성도가 되어 시대를 분별하고 부활의 생명을 선포합시다. 그런 성도가 되시기를 예수 그리스도의 이름으로 축복합니다.

국민일보에 실렸던 '오늘의 설교'입니다. <참조>

오 미영 목사 [제주포도나무 교회]

내 삶의 최고의 멘토 **예수 그리스도**

20190625 화요일

_{헵시바}
미영 - 주님 인도하소서. 주님의 뜻을 이루소서. 아빠! 사랑해요. 아빠! 오늘의 모든 삶을 주님 손에 올립니다.

주님 : 약3:13-18

13 너희 중에 지혜와 총명이 있는 자가 누구냐 그는 선행으로 말미암아 지혜의 온유함으로 그 행함을 보일 지니라 14 그러나 너희 마음속에 독한 시기와 다툼이 있으면 자랑하지 말라 15 이러한 지혜는 위로부터 내려온 곳이 아니요 땅 위의 것이요 정욕의 것이요 귀신이 것이니 16 시기와 다툼이 있는 곳에는 혼란과 모든 악한 일이 있음이라 17 오직 위로부터 난 지혜는 첫째 성결하고 다음에 화평하고 관용하고 양순하며 긍휼과 선한 열매가 가득하고 편견과 거짓이 없나니 18 화평하게 하는 자들은 화평으로 심어 의의 열매를 거두니라

벧후1:1-15

1 예수 그리스도의 종이며 사도인 시몬 베드로는 우리 하나님과 구주 예수 그리스도의 의를 힘입어 동일하게 보배로운 믿음을 우리와 함께 받은 자들에게 편지하노니 2 하나님과 우리 주 예수를 앎으로 은혜와 평강이 너희에게 더욱 많을지어다 3 그의 신기한 능력으로 생명과 경건에 속한 모든 것을 우리에게 주셨으니 이는 자기의 영광과 덕으로써 우리를 부르신 이를 앎으로 말미암음이라 4 이로써 그 보배롭고 지극히 큰 약속을 우리에게 주사 이 약속으로 말미암아 너희가 정욕 때문에 세상에서 썩어질 것을 피하여 신성한 성품에 참여하는 자가 되게 하려 하셨느니라 5 그러므로 너희가 더욱 힘써 너희 믿음에 덕을 덕에 지식을 6 지식에 절제를 절제에 인내를 인내에 경건을 7 경건에 형제 우애를 형제 우애에 사랑을 더하라 8 이런 것이 너희에게 있어 흡족한 즉 너희로 우리 주 예수 그리스도를 알기에 게으르지 않고 열매 없는 자가 되지 않게 하려니와 9 이런 것이 없는 자는 맹인이라 멀리 보지 못하고 그의 옛 죄가 깨끗하게 된 것을 잊었느니라 10 그러므로 형제들아 더욱 힘써 너희 부르심과 택하심을 굳게

하라 너희가 이것을 행한즉 언제든지 실족하지 아니하리라 11 이같이 하면 우리 주 곧 구주 예수그리스도의 영원한 나라에 들어감을 넉넉히 너희에게 주시리라 12 그러므로 너희가 이 것을 알고 이미 있는 진리에 서 있으나 내가 항상 너희에게 생각나게 하려 하노라 13 내가 이 장막에 있을 동안에 너희를 일깨워 생각나게 함이 옳은 줄로 여기노니 14 이는 우리 주 예수 그리스도께서 내게 지시하신 것 같이 나도 나의 장막을 벗어 날 것이 임박한 줄을 앎이라 15 내가 힘써 너희로 하여금 내가 떠난 후에라도 어느 때나 이런 것을 생각나게 하려 하노라

헵시바
미영 - 아멘. 주의 영으로 살게 하소서. 하늘 보좌 위만 바라보게 하소서.

주님 : 미영아! 롬6:10-11
그가 죽으심은 죄에 대하여 단 번에 죽으심이요 그가 살아계심은 하나님께 대하여 살아계심 이니 11 이와 같이 너희도 너희 자신을 죄에 대하여는 죽은 자요 그리스도 예수 안에서 하나 님께 대하여는 살아있는 자로 여길지어다

헵시바
미영 - 아멘. 그리스도 예수 안에서만이 하나님께 대하여 살아있는 자로 여기게 하소서. 아빠 단번에 죄에 대하여 죽게 하시고 죄에서 벗어나 온전히 자유하게 되었음을 날마 다 순간마다 기억되게 하소서. 몸의 사욕에 순종하지 않고 은혜 아래에 있게 하시고 거 룩함에 이르는 열매를 맺게 하시고 영생에 이르게 하소서.

주님 : 미영아! 네가 살아있는 것은 하나님 한 분을 위해 그리스도 안에서 살게 하는 것이란다. 피로 세운 언약의 성취가 새 언약의 중보자 주 예수 그리스도이란다. 생명, 부활

헵시바
미영 - 아멘. 주님 그렇게 날마다 늘 기억되고 생각나게 하소서. 늘 말씀들이 기억되게 하소 서. 하나님 아버지만을 경외하게 하소서. 아빠! 인도하소서. 알게 하소서.

헵시바
미영 - 아빠! 센터 사용여부 문의 연락 왔어요. 주님의 뜻이라면 알게 하소서. 아니면 완전히 내려놓게 하소서.

주님 : 미영아! 신명기 30장

1 내가 네게 진술한 모든 복과 저주가 네게 임하므로 네가 네 하나님 여호와로부터 쫓겨난 모든 나라 가운데서 이 일이 마음에서 기억이 나거든 2 너와 네 자손이 네 하나님 여호와께로 돌아와 내가 오늘 네게 명령한 것을 온전히 따라 마음을 다하고 뜻을 다하여 여호와의 말씀을 청종하면 3 네 하나님 여호와께서 마음을 돌이키시고 너를 긍휼히 여기사 포로에게 돌아오게 하시되 네 하나님 여호와께서 흩으신 그 모든 백성 중에서 너를 모으시리니 4 네 쫓겨간 자들이 하늘 가에 있을지라도 네 하나님 여호와께서 거기서 너를 모으실 것이며 거기서부터 너를 이끄실 것이라 5 네 하나님 여호와께서 너를 네 조상들이 차지한 땅으로 돌아오게 하사 네게 선을 행하사 너를 네 조상들보다 더 번성하게 하실 것이며 6 네 하나님 여호와께서 네 마음과 네 자손의 마음에 할례를 베푸사 너로 마음을 다하며 뜻을 다하여 네 하나님 여호와를 사랑하게 하사 너로 생명을 얻게 하실 것이며 7 네 하나님 여호와께서 네 적군과 너를 미워하고 핍박하던 자에게 이 모든 저주를 내리게 하시리니 8 너는 돌아와 다시 여호와의 말씀을 청종하고 내가 오늘 명령하는 그 모든 명령을 행할 것이라 9-10 네가 네 하나님 여호와의 말씀을 청종하여 이 율법 책에 기록된 그의 명령과 규례를 지키고 네 마음을 다하며 뜻을 다하여 여호와 네 하나님께 돌아오면 네 하나님 여호와께서 네 손으로 하는 모든 일과 네 몸의 소생과 네 가축의 새끼와 네 토지의 소산을 많게 하시고 네게 복을 주시되 곧 여호와께서 네 조상들을 기뻐하신 것과 같이 너를 다시 기뻐하사 네게 복을 주시리라 11 내가 오늘 네게 명령한 이 명령은 네게 어려운 것도 아니요 먼 것도 아니라 12 하늘에 있는 것이 아니니 네가 이르기를 누가 우리를 위하여 하늘에 올라가 그의 명령을 우리에게로 가지고 와서 우리에게 들려 행하게 하랴 할 것이 아니요 13 이것이 바다 밖에 있는 것이 아니니 네가 이르기를 누가 우리를 위하여 바다를 건너가서 그의 명령을 우리에게로 가지고 와서 우리에게 들려 행하게 하랴 할 것도 아니라 14 오직 그 말씀이 네게 매우 가까워서 네 입에 있으며 네 마음에 있은즉 네가 이를 행할 수 있느니라 15 보라 내가 오늘 생명과 복과 사망과 화를 네 앞에 두었나니 16 곧 내가 오늘 내가 명령하여 네 하나님 여호와를 사랑하고 그 모든 길로 행하며 그의 명령과 규례와 법도를 지키라 하는 것이라 그리하면 네가 생존하며 번성할 것이요 또 네 하나님 여호와께서 네가 가서 차지할 땅에서 네게 복을 주실 것임 이니라 17 그러나 네가 만일 마음을 돌이켜 듣지 아니하고 유혹을 받아 다른 신들에게 절하고 그를 섬기면 18 내가 오늘 너희에게 선언하노니 너희가 반드시 망할 것이라 너희가 요단을 건너가서 차지할 땅에서 너희의 날이 길지 못할 것이니라 19 내가 오늘 하늘과 땅을 불러 너희에게 증거를 삼노라 내가 생명과 사망

과 복과 저주를 네 앞에 두었은즉 너와 네 자손이 살기 위하여 생명을 택하고 20 네 하나님 여호와를 사랑하고 그의 말씀을 청종하며 또 그를 의지하라 그는 네 생명이시오 네 장수이시니 여호와께서 네 조상 아브라함과 이삭과 야곱에 주리라고 맹세하신 땅에 네가 거주하리라

헵시바 미영 - 아멘. 아빠! 도와주세요. 지혜와 계시의 영으로 인도하소서.

주님 : 미영아! 그 자리는 물론 좋은 자리이지만 아직은 때가 아니니라. 너희들이 차지할 땅으로 거주하게 될 것이니라. 바로 이곳이 브엘세바에서 터졌던 우물이 거주하게 되고 정착되었던 이삭처럼 그렇게 너희들이 이곳에서부터 시작되었느니라. 새로운 출발로 이곳에서 생수의 강이 흘러갈 것이니라.

헵시바 미영 - 아멘. 주님 감사합니다.

20190626 수요일

헵시바 미영 - 주님 인도하소서. 시기와 다툼이 있는 곳에 있지 않게 하시고 속하지 않게 하소서. 저는 주님을 향한 뜻만 이루어지게 하소서.

주님 : 요일4:1-6

1 사랑하는 자들아 영을 다 믿지 말고 오직 영들이 하나님께 속하였나 분별하라 많은 거짓 선지자가 세상에 나왔음이라 2 이로써 너희가 하나님의 영을 알지니 곧 예수 그리스도께서 육체로 오신 것을 시인하는 영마다 하나님께 속한 것이요 3 예수를 시인하지 아니하는 영마다 하나님께 속한 것이 아니니 이것이 곧 적그리스도의 영이니라 오리라 한 말을 너희가 들었거니와 지금 벌써 세상에 있느니라 4 자녀들아 너희는 하나님께 속하였고 또 그들을 이기었나니 이는 너희 안에 계신 이가 세상에 있는 자보다 크심이라 5 그들은 세상에 속한 고로 세상에 속한 말을 하매 세상이 그들의 말을 듣느니라 6 우리는 하나님께 속하였으니 하나님을 아는 자는 우리의 말을 듣고 하나님께 속하지 아니한 자는 우리의 말을 듣지 아니하나니 진리의 영과 미혹의 영을 이로써 아느니라

살전2:1-10

1 형제들아 우리가 너희 가운데 들어간 것이 헛되지 않은 줄을 너희가 친히 아나니 너희가 아는 바와 같이 우리가 먼저 빌립보에서 고난과 능욕을 당하였으나 우리 하나님을 힘입어 많은 싸움 중에 하나님의 복음을 너희에게 전하였노라 3 우리의 권면은 간사함이나 부정에서 난 것이 아니요 속임수로 하는 것도 아니라 오직 하나님께 옳게 여기심을 입어 복음을 위탁 받았으니 우리가 이와 같이 말함은 사람을 기쁘게 하려함이 아니요 오직 우리 마음을 감찰하시는 하나님을 기쁘시게 하려 함이라 5 너희도 알거니와 우리가 아무 때에도 아첨하는 말이나 탐심의 탈을 쓰지 아니한 것을 하나님이 증언하시느니라 6 또한 우리는 너희에게서든지 사람에게서는 영광을 구하지 아니하였노라 7 우리는 그리스도의 사도로서 마땅히 권위를 주장할 수 있으나 도리어 너희 가운데서 유순한 자가 되어 유모가 자기 자녀를 기름과 같이 하였으니 8 우리가 이같이 너희를 사모하여 하나님의 복음뿐 아니라 우리의 목숨까지도 너희에게 주기를 기뻐함은 너희가 우리의 사랑하는 자 됨이라 9 형제들아 우리의 수고와 애쓴 것을 너희가 기억하리니 너희 아무에게도 폐를 끼치지 아니하려고 밤낮으로 일하면서 너희에게 하나님의 복음으로 전하였노라 10 우리가 믿는 자들을 향하여 어떻게 거룩하고 옳고 흠 없이 행하였는지에 대하여 너희가 증인이요 하나님도 그러하시도다

미영(헵시바) - 아멘. 오늘 방문한 사역자의 행동은 객이 주인에게 주인 행세하는 모습을 보았습니다. 그것은 하나님을 빙자한 수단된 삶이지만 주변의 사람들은 사역자라고 속았습니다. 어려울 때 도움을 준 자에게 세상 사람처럼 본인 혈기로 저희에게 대하였습니다. 그리고 서로를 다투게 하고 분열시키는 그런 열매가 어디서부터 왔는지 알게 되었습니다. 거짓 선지자들은 제주도 땅에 발도 못 붙이게 하소서. 주님 인도하소서. 자기가 듣고 싶은 말만 들으려 하고 배려와 사랑은 없습니다. 자라지 않고 후퇴하는 영적인 생명에 영적인 죽음으로 이르는 생명이었음을 봅니다. 아빠 저 또한 되돌아봅니다. 저도 그런 모습이 아닌지 두렵습니다. 저를 불쌍히 여기시고 나는 죽고 그리스도로 살게 하소서.

주님 : 미영아! 너의 모든 생각과 그 마음을 안단다. 그러나 스스로 베어버리지 못한다면 쓴 뿌리가 온 주변을 더럽게 한다는 것이란다. 철저히 빚어지지 않고는 새로운 시작

이란 없단다. 잘못된 이해와 잘못된 편견으로부터 나와의(주님) 모든 것이 반대되는 그곳에 머물러 있단다. 그들은 처음부터 내가(주님) 보낸 자는 아니었단다. 스스로 가기를 자처하였고 스스로 그 모든 것을 선택한 결과 이니라. 그러니 그들이 가는 곳에는 연합이 없단다. 그러나 내가 그것을 허락만 하였고 나는(주님) 함께 가지 않았다. 그 주위에 누구와 함께 있는지 그것을 보면 알 수 있단다.

헵시바
미영 - 아멘. 주님 저는 모세와 같이 출애굽기 33장 15절 '모세가 여호와께 아뢰되 주께서 친히 가지 아니하시려거든 우리를 이곳에서 올려 보내지 마시옵소서' 영적으로 분별하게 하시고 권위를 주장하지 않게 하소서. 오늘의 말씀을 더욱 깊이 새기게 하소서.

주님 : 미영아! 앞으로 너희 부부가 이렇게 살면 되는 것이란다.

시편72편 6-12

> 6 그는 벤 풀 위에 내리는 비같이 땅을 적시는 소낙비 같이 내리리니 7 그의 날에 의인이 흥왕하여 평강의 풍성함이 달이 다할 때까지 이르리로다 8 그가 바다에서부터 바다까지와 강에서부터 땅 끝까지 다스리리니 9 광야에 사는 자는 그 앞에 굽히며 그의 원수들은 티끌을 핥을 것이며 10 다시스와 섬이 왕들이 조공을 바치며 스바와 시바 왕들이 예물을 드리리로다 11 모든 왕이 그의 앞에 부복하며 모든 민족이 다 그를 섬기리로다 12 그는 궁핍한 자가 부르짖을 때에 건지며 도움이 없는 가난한 자도 건지며

헵시바
미영 - 아멘!! 주님 감사합니다.

20190627 목요일

헵시바
미영 - 아빠! 사랑해요. 예수 그리스도의 보혈로 덮게 하시고 오직 주 예수 그리스도를 향해 방해가 되고 잘못되었던 것과 죄악들을 알게 하시고 용서하소서. 다시는 죄악 가

운데 서지 않게 하시고 예수 그리스도의 생명 안에 거하게 하소서.

주님 : 양같이 내 음성을 듣고 순종하는 그런 자녀들이 되기를 원한단다.(요10:3, 27) 구하라 그리하면 주실 것이요 찾아라 그리하면 찾을 것이요 두들겨라 그리하면 열릴 것이니라(마7:7.8) 미영아 기름과 물을 섞어도 다른 요소를 가지고 있기에 기름은 기름으로 나타나고 물은 물대로 나타나는 것이란다. 그러나 물에다가 어떤 액체의 가루를 타도 물과 색이 합하여 그 색깔을 이루는 것처럼 나의 자녀들은 내 안에 거하는 이마다 나를 사랑할 것이요 나도 그를 사랑하여 그 생명이 나타나는 것이란다. 규별되고 분별된 교제의 이 시간이 나는 좋단다.

요10:3 문지기는 그를 위하여 문을 열고 양은 그의 음성을 듣나니 그가 자기 양의 이름을 각각 불러 인도하여 내느니라 27 내 양은 내 음성을 들으며 나는 그들을 알며 그들은 나를 따르느니라
마7:7-8 구하라 그리하면 너희에게 주실 것이요 찾으라 그리하면 찾아 낼 것이요 문을 두드리라 그리하면 너희에게 열릴 것이니 8 구하는 이마다 받을 것이요 찾는 이는 찾아 낼 것이요 두드리는 이에게는 열릴 것이니라

이사야 49장 1-16 전체묵상

> 6 그가 이르시되 네가 나의 종이 되어 야곱의 지파들을 일으키며 이스라엘 중에 보전된 자를 돌아오게 할 것은 매우 쉬운 일이라 내가 또 너를 이방의 빛으로 삼아 나의 구원을 베풀어서 땅 끝까지 이르게 하리라 7 이스라엘의 구속자 이스라엘의 거룩한 이이신 여호와께서 사람에게 멸시를 당하는 자 백성에게 미움을 받는 자, 관원들에게 종이 된 자에게 이같이 이르시되 왕들이 보고 일어서며 고관들이 경배하리니 이는 이스라엘의 거룩하신 이 신실하신 여호와 그가 너를 택하셨음이니라 8 여호와께서 이같이 이르시되 은혜의 때에 내가 네게 응답하였고 구원의 날에 내가 너를 도왔도다 내가 장차 너를 보호하여 너를 백성의 언약으로 삼으며 나라를 일으켜 그들에게 황무하였던 땅을 기업으로 상속하게 하리라

<small>헵시바</small>
미영 - 아멘. 주님 감사합니다.

20190628 금요일

미영(햅시바) - 주님 인도하소서. 주님의 뜻을 이루소서. 저를 붙들어 주소서. 심령이 가난한 자가 되게 하시고 애통하는 자가 되게 하시고 온유한 자 되게 하시고 의에 주리고 목마른 자 되게 하시고 긍휼히 여기는 자 마음이 청결한 자 화평하게 하는 자 의를 위하여 박해를 받은 자 되게 하소서. 세상의 빛과 소금이 되게 하시고 착한 행실을 보고 하늘에 계신 아버지께 영광이 되는 삶 되게 하소서. 나의 이기적인 마음 나밖에 모르는 그런 모습들 자기 합리화와 내 기준으로 맞추려는 자기 의를 아빠 내가 죽지 않고서는 그리스도의 생명이 함께 할 수 없습니다. 나를 철저히 십자가에 못 박게 하소서. 내 안의 예수 그리스도의 부활의 생명으로 살게 하소서. 아빠 나는 스스로 아무것도 할 수 없습니다. 나의 세계관과 가치관의 사고가 주 예수 그리스도의 가치관과 사고체계로 완전히 바뀌게 하소서. 아버지의 마음이 있는 곳에 저의 마음이 있기를 원합니다. 아빠 더 알게 하소서. 진리로서 깨닫게 하시고 진리가 저를 자유하게 하소서. 아빠는 저에 대하여 모든 것을 아십니다. 여지껏 전적인 주님의 은혜임을 고백합니다. 그럼에도 불구하고 저를 인도해주신 아빠! 감사해요. 아빠! 사랑해요. 제가 주님을 벗어나지 않도록 늘 채찍하시고 하나님의 음성 듣게 하소서.

주님 : 요 15:3-14

3 너희는 내가 일러준 말로 이미 깨끗하여졌으니 4 내 안에 거하라 나도 너희 안에 거하리라 가지가 포도나무에 붙어 있지 아니하면 스스로 열매를 맺을 수 없음 같이 너희도 내 안에 있지 아니하면 그러하리라 5 나는 포도나무요 너희는 가지라 그가 내 안에, 내가 그 안에 거하면 사람이 열매를 많이 맺나니 나를 떠나서는 너희가 아무것도 할 수 없음이라 6 사람이 내 안에 거하지 아니하면 가지처럼 밖에 버려져 마르나니 사람들이 그것을 모아다가 불에 던져 사르느니라 7 너희가 내 안에 거하고 내 말이 너희 안에 거하면 무엇이든지 원하는 대로 구하라 그리하면 이루리라 8 너희가 열매를 많이 맺으면 내 아버지께서 영광을 받으실 것이요 너희는 내 제자가 되리라 9 아버지께서 나를 사랑하신 것 같이 나도 너희를 사랑하였으니 나의 사랑 안에 거하라 10 내가 아버지의 계명을 지켜 그의 사랑 안에 거하는 것 같이 너희도 내 계명을 지키면 내 사랑 안에 거하리라 11 내가 이것을 너희에게 이름은 내 기쁨이 너희 안에 있어 너희 기쁨

> 을 충만하게 하려 함이라 12 내 계명은 곧 내가 너희를 사랑한 것 같이 너희도 서로 사랑하라 하는 이 것이니라 13 사람이 친구를 위하여 자기 목숨을 버리면 이보다 더 큰 사랑이 없나니 14 너희는 내가 명하는 대로 행하면 곧 나의 친구라

주님 : 그 누구에게도 너희들을 빼앗기지 않을 것이니라. 샘물의 근원 원천지에 반드시 빼앗겼던 모든 나의 유업들을 되찾을 것이며 갑절의 축복으로 너희들에게 안기어지게 할 것이니라. 나는 만군의 여호와이니라. 가증스러운 자들이 다 드러날 것이며 속이고 멸망시키는 자들을 네 눈으로 똑똑히 스스로 무너지는 것을 보게 될 것이니라. 철저한 보응으로 나의 아들 예수 그리스도를 이 땅에 보낸 것은 죄를 대항하여 이기게 하고 구원에 이르는 믿음 안에 살도록 보내었느니라. 그러나 아직도 그들은 율법에 매여 내가 보낸 선지자와 아들들을 죽이고 있느니라. 이제는 열매를 보면 알지니 그 모든 것을 자기의 것으로 취한 나의 이름을 망령되이 행한 모든 자들이 심판에 이르게 될 것 이니라. 내가 이제는 그들의 마음을 감찰하였고 그 중심을 보았느니라. 이제는 내가 끝까지 참았지만 죄의 대한 형벌이 그들에게 때가 임하였느니라. 거짓말하는 자들과 속이는 자들과 거짓으로 나의 이름을 망령되게 한 자들이 먼저 드러나게 되어 정리될 것이니라. 미영아 내가 도평동 건물 예배실에서 엄위와 위엄의 찬 유다의 사자의 모습으로 너에게 이제부터는 내가 할 것이다. 라고 내가 친히 나타낼 것이라고 했던 그 음성을 기억하느냐?

미영^{헵시바} - 아멘. 주님 그날을 잊지 못합니다...

주님 : 그래 이제부터는 내가 친히 나타나서 그 누구도 나의 영광을 빼앗기지 않을 것이니라. 작은 자가 천을 이루고 만을 이룰 것이니라. 사도요한이 밧모섬에서 보았던 모든 것들이 기록된 것이 아니라 일부만이 기록된 것이니라. 나는 내가 사랑하는 자에게 나의 계획을 말하고 진행 하느니라.(암3:7 주 여호와께서는 자기의 비밀을 그 종 선지자들에게 보이지 아니하시고는 결코 행하심이 없으시리라) 미영아 너에게 긴 시간들이 나에게는 하루에 족하고 1시간에 족하단다. 내가 멸하기로 맹세한 시점부터 바로 집행하는 것이란다. 결정을 내리기까지 많은 인내로 기다리지만 이제는 때가 차매

하나님의 유업을 받을 자들로 정렬될 시간표이니라. 이제 보게 될 것이니라. 내가 너의 하나님이며 내가 너의 아빠 아버지임을 나타낼 것이니라.

미영(헵시바) - 아멘. 이 세상풍조에 따라 살아가던 탕자에서 이혼 후 서울로 다시 돌아와 33세에 주님과 첫사랑이 뜨겁게 회복되면서 그때부터 뒤돌아보지 않고 지금까지 왔습니다. 주님을 뜨겁게 만나면서 서울시 강남구 역삼동에 있는 충현교회로 부르시고 금식하며 기도원에서 기도할 때 제주도로 가라는 주님의 음성을 듣고 2006년 12월 하던 일을 바로 정리하고 부르심을 따라 2007년도에 3월 1일 제주도로 순종하여 내려 온 지가 12년째 되었습니다. 평신도 중보기도자로 부르시고 BDTS 훈련을 받게 하시고 바로 목회자로 부르시고 전도사로 시무할 때 2010년 5월 새롭게 새 언약의 짝이라는 주님의 음성을 듣고 지금 저의 동역자 남편과 교회에서 7월10일에 결혼하게 하시고 6개월후에 지시하신 그 땅 제주도에서 첫 번째 개척지 예수큰사랑교회에서 2011년 1월부터 준비하게 하시며 2011년 2월2일에 담임전도사로 첫 개척 단독목회 창립예배를 드리고 2013년 5월20일 성령강림절에 예장합동장신총회 경기노회에서 임직식에 목사 안수를 받고 두 번째 개척지 제주포도나무교회를 개척 목회와 제주열방기도센터를 섬기었고 현장사역을 하면서 쉼 없이 바쁘게 뒤돌아보지 않고 사역하던 8년째 되는 해에 생각지도 않게 안식년을 주셔서 이렇게 정리하는 시간들을 주신 하나님의 섭리에 놀랍고 감사드립니다.

창12:1-5

1 여호와께서 아브람에게 이르시되 너는 너의 고향과 친척과 아버지의 집을 떠나 내가 네게 보여줄 땅으로 가라 2 내가 너로 큰 민족을 이루고 네게 복을 주어 네 이름을 창대하게 하리니 너는 복이 될지라 3 너를 축복하는 자에게는 내가 복을 내리고 너를 저주하는 자에게는 내가 저주하리니 땅의 모든 족속이 너로 말미암아 복을 얻을 것이라 하신지라 4 이에 아브람이 여호와의 말씀을 따라 갔고 롯도 그와 함께 갔으며 아브람이 하란을 떠날 때에 칠십 오세였더라 5 아브람이 그의 아내 사래와 조카 롯과 하란에서 모은 모든 소유와 얻은 사람들을 이끌고 가나안 땅으로 가려고 떠나서 마침내 가나안 땅에 들어갔더라

주님 : 미영아! 너희들의 그 걸음들을 생각할 때 참 많은 시간들이 옮겨졌구나. 이제는 이곳에서 쉼을 받고 그 다음 단계를 향해서 잠잠히 나의 얼굴을 구하며 내가 너희를 어떻게 인도하는지 보거라. 수치를 당하지 않게 하고 내가 너희를 복의 근원으로 세울지니라. 새 언약의 중보자 예수 그리스도가 친히 너희를 인도할 것이니라. 새로운 일들과 새로운 만남들이 있을 것이며 너를 통하여 또 하나의 문을 열 것이니라. 그 문은 새 하늘과 새 땅을 여는 과정들의 문들이니라.

모세에게 여호수아에게 다윗에게 사도바울에게 12제자들에게 준 것처럼 지금은 새 일의 문들이 열어질 것이니라. 양의 문을 열 것이니라. 양과 염소의 문을 여는 자들이 세워질 것이니라. 바로 너에게 양의 문을 여는 자로 선택 하였느니라. 그리하여 이 문으로 들어오는 자들을 보게 될 것이니라.

헵시바
미영 - 아멘. 주님의 뜻을 이루소서. 주님이 말씀하시면 제가 따르며 순종합니다.
아빠! 인도하소서. 성령께서 도와주소서.

주님 : 보이지 않는 세계를 바라며 믿음으로 이루어지는 것을 보게 될 것이니라. 이제부터는 내가 친히 모든 것을 알게 하고 가야할 곳과 해야 할 것을 하게 하여 세월을 아끼며 헛된 시간 되지 않도록 너희와 함께 하리라.

헵시바
미영 - 아멘. 아빠! 남편 또한 인도하셔서 주님의 부르심의 소망을 발견하고 그 길로만 따르게 하소서.

주님 : 이미 네 남편의 길들은 내가 제시하고 이끌고 있느니라. 그가 잠잠할 때 내가 일하고 있단다. 이 나라와 민족 위에도 모든 거짓과 올무와 쇠사슬이 다 드러나고 반드시 그들에게 멸망에 이를 것을 보게 될 것이니라. 2020년의 해는 정렬의 때이니라. 양의 문을 통과하도록 그 문으로 들어가는 자들이 모이는 때이니라.

그리고 9월 29일 나팔 절 5780년 10월 1일부터 새로운 게이트로 시작되었느니라.

헵시바
미영 - 아멘. 2016년부터 주님의 예언의 선포가 성취되는 것을 보게 되고 연결이 됩니다. 2016년 10월 3일 나팔 절이면서 개천절 날 '한국열방이스라엘 사랑의 연합성회'를 제주도 빈들에서 열었고 3년 후 2019년 10월 3일 새로운 게이트로 시작 (골든 게이트의 시간표)이 되었습니다.

2016년 11월 성령의 인도하심으로 저희부부를 초청하셔서 이스라엘을 첫 방문하게 되는데 '예루살렘연합성회' 전 열방의 수천 명의 각 대표들이 모인 가운데 마치 주님과 혼인식의 그리스도의 신부에게 주시는 언약의 반지로 퍼포먼스로 완성으로 마치게 하셨고 이스라엘에서 한국으로 돌아오는 경유지 에디오피아 아디스아바바 공항에서 도시로 이동하게 하시며 안내자들이 저희 부부를 봉고차로 아디스아바바 도시에 있는 솔로몬 박물관과 최고의 식사를 대접받는 예정에도 없던 일들이 펼쳐졌습니다. 앞으로 이런 일들이 우리가 생각지 못한 일들을 보게 하시는 첫 표적이라 생각합니다.

솔로몬의 부의 이동이 하나님의 유업을 받을 자들에게 부어지게 하실 일들을 기대하는 시간이었습니다. 앞으로 우리의 계획이 아닌 온전하신 하나님의 계획하심으로 주님이 친히 나타나시는 새로운 차원으로 영적인 기류가 바뀌어 가는 하나님의 시간표임을 깨닫습니다. 새로운 시작의 3년 후 동안 죽음의 문을 건너 부활의 영광으로 들어가는 문(2020)으로 들어가며 이전의 3년의 시간은 죽는 시간이기에 마치 모든 것을 잃어버렸던 것처럼 모든 것이 내려졌던 시간들이었습니다. 저희 교회적으로는 이스라엘을 다녀온 후 중국 베이징과 일본 도쿄 다녀온 후 리더쉽들 십자가복음학교 6개월 과정을 수료하는 것을 끝으로 2017년05월~2018년12월의 시간표는 마치 정지된 멈추어진 시간이었고 그때만 해도 제주도에서는 아무도 하지 않는 국가적인 것과 지역적인 현장 사역인 영적전쟁을 정신없이 하도록 하게 하셨습니다. (기독교동성애반대아카데미, 나라와교회살리는기독교연합집회, 진리의외침거리집회 등등) 그리고 2019년 01월 01일부터 외부일정들을 모두 정지하고 저는 안식년을 보내고 있습니다.

첫 것이 폐해지고 둘째 것을 세우는 데 쫓기고 철저히 무너졌던 시간들 속에 주님이 친히 이루시고 새로운 길로 가기위해 그 길을 3년 동안 십자가에 예수님과 함께 못 박아 죽고 부활의 영광의 문으로 들어가는 또 다른 차원으로 기다리는 인내와 내려놓음의 시간이었음을 정리하게 됩니다.

20190629 토요일

미영(헵시바) - 주님 인도하소서. 그리스도 안에 거하게 하시고 고치시고 저를 붙들어주소서. 오늘의 모든 시간과 삶을 주님께 올립니다. 아빠! 사랑해요.
그리스도 안에 거하게 하소서.

주님 : 미영아! 사방에 눈을 들어 보거라. 너의 도움 어디서 오니?

미영(헵시바) - 천지를 지으신 나를 만드신 여호와 아빠! 아버지께서 도와주십니다.

주님 : 미영아! 히브리어로 코람데오는 (리프네 엘로힘) 하나님의 얼굴을 구하는 삶이란다.

미영(헵시바) - 아멘. 아빠! 라틴어로 코람데오는 하나님 앞에서 하나님의 얼굴로 번역한다고 하는데 하나님의 얼굴을 구하는 삶으로 하나님 앞에서 늘 머무르게 하소서.

주님 : 미영아! 시편 47편을 전체를 보거라.

1 너희 만민들아 손바닥을 치고 즐거운 소리로 하나님께 외칠지어다 2 지존하신 여호와는 두려우시고 온 땅에 큰 왕이 되심이로다 3 여호와께서 만민을 우리에게 나라들을 우리 발아래에 복종하게 하시며 4 우리를 위하여 기업을 택하시나니 곧 사랑하신 야곱의 영화 로다(셀라) 5 하나님께서 즐거운 함성 중에 올라가심이여 여호와께서 나팔 소리 중에 올라가시도다 6 찬송하라 하나님을 찬송하라 7 하나님은 온 땅의 왕이심이라 지혜의 시로 찬송할지어다 8 하나님이 뭇 백성을 다스리시며 하나님이 그의 거룩한 보좌에 앉으셨도다 9 뭇 나라의 고관들이 모임이여 아브라함의 하나님의 백성이 되도다 세상의 모든 방패는 하나님의 것임이여 그는 높임을 받으시리로다

주님 : 시편 121편
> 1 내가 산을 향하여 눈을 들리라 나의 도움이 어디서 올까 2 나의 도움은 천지를 지으신 여호와에게서로다 3 여호와께서 너를 실족하지 아니하게 하시며 너를 지키시는 이가 졸지 아니하시리로다 5 여호와는 너를 지키시는 이시라 여호와께서 네 오른쪽에서 네 그늘이 되시나니 6 낮의 해가 너를 상하게 하지 아니하며 밤의 달도 너를 해치지 아니하리로다 7 여호와께서 너를 지켜 모든 환난을 면하게 하시며 또 네 영혼을 지키시리로다 8 여호와께서 너의 출입을 지금부터 영원까지 지키시리로다

20190630 주일

미영(헵시바) - 주님 도와주세요. 주님의 뜻을 이루소서. 주님 알기를 원합니다. 주님의 사랑 안에서 거하게 하소서. 아버지 제가 온전히 빚어지지 못하여 선을 이루지 못했습니다. 열매로 알지니라고 주님이 말씀하셨는데 저희가 했던 곳에 연합도 있었지만 시기, 질투, 분열, 분쟁 등 육신의 열매도 있었습니다. 자라게 하시는 과정가운데 주님만을 자랑하는 주님의 형상으로 빚어지는 규별된 실재의 훈련과정이였음을 깨닫습니다. 모든 과정이 그럼에도 불구하고 하나님의 전적인 은혜로 함께 하셨고 저희에게 안식과 쉼을 주셨습니다. 주님 저희들의 잘못됨을 회개하고 고침 받게 하소서. 역사의 주인 되신 하나님 아버지를 찬양합니다. 아빠! 도와주세요. 아빠 우리의 삶을 인도하소서. 주님을 위해 주님의 뜻을 구하며 하나님의 음성을 듣고 순종하는 삶이라고 생각하며 나아가고 있지만 저는 이미 제 한계선을 넘었습니다. 끝까지 육신(세상)을 이기게 하시고 '나는 날마다 죽노라' 사도바울의 고백이 되게 하소서. 주님 저를 붙들어주소서. 어떠한 사항이라도 주님의 뜻을 행하는 자 되게 하소서.

주님 : 미영아! 보여주는 것을 쫓아가고 외식하는 자들은 이미 그 중심은 하나님의 중심이 아니란다. 그들의 속사람은 나만이 감찰할 수 있느니라.

미영(헵시바) - 주님 미움 시기 질투 다툼 버리고 제가 있는 곳마다 참된 자유로 서로 사랑하게

하소서.

주님 : 미영아! 이제부터 너희가 준비되는 대로 출정을 하게 될 것이란다. 그러나 너희는 새로운 전략으로 나갈 것이니라. 진짜알곡들만 모이는 곳으로 모여지게 될 것이니라. 미영아 너는 그들을 사랑하고 위로하며 축복하거라. (요13:34 새 계명을 너희에게 주노니 서로 사랑하라 내가 너희를 사랑한 것같이 너희도 서로 사랑하라)

^{헵시바}
미영 - 아멘. 아빠! 오늘 주일 말씀도 인도하소서.

주님 : 새로운 돌파는 말없이 문을 여는 자들로 그동안 개척하며 놋 문을 부수며 다녔던 자들로 돌파될 것이니라. 큰 교회 목사들 유명한 목사들 부러워하지 말라.
새로운 정부로 여호수아와 갈렙과 같은 올바른 참된 아들들이 세워질 것이니라. 열두 제자처럼 하나님의 아들들이 세워지게 될 것이니라. 미영아 영원한 생명책에 기록된 자들로 하나가 되는 그리스도의 몸을 이룰 것이니라.

^{헵시바}
미영 - 아멘. 주의 영이 임하는 곳은 자유하고 연합이 되지만 악한 영이 임하는 곳은 시기 질투 분열 거짓이 일어난다는 마음이 들었습니다. 그래서 주의 영이 임하는 곳에 악한 영들이 호시탐탐 삼킬 자를 훈련되지 않은 연약한 자들을 찌른다는 것을 깨달았습니다. 그래서 훈련되어지지 않으면 넘어질 수밖에 없다는 것을 무릇 지킬 만한 것은 네 마음을 지켜야 한다는 말씀이 떠올랐습니다.

주님 : 잠언4:20-27

> 내 아들아 내 말에 주의하며 내가 말하는 것에 내 귀를 기울이라 21 그것을 네 눈에서 떠나게 하지 말며 네 마음 속에 지키라 22 그것은 얻는 자에게 생명이 되며 그의 온 육체의 건강이 됨이니라 23 모든 지킬 만한 것 중에 더욱 네 마음을 지키라 생명의 근원이 이에서 남이니라 24 구부러진 말을 네 입에서 버리며 비뚤어진 말을 네 입술에서 멀리하라 25 네 눈은 바로 보며 네 눈꺼풀은 네 앞을 곧게 살펴 26 네 발이 행할 길을 평탄하게 하며 네 모든 길을 든든히 하라 27 좌로나 우로나 치우치지 말고 네 발을 악에서 떠나게 하라

| **고후3:17** 주는 영이시니 주의 영이 계신 곳에는 자유가 있느니라

미영^{헵시바} - 아멘. 아빠! 제 남편 또한 잘 가고 있나요? 주님을 더 알고 배우려는 마음을 허락하소서. 주님을 사랑하는 마음은 그 누구보다도 크다는 것을 알고 있습니다.

주님 : 미영아! 네 남편을 다른 자들과 비교하지 말거라. 각자의 분량이 있느니라. 베드로도 일만 했던 어부였단다. 지식이 많아서 책을 많이 읽어서 다른 설교를 많이 들어서 크게 쓰임 받는 기준이 되는 것이 아니란다. 각자의 부르심 가운데 그 한 가지 일 그것만으로 족하단다.

눅10:41-42 "주께서 대답하여 가라사대 마르다야 마르다야 네가 많은 일로 염려하고 근심하나 그러나 몇 가지만 하던지 혹 한 가지만이라도 족하니라 마리아는 이 좋은 편을 택하였으니 빼앗기지 아니하리라 하시니라"

미영^{헵시바} - 아멘. 마리아는 늘 항상 좋은 것을 선택해 왔음을 봅니다. 칭찬을 하실 때에도 주님께서 말씀하실 때에도 어떤 사항이라도 마리아는 예수님의 발 앞에 앉아 말씀을 듣는 것을 택했습니다. 반면에 마르다는 예수님께서 집에 오신 것으로 인해 분주했고 그렇기에 마리아가 예수님 앞에 앉아 자기를 돕지 않고 말씀 듣는 것을 불만을 가졌고 마음의 한 가지를 정하지 못하고 본인이 어떻게 할 수 없는 불평과 불만이 나올 수 있다는 것을 보며 그 전절에 마르다의 성격을 볼 수 있고 뭐든 앞서가는 성격이고 자기 열심이 대단했던 마르다임을 다시 보게 됩니다. 하나님의 관점으로 볼 때 말씀이 풀어짐이 느껴집니다.

눅 10: 38-40 "저희가 길 갈 때에 예수께서 한 촌에 들어가시매 마르다라 이름 하는 한 여자가 자기 집으로 영접하더라 그에게 마리아라 하는 동생이 있어 주의 발아래에 앉아 그의 말씀을 듣더니 마르다는 준비하는 일이 많아 마음이 분주한 지라 예수께 나아가 가로되 주여 내 동생이 나 혼자 일하게 두는 것을 생각지 아니 하시나이까 저를 명하사 나를 도우라 하소서"

미영 - 아멘. 많은 걸 깨닫습니다. 주님 말씀으로 깨닫게 해주셔서 감사드립니다.

　　　　제가 남편을 판단했던 죄를 용서하소서. 다른 형제들도 판단하지 않게 하소서. 항상 마리아처럼 우선적으로 하나님 편에 좋은 것을 택하는 자가 되게 하소서.

헵시바 표기: **미영** 위에 "헵시바"

20190704 목요일

미영 - 주님 도와주세요. 주님의 뜻을 이루소서. 제가 할 수 있는 것이 아무것도 없어요. 아빠는 저와 함께 하는데 율법은 죄를 심화시키고 전적인 주님의 은혜가 없이는 아무것도 할 수 없음을 고백합니다. 아빠! 사랑해요. 아빠만을 바라보게 하소서

주님 : 미영아! 나는 너를 다 알고 있단다. 그 마음들이 변하여 이제부터 영원히 나의 안에 거하는 참된 나의 신부가 된 것이니라.

계22:1-16

또 그가 수정같이 맑은 생명수의 강을 내게 보이니 하나님과 및 어린양의 보좌로부터 나와서 2 길 가운데로 흐르더라 강 좌우에 생명나무가 있어 열두 가지 열매를 맺되 달마다 그 열매를 맺고 그 나무 잎사귀들은 만국을 치료하기 위하여 있더라 3 다시 저주가 없으며 하나님과 그 어린양의 보좌가 그 가운데에 있으리니 그의 종들이 그를 섬기며 4 그의 얼굴을 볼 터이요 그의 이름도 그들의 이마에 있으리라 5 다시 밤이 없겠고 등불과 햇빛이 쓸데없으니 이는 주 하나님이 그들에게 비치심이라 그들이 세세토록 왕 노릇 하리로다 6 또 그가 내게 말 하기를 이 말은 신실하고 참된지라 주 곧 선지자들의 영의 하나님이 그의 종들에게 반드시 속히 되어질 일을 보이시려고 그의 천사를 보내셨도다 7 보라 내가 속히 오리니 이 두루마리의 예언의 말씀을 지키는 자는 복이 있으리라 하더라 8 이것들을 보고 들은 자는 나 요한이니 내가 듣고 볼 때에 이 일을 내게 보이던 천사의 발 앞에 경배하려고 엎드렸더니 9 그가 내게 말하기를 나는 너와 네 형제 선지자들과 또 이 두루마리의 말을 지키는 자들과 함께 된 종이니 그리하지 말고 하나님께 경배하라 하더라 10 또 내게 말하되 이 두루마리의 예언의 말씀을 인봉하지 말라 때가 가까우니라 11 불의를 행하는 자는 그대로 불의를 행하고 더러운 자는 그대로 더럽고 의로운 자는 그대로 의를 행하고 거룩한 자는 그대로 거룩하게 하라 12 보라 내가 속히

오리니 내가 줄 상이 내게 있어 각 사람에게 그가 행한 대로 갚아 주리라 13 나는 알파와 오메가요 처음과 마지막이요 시작과 마침이라 14 자기 두루마리를 빠는 자들은 복이 있으니 이는 그들이 생명나무에 나아가며 문들을 통하여 성에 들어갈 권세를 받으려 함이로다 15 개들과 점술가들과 음행하는 자들과 살인자들과 우상숭배자들과 및 거짓말을 좋아하며 지어내는 자는 다 성 밖에 있으리라 16 나 예수는 교회들을 위하여 내 사자를 보내어 이것들을 너희에게 증언하게 하였노라 나는 다윗의 뿌리요 자손이니 곧 광명한 새벽 별이라 하시더라

주님 : 미영아! 곧 모든 것을 알게 될 것이란다.

시편 32편 3-5절

1 허물의 사함을 받고 자신의 죄가 가려진 자는 복이 있도다 2 마음에 간사함이 없고 여호와께 정죄를 당하지 아니하는 자는 복이 있도다 3 내가 입을 열지 아니할 때에 종일 신음하므로 내 뼈가 쇠하였도다 4 주의 손이 주야로 나를 누르시오니 내 진액이 빠져서 여름 가뭄에 마름 같이 되었나이다 5 내가 이르기를 내 허물을 여호와께 자복하리라 하고 주께 내 죄를 아뢰고 내 죄악을 숨기지 아니하였더니 곧 주께서 내 죄악을 사하셨나이다

20190705 금요일

미영 (헵시바) - 주님 도와주세요. 주님의 뜻을 이루소서. 아빠! 사랑해요. 아빠! 인도하소서. 아빠! 아빠! 주님 안에 바로 서게 하소서. 제 딸에게도 저에게 지혜를 주셔서 복음의 생명을 전하게 하소서. 아빠 저 어떻게 해야 하나요? 지금 주님 안에서 잘 가고 있나요? 갈급합니다. 목마릅니다. 주님

실오라기 하나 걸치지 않고 주님께 모든 것 올립니다. 주님은 잘 아십니다. 제가 어떤 자인지... 점점 후퇴하는 것 같고 점 점 나약해지고 쇠퇴해집니다. 나는 쇠하여지고 주님만이 흥하게 하소서. 육신의 삶을 포기합니다. 내려놓습니다. 이전 것은 지나고 새 것이 되었습니다. 그리스도 예수의 은혜 가운데 아빠의 사랑 가운데 서게 하소서. 아빠! 도와주세요.

요3:30 그는 흥하여야 하겠고 나는 쇠하여야 하리라

히8:13 새 언약이라 말씀하셨으매 첫 것은 낡아지게 하셨으니 낡아지고 쇠하여지는 것은 없어져가는 것이라

주님 : 엡 1:3-5

찬송하리로다 하나님 곧 우리 주 예수 그리스도의 아버지께서 그리스도 안에서 하늘에 속한 신령한 복을 우리에게 주시되 4 곧 창세 전에 그리스도 안에서 우리를 택하사 우리로 사랑 안에서 그 앞에 거룩하고 흠이 없게 하시려고 5 그 기쁘신 뜻대로 우리를 예정하사 예수 그리스도로 말미암아 자기의 아들들이 되게 하셨으니 6 이는 그가 사랑하시는 자 안에서 우리에게 거저 주시는 그의 은혜와 영광을 찬송하게 하려는 것이라

엡4:7-12

7 우리 각 사람에게 그리스도의 선물의 분량대로 은혜를 주셨으니 8 그러므로 이르기를 그가 올라가실 때에 사로잡혔던 자들을 사로잡으시고 사람들에게 선물을 주셨다 하였도다 9 올라가셨다 하였은즉 땅 아래 낮은 곳으로 내리셨던 것이 아니면 무엇이냐 10 내리셨던 그가 곧 모든 하늘 위에 오르신 자니 이는 만물을 충만하게 하려 하심이라 11 그가 어떤 사람은 사도로 어떤 사람은 선지자로 어떤 사람은 복음전하는 자 로 어떤 사람은 목사와 교사로 삼으셨으니 12 이는 성도를 온전하게 하여 봉사의 일을 하게하며 그리스도의 몸을 세우려 하심이라

미영(헵시바) - 아멘. 아빠! 육신을 조금이라도 생각하고 세상을 보면 제가 무너지는 것을 보게 되어 육신의 모습이 되어 있고 전에는 아무렇지도 않게 넘어가는 것들이 제가 화를 내고 있고 육신의 알 수 없는 냄새와 기분 나쁜 서늘함을 느낍니다. 육신과의 갈등을 뛰어넘어 하늘 위를 바라보게 하소서. 아빠 훈계하시면 듣겠습니다. 성령으로 인도하소서.

주님 : 미영아! 많이 힘든 거 안단다. 내 딸이 견디고 참아야 하는 인내의 시간이란다. 그러나 누구나 선택은 있는 것이란다. 선택은 미영이에게 있고 언약은 나와의 맺은 약속이니라. 누구든 약속을 깨는 자가 있다면 그 언약은 이루지 못하고 계약이 무효가 되는 것이란다.

렘 31:32-33

이 언약은 내가 그들의 조상들의 손을 잡고 애굽 땅에서 인도하여 내던 날에 맺은 것과 같이 아니할 것은 내가 그들의 남편이 되었어도 그들이 내 언약을 깨뜨렸음이라 33 그러나 그 날 후에 내가 이스라엘 집과 맺을 언약은 이러하니 곧 내가 나의 법을 그들의 속에 두며 그들의 마음에 기록하여 나는 그들의 하나님이 되고 그들은 내 백성이 될 것이라 여호와의 말씀이니라

첫 언약은 당사자인 이스라엘이 지키지 않아 깨뜨렸기에 무효가 된 것입니다.
하나님께서 새 언약을 맺는데, 언약은 하나님의 법이고
하나님의 법을 마음에 기록하여 하나님의 백성이 된다는 말씀입니다.
언약이란? 상대인 당사자가 깨뜨리면 그에 상응하는 대가를 받고 언약은
무효가 됩니다. 이스라엘은 하나님의 언약을 깨뜨린 대가로 언약을 맺을 때
에 약속한 대로 하나님의 백성에서 버려졌습니다.
첫 언약은 무효입니다. -> 예수 그리스도의 복음. 생명의 성령의 법 -> 새 언약

히 9:15

이로 말미암아 그는 새 언약의 중보자시니 이는 첫 언약 때에 범한 죄에서 속량하려고 죽으사 부르심을 입은 자로 하여금 영원한 기업의 약속을 얻게 하려 하심이라

히12:3-13

3 너희가 피곤하여 낙심하지 않기 위하여 죄인들이 이같이 자기에게 거역한 일을 참으신 이를 생각하라 4 너희가 죄와 싸우되 아직 피 흘리기까지는 대항하지 아니하고 5 또 아들들에게 권하는 것 같이 너희에게 권면하신 말씀도 잊었도다 일렀으되 내 아들아 주의 징계하심을 경히 여기지 말며 그에게 꾸지람을 받을 때에 낙심하지 말라 6 주께서 그 사랑하시는 자를 징계하시고 그가 받아들이시는 아들마다 채찍질 하심이라 7 너희가 참음은 징계를 받기 위함이라 하나님이 아들과 같이 너희를 대우하시나니 어찌 아버지가 징계하지 않는 아들이 있으리

> 요 8 징계는 다 받는 것이거늘 너희에게 없으면 사생자요 친아들이 아니니라 9 또 우리 육신의 아버지가 우리를 징계하여도 공경하였거든 하물며 모든 영의 아버지께 더욱 복종하며 살지 않겠느냐 10 그들은 잠시 자기의 뜻대로 우리를 징계하였거니와 오직 하나님은 우리의 유익을 위하여 그의 거룩하심에 참여하게 하시느니라 11 무릇 징계가 당시에는 즐거워 보이지 않고 슬퍼 보이나 후에 그로 말미암아 연단 받은 자들은 의와 평강의 열매를 맺느니라 12 그러므로 피곤한 손과 연약한 무릎을 일으켜 세우고 13 너희 발을 위하여 곧은길을 만들어 저는 다리로 하여금 어그러지지 않고 고침을 받게 하라

^{헵시바}
미영 - 아멘. 아빠! 저를 고쳐주세요. 주여 피곤한 손과 연약한 무릎을 일으켜주소서.

주님 : "이러므로 우리에게 구름같이 둘러싼 허다한 증인들이 있으니 모든 무거운 것과 얽매이기 쉬운 죄를 벗어버리고 인내로서 우리 앞에 당한 경주를 하며 믿음의 주요 온전하게 하시는 이인 예수를 바라보자 그는 그 앞에 있는 기쁨을 위하여 십자가를 참으사 부끄러움을 개의치 아니하시더니 하나님 보좌 우편에 앉으셨느니라 (히12:1-2)"

^{헵시바}
미영 - 아멘. 주님 감사합니다.

20190706 토요일

^{헵시바}
미영 - 주님 인도하소서.

주님 : 야곱이 얍복강가에서 씨름했던 것 기억나지? 환도 뼈까지 꺾어지는 그 고통과 과정들을 통해 통과하는 것을 보았을 것이다. 자기의 생각과 고집을 내려놓고 나에게(주님) 모든 것을 맡길 때 나의(주님) 주권 앞에 설 때 내가(주님) 한단다.

❖ 바이블 성경 참조 및 저의 성경해석의 견해

야곱은 결국 야곱이 가진 자식, 아내들, 재물, 종들을 다 보내고 혼자 남았을 때 낭떠러지에 있을 때 하나님을 찾았습니다. 야곱은 자기성공을 원했고 하나님은 성화를 원하셨습니다. 야곱은 자기 꿈을 이루는 성공을 원했고 하나님은 하나님을 닮은 거룩을 원했습니다. 우리가 하나님 안에서 승리해야 합니다. 하나님 앞에서 승리하려면 자기 자신과 싸워야 합니다. 하나님과 씨름을 합니다. 하나님과 씨름을 할 때 변화되었습니다. 네 이름을 다시는 야곱이라고 부르지 않고 이스라엘이라고 부르셨습니다. 야곱이 하나님을 만났던 얍복강가를 브니엘이라고 하셨고 그 뜻은 하나님의 얼굴입니다. 그때부터 하나님의 얼굴을 대면하기 시작했고 세상을 바라보던 시선을 돌려 하나님을 바라보는 이스라엘로 변화된 것입니다. 하나님께 나아가는 삶의 시작도 끝도 하나님을 바라보는 것입니다. 그것이 우리 인생의 목적이고 행복입니다.

창32:24-30

24 야곱은 홀로 남았더니 어떤 사람이 날이 새도록 야곱과 씨름하다가 25 자기가 야곱을 이기지 못함을 보고 그가 야곱의 허벅지 관절을 치매 야곱의 허벅지 관절이 그 사람과 씨름할 때에 어긋났더라 26 그가 이르되 날이 새려하니 나로 가게 하라 야곱이 이르되 당신이 내게 축복하지 아니하면 가게 하지 아니하겠나이다 27 그 사람이 그에게 이르되 네 이름이 무엇이냐 그가 이르되 야곱이나이다 28 그가 이르되 네 이름을 다시는 야곱이라 부를 것이 아니요 이스라엘이라 부를 것이니 이는 네가 하나님과 및 사람들과 겨루어 이겼음이니라 29 야곱이 청하여 이르되 당신의 이름을 알려주소서 그 사람이 이르되 어찌하여 내 이름을 묻느냐 하고 거기서 야곱에게 축복한지라 30 그러므로 야곱이 그곳 이름을 브니엘이라 하였으니 그가 이르기를 내가 하나님과 대면하여 보았으나 내 생명이 보전되었다 함이더라

^{헵시바}
미영 - 아빠! 그래서 허벅지 관절을 쳐서 기억하게 하셨군요. 제가 제 육신으로 반응 할 때마다 그 고통을 기억하게 하여 하나님의 얼굴을 구하는 이스라엘로 살 때에 즉 그리스도로 새롭게 살 때에 하나님의 축복된 삶을 살 수 있다는 교훈을 주시고 깨달음을 주신 아버지께 감사드립니다. 저도 이 과정들을 통하여 야곱과 같이 지난 것은 내려지고 이스라엘로 새 이스라엘의 아들로 살게 하소서.

주님 : 미영아! 야곱이 그 과정을 거치지 않았다면 이스라엘의 새 이름을 받을 수 없었단다. 내가(하나님) 주권적으로 그에게 그 시간들을 기다렸고 내(하나님) 때에 나타내었단다. 그러니 네가 있는 이 시간도 인내하면 그 시간들이 내(하나님) 때에 나타내고 새 이름을 받는 새 언약의 중보자 예수 그리스도의 얼굴이 나타날 것이란다. 이곳이 브니엘의 장소가 되기를 바란단다.

창32:30
> 그러므로 야곱이 그곳 이름을 브니엘이라 하였으니 그가 이르기를 내가 하나님과 대면하여 보았으나 내 생명이 보전되었다함이더라

^{헵시바}
미영 - 아멘. 아빠! 감사해요.

주님 : 지금도 마찬가지로 독생자 예수 그리스도가 나의 아들이지만 아들을 통해 많은 아들이 낳아지는 것만 해도 복이란다.

우리가 보고 들은 바를 너희에게 전함은 너희로 우리가 사귐이 있게 하려 함이니 우리의 사귐은 아버지와 그의 아들 예수 그리스도와 더불어 누림이라 (요일1:3)

우리가 그에게 듣고 너희에게 전하는 소식은 이것이니 곧 하나님은 빛이시라 그에게는 어둠이 조금도 없으시다는 것이니라 (요일1:5)

20190709 화요일

미영(헵시바) - 오늘도 새날을 허락하신 주님께 감사드립니다. 아빠! 사랑해요. 예수 그리스도만이 길이요 진리요 생명이십니다. 나를 부인하고 자기 십자가를 지고 주님을 따르게 하소서. 물이 바다 덮음같이 여호와의 영광이 임하기를 기도합니다.

주님 : 미영아! 새문은 그야말로 새 문이니라. 그 헌집을 새롭게 리모델링할 때나 처음 짓는 집은 새문으로 한단다. 리모델링은 새문을 할 수 있고 헌문에 페인트로 새로 칠할 수도 있단다. 그러나 나는 너희를 리모델링으로 새문으로 칠하는 것이 아니라 처음부터 새로 짓는 새 집에 새문이 달아지고 사용하는 것이란다. 그곳에 기름부음으로 기름을 칠하고 그곳에 나의 집을 짓는 것이고 지은 곳에 너희들이 문을 열고 닫으며 사는 것이란다. 나와 함께 사는 것이란다. 내가 선택한 자만이 들어올 수 있느니라. 악한 자녀(마귀의 자녀), 하나님의 자녀는 나뉘어져 있느니라. 그들은 처음부터 범죄한 자이니라. 빛과 어둠은 함께 할 수 없느니라. 빛은 어둠을 밝혀준단다. 그리하여 빛 앞에 어둠은 그 역할을 할 수 없느니라. 모든 것이 드러나고 보이기 때문이니라. 그러니 너희가 가는 곳마다 빛이 될 수 밖에 없느니라. 그리하여 어둠이 떠나는 역사가 일어나고 돌이키는 역사가 일어나는 것이니라. 그래서 함께 할 수 없는 것이란다. 하갈의 자녀는 이스마엘이며 사라의 자녀는 이삭이니라. 즉 육신의 자녀는 이스마엘이고 약속의 자녀는 이삭이니라 (이삭은 하나님의 아들 그리스도의 예표임).
이삭만이 나의 약속의 자녀이듯 너희도 그리스도로 인하여 낳음을 입은 자 성령으로 거듭난자 만이 나의 새 언약의 아들들이니라. 예수 그리스도로 말미암은 새 예루살렘의 이름인 그리스도들이 즉 하나님의 아들들이 나타날 것이니라. 나의 상속자 나의 유업을 이을 자, 나의 아들들이 먼 방에서 동서남북에서 모일 것이니라. 곧 그 일들이 이루어질 것이니라.

23 여종(하갈)에게서는 육체를 따라 났고 자유 있는 여자(사라)에게서는 약속을 말미암았느니라 28 형제들아 너희는 이삭과 같이 약속의 자녀라 30 그러나 성경이 무엇을 말하느냐 여종과 그 아들을 내 쫓으라 여종의 아들이 자유 있는 여자의 아들과

더불어 유업을 얻지 못하리라 하였느니라 (갈4:23,28,30)

네 눈을 들어 사방을 보라 무리가 다 모여 네게로 오느니라 네 아들들은 먼 곳에서 오겠고 내 딸들은 안기어 올 것이라 (사60:4)

무릇 하나님의 영으로 인도함을 받는 사람은 곧 하나님의 아들이라 (롬8:14)
피조물이 고대하는 바는 하나님의 아들들이 나타나는 것이니 (롬8:19)

너희가 그리스도의 것이면 곧 아브라함의 자손이요 약속대로 유업을 이을 자니라 (갈3:29)

너희가 아들이므로 하나님이 그 아들의 영을 우리 마음 가운데 보내사 아빠아버지라 하셨느니라 그러므로 네가 이후로는 종이 아니요 아들이니 아들이면 하나님으로 말미암아 유업을 받을 자이니라 (갈4:6-7)

헵시바 미영 - 아멘. 주님 어서 오시옵소서. 문들아 머리 들어라 영광의 왕이 들어가신다.

주님 : 외식하는 자들아(장로들의 전통, 바리새인)

마15장
> 10 무리를 불러 이르시되 듣고 깨달아라
> 13 예수께서 대답하여 이르시되 심은 것 마다 하늘 아버지께서 심으시지 않은 것은 뽑힐 것이니
> 14 그냥 두라 그들이 맹인이 되어 맹인을 인도하는 자로다 만일 맹인이 맹인을 인도하면 둘이 다 구덩이에 빠지리라

헵시바 미영 - 마15장 전체를 묵상했습니다.
1)장로들의 전통(외식하는 자들) 2)가나안 여자의 믿음 3)많은 사람을 고치다
4)사천 명을 먹이시다 (칠병이어 기적) 알곡은 곳간에 들이어 규별되어 지키시고 보호하시고 가라지는 불에 태워 없애는 그 타임으로 문을 여셨습니다. 외식하는 자들과 전통주의와 바리새인의 영을 가진 종교 지도자들과 인본주의와 율법주의 기

복주의(거짓신앙)을 가진 모든 자들을 드러내서 거짓 선지자와 거짓 목회자들을 다 드러내시고 심판하시는 하나님 아버지의 때가 임하였음을 예수 그리스도의 이름으로 선포합니다. 주님은 가나안 여자의 믿음으로 나아오는 자들을 고치시고, 먹이시고, 입히시며, 하나님의 아들들에게 치유와 회복의 시간들로 규별 되어 위로하시며 하나님 나라의 새 하늘과 새 땅으로 열게 하신 주님께 모든 영광과 존귀와 찬양을 올려드립니다. 저희를 주의 장막에 은밀히 감추어 주셔서 감사드립니다. 마라나타 주 예수여 어서 오시옵소서. 아멘.

미영(헵시바) - 유다의 사자되신 만주의 주 되신 예수 그리스도께서 이제는 양들을 분별하시기 위해 오셨고, 거두는 때로 수확의 때로 결산의 때와 알곡과 가라지, 양과 염소로 분리될 때임을 알게 하신 주님께 모든 영광 올립니다.

주님 : 미영아! 지금은 그 어느 때보다 임박한 때이니라. 도평동 제주포도나무교회 예배실에서 이스라엘 완성의 마지막이자 그때부터 유다의 사자 심판주로 친히 오셔서 모든 거짓을 드러내고 그들의 마음을 감찰하여 알곡들은 곳간에 들이고 가라지들은 탈곡하여 불에 태워 없앨 것이라고 하였느니라.

20190710 수요일

미영(헵시바) - 주님 인도하소서. 주님의 뜻을 이루소서. 주님만이 왕이십니다. 아빠! 사랑해요. 아빠 알게 하소서. 저를 고쳐주시고 거룩한 하나님의 아들로 살아가게 하소서. 아빠 내 안에 나는 죽고 그리스도로 살게 하소서.

갈2:20 "내가 그리스도와 함께 십자가에 못 박혔나니 그런즉 이제는 내가 사는 것 아니요 오직 내 안에 그리스도께서 사시는 것이라 이제 내가 육체 가운데 사는 것은 나를 사랑하사 나를 위하여 자기 자신을 버리신 하나님의 아들을 믿는 믿음 안에서 사는 것이라"

주님 : 광야에서 길을 내고 사막에서 강을 내는 나는 너의 하나님이며 아버지이니라. 보라! 내가 새 일을 행하리니 이제 나타낼 것이라. 너희가 그것을 알지 못하겠느냐 반드시 내가 광야에 길을 사막에 강을 내리니(사43:19)

이사야 42장 전체 묵상

> 8 나는 여호와이니 이는 내 이름이라 나는 내 영광을 다른 자에게 내 찬송을 우상에게 주지 아니하리라 9 보라 전에 예언한 일이 이미 이루어졌느니라 이제 내가 새 일을 알리노라 그 일이 시작되기 전에라도 너희에게 이르노라 10 항해하는 자들과 바다 가운데의 만물과 섬들과 거기에 사는 사람들아 여호와께 새 노래로 노래하며 땅 끝에서부터 찬송하라

20190711 목요일

^{헵시바}
미영 - 아빠! 사랑해요. 아빠! 감사해요. 나의 주 하나님

주님 : 미영아! 이제부터는 타임time 가운데 있단다. 그 시간표는 나만 아는 시간표이니라. 그 누구에게도 공개되는 것이 아니라 나의 아들들에게 공개되는 것이니라. 그러나 그 시간은 나(하나님 아버지)밖에 모르느니라. 새 하늘과 새 땅을 바라보는 자, 이제는 그 타임이니라.

'나더러 주여 주여 하는 자마다 다 천국에 들어가는 것이 아니요 다만 하늘에 계신 내 아버지의 뜻대로 행하는 자라야 들어가리라 (마7:21)'

'우리는 그의 약속대로 의가 있는 곳인 새 하늘과 새 땅을 바라보도다 (벧후3:13)'

'또 새 하늘과 새 땅을 보니 처음 하늘과 처음 땅이 없어졌고 바다도 다시 있지 않더라(계21:1)'

마12장 10
> 한쪽 손 마른 사람이 있는지라 사람들이 예수를 고발하려 하여 물어 이르되 안식일에 병 고치는 것이 옳으니이까 11 예수께서 이르시되 너희 중에 어떤 사람이 양 한 마리가 있어 안식일에 구덩이에 빠졌으면 끌어내지 않겠느냐 12 사람이 양보다 얼마나 더 귀하냐 그러므로 안식일에 선을 행하는 것이 옳으니라 하시고 13 이에 그 사람에게 이르시되 손을 내밀라 하시니 그가 내밀매 다른 손과 같이 회복되어 성하더라

요21장 5
> 예수께서 이르시되 얘들아 너희에게 고기가 있느냐 대답하되 없나이다 6 이르시되 그물을 배 오른 편에 던지라 그리하면 잡히리라 하시니 이에 던졌더니 물고기가 많아 그물을 들 수가 없더라 7 예수께서 사랑하시는 그 제자가 베드로에게 이르되 주님이시라 하니 시몬 베드로가 벗고 있다가 주님이라는 말을 듣고 겉옷을 두른 후에 바다에 뛰어 내리더라
> 10 예수께서 이르시되 지금 잡은 생선을 좀 가져 오라 하시니 11 시몬 베드로가 올라가서 그물을 육지에 끌어올리니 가득히 찬 물고기가 백 쉰세 마리라 이같이 많으나 그물이 찢어지지 아니 하였더라

미영 (헵시바)

1. 하늘에 계신 내 아버지의 뜻대로 행하는 자 되게 하소서.
2. 안식일이나 어떤 날에도 선을 행하는 자 되게 하소서.

   마12장 병고치는 일이나 도와주어야 할 사항이라면 틀을 깨고 치유와 회복으로 선한 사마리아여인이 되게 하소서.

3. 주님의 음성을 듣고 순종하게 하소서.

   요21장 내 방법 내 경험 내 생각이 내려지게 하소서.

4. 마음을 다하고 뜻을 다하고 힘을 다하여 주 하나님만을 사랑하게 하소서.

   주님을 더 알고 사랑하게 하소서. 친밀한 교제 가운데 날마다 거하게 하소서.

5. 하나님의 자녀로서 삶을 진실되게 살며 빛의 자녀의 열매와 성령의 열매로 나타나는 삶이 되게 하소서.

20190712 금요일

미영^{헵시바} - 아빠! 도와주세요. 아빠! 사랑해요. 새날을 주신 주님께 감사를 드리며 이때를 위해 계획하신 뜻들이 이루어지게 하시고, 저를 고치시고 인도하소서. 나는 죽고 내 안에 그리스도로 살게 하소서. 저는 선함이 없지만 주님은 완전하십니다.

주님 : 예레미야 30장18

여호와께 말씀하시니라 보라 내가 야곱 장막의 포로들을 돌아오게 할 것이고 그 거처들에 사랑을 베풀 것이라 성읍은 그 폐허가 된 언덕위에 건축 될 것이요 그 보루는 규정에 따라 사람이 살게 되리라 19 그들에게서 감사하는 소리가 나오고 즐거워하는 자들의 소리가 나오리라 내가 그들을 번성하게 하리니 그들의 수가 줄어들지 아니하겠고 내가 그들을 존귀하게 하리니 그들은 비천하여지지 아니하리라 20 그의 자손은 예전과 같겠고 그 회중은 내 앞에 굳게 설 것이며 그를 압박하는 모든 사람은 내가 다 벌 하리라 21 그 영도자는 그들 중에서 나올 것이요 그 통치자도 그들 중에서 나오리라 내가 그를 가까이 오게 하리니 그가 내게 가까이 오리라 참으로 담대한 마음으로 내게 가까이 오리라 참으로 담대한 마음으로 내게 가까이 올 자가 누구냐 여호와의 말씀이니라 22 너희는 내 백성이 되겠고 나는 너희들의 하나님이 되리라 23 보라 여호와의 노여움이 일어나 폭풍과 회오리바람처럼 악인의 머리위에서 회오리칠 것이라 24 여호와의 진노는 그의 마음의 뜻한 바를 행하여 이루기까지는 돌이키지 아니하나니 너희가 끝 날에 그것을 깨달으리라

미영^{헵시바} - 아멘!! 아빠! 현재 대한민국의 현재 정권 아버지가 세운 정권인가요?

주님 : 미영아! 악한 자를 그 세대에 허락하는 것은 부패하고 썩은 교회들을 향하여 거짓 신앙을 믿고 있는 내 백성들을 향하여 깨어나라고 하는 채찍으로 징계하지만 대한민국의 교회들은 잠자고 있고 안일하며 자기 배만 채우는 교만하고 이기적이고 오만한 지도자들로 나와는 상관이 없는 교회들을 운영하고 있단다. 그 나라 정치를 보면 그 교회들의 영적 상황을 알 수가 있느니라. 예레미야 시대에 임한 이 진노가 대한민국 교회에게 임하였느니라. 그들은 고칠 수 없을 만큼 거짓 선지자들의 의해 매여 있고 묶여있느니라.

렘30장 모습이 정확할 것이니라. 거짓 신앙이 팽배했었던 예레미야 때와 같이 어디로 돌아갈지도 눈이 가려져 못 보고 못 듣고 눈멀어 있다는 것이란다. 잔인한 징계를 통하여 마지막에 깨닫게 되는 것이기에 더 악한 일들을 보게 될 것이니라. 여호와의 진노는 그의 마음의 뜻한 바를 행하여 이루기까지는 돌이키지 아니하나니 너희가 끝 날에 그것을 깨달으리라 (렘30:24)

미영아 이번 9월까지는 피 흘리며 대항하지 않고서는 악한 자들이 더욱 악한 일을 할 것이니라. 그러나 10월부터는 교회들이 깨닫는 자들이 더해질 것이며 회개하고 돌아오며 나에게 고침을 받고 대한민국의 회복이 이루어질 것이니라. 그때까지 거짓들이 드러나고 숨어 있던 모든 악한 일과 악한 자들이 드러나고 소망이 없음을 보게 될 것이니라. 그때까지 너희는 잠잠히 나를 바라며 구원을 보거라 "보라 여호와의 노여움이 일어나 폭풍과 회오리바람처럼 악인의 머리 위에서 회오리칠 것이니라 (렘30:23)"

"내가 네게 일러준 모든 말들을 책에 기록하라 (렘30:2)"

이것을 기록할 것이니라. 이 책에 기록된 모든 말씀들이 끝 날에 돌이킴으로 부르심을 입은 자들이 회복되며 규별 되어 모여지게 될 것이니라.

미영(헵시바) - 아멘. 순종하겠습니다.

20190713 토요일

미영(헵시바) - 주님 감사합니다. 주님의 뜻을 이루소서. 주님 도와주세요.

주님 : 민란을 일으켜서 십자가에 못 박게 했던 자들이 똑같이 지금도 교회에서 세상에서 일어나고 있단다. 정신을 차리고 근신하고 깨어 기도할 때이니라. 자기 스스로 마음을 지킬 때이니라. "또한 너희가 이 시기를 알거니와 자다가 깰 때가 벌써 되었으나 이제 우리의 구원이 처음 믿을 때보다 가까웠음이라(롬13:11)"

롬13:1-14 전체 묵상

1. 그리스도인과 세상권세 2. 사랑은 율법의 완성 3. 구원의 때가 가까웠다.

헵시바
미영 - 주님께 묻고 구합니다. 오늘 제가 무엇을 우선적으로 해야 할 일이 있거나 잘못된 것이 있다면 알게 하셔서 고쳐주시고 주님의 뜻하신 곳에 행하는 자가 되기를 원합니다. 알게 하소서.

주님 : 딸아 그때그때마다 그 시간표를 관리하고 있단다. 내가 앞장서서 너를 지도하고 있으니 내 안에 거하거라. 순간마다 나를 바라거라. 모든 일어나는 일들은 내가 하고 있으니 너희는 지금 잠잠히 나를 바라볼 때이니라. 시편 23편을 적거라.

헵시바
미영 - 아멘. 아빠!

여호와는 나의 목자시니 내게 부족함이 없으리로다 그가 나를 푸른 풀밭에 누이시며 쉴 만한 물가로 인도하시는도다 내 영혼을 소생시키시고 자기 이름을 위하여 의의 길로 인도하시는도다 내가 사망의 음침한 골짜기를 다닐지라도 해를 두려워하지 않을 것은 주께서 나와 함께 하심이라 주의 지팡이와 막대기가 나를 안위하시나이다 주께서 내 원수의 목전에서 내게 상을 차려주시고 기름을 내 머리에 부으셨으니 내 잔이 넘치나이다 내 평생에 선하심과 인자하심이 반드시 나를 따르리니 내가 여호와의 집에 영원히 살리로다 (시편23편)

20190715 월요일

헵시바
미영 - 주님 도와주세요. 주님의 뜻을 이루소서.

주님 : 미영아! 너에게 더 많은 것들로 인도할 것이니라. 나에게 집중하거라.
계시의 기름부음과 마지막 때에 일어날 일들과 새 하늘과 새 땅이 도래를 알게 될 것이니라.

요삼 4-12

> 내가 내 자녀들이 진리 안에서 행한다 함을 듣는 것보다 더 기쁜 일이 없도다. 5 사랑하는 자여 네가 무엇이든지 형제 곧 나그네 된 자들에게 행하는 것은 신실한 일이니 6 그들이 교회 앞에서 너의 사랑을 증언 하였느니라 네가 하나님께 합당하게 그들을 전송하면 좋으리로다 7 이는 그들이 주의 이름을 위하여 나가서 이방인에게 아무것도 받지 아니함이라 8 그러므로 우리가 이 같은 자들을 영접하는 것이 마땅하니 이는 우리가 진리를 위하여 함께 일하는 자가 되게 하려함이라 9 내가 두어 자를 교회에 썼으나 그들 중에 으뜸 되기를 좋아하는 디오드레베가 우리를 맞아들이지 아니하니 10 그러므로 내가 가면 그 행한 일을 잊지 아니하리라 그가 악한 말로 우리를 비방하고도 오히려 부족하여 형제들을 맞아들이지도 아니하고 맞아들이고자 하는 자를 금하여 교회에서 내쫓는도다 11 사랑하는 자여 악한 것을 본받지 말고 선한 것을 본받으라 선을 행하는 자는 하나님께 속하고 악을 행하는 자는 하나님을 뵈옵지 못하였느니라 12 데메드리오는 뭇 사람에게도 진리에게서도 증거를 받았으매 우리도 증거 하노니 너는 우리의 증언이 참된 줄을 아느니라

미영아! 여기 기록된 말씀처럼 이런 일들을 경험한 걸로 알고 있단다. 신묘막측한 일들이 일어날 것이니라. 그동안 교회 지도자들과 성도들이 한 일들이 낱낱이 드러날 것이란다. 특히 으뜸이 되고자했던 디오드레베와 같은 자들에게 심판이 임할 것이니라. 가라지들 거짓 선지자 거짓 사역자들이 돌무더기 같이 될 것이니라. 내가 만군의 여호와이니라. 내가 그들을 기억하고 있단다. 내 양들을, 내 목자들을, 비방하고 내 자녀들을 죽이고 교회에서 내쫓김 당하고 비방당하고 업신여김 받고 무시당했던 그 일들을 기억하고 있단다. 그들은 모두 불살라질 것이니라. 심은 대로 그대로 거두게 될 것 이니라. 악한 바이러스로 그들에게 어느 날 갑자기 죽음의 문이 열어지게 될 것이니라. 나는 이일들을 기억하노라.

헵시바
미영 - 주여! 주님 선한 것만 보고 본받게 하소서.

20190716 화요일

미영^{헵시바} - 주님 인도하소서. 이제는 한여름이 시작되었네요. 주님 사랑해요. 심령이 가난한 자 되게 하시고 주님의 뜻을 알고 행하는 자 되게 하소서. 주님 도와주세요.

주님 : 미영아! 미래는 곧 지금이구나. 지금 내가 어디에 있느냐에 결정되는 것이란다. 넌 결코 혼자가 아니니라. 그러니 외롭다고 힘들어하지 말거라.

미영^{헵시바} - 아빠! 제 속마음을 아시기에 저는 아빠에게 숨김없이 모든 걸 올립니다. 사나 죽으나 다 주님의 것입니다. 바른 길로 가도록 저를 훈계하시고, 저를 고쳐주셔서 참 신앙인으로 아빠에게 인정받고 기쁨이 되는 삶이 되게 하소서. 아빠와 대화하듯이 남편에게도 요구하지 않고 실망하지 않게 하소서. 나의 피난처이시고 나의 힘이시고 의지이시고 반석 되신 주 예수 그리스도를 찬양합니다.

주님 : 시편 110편, 고후10장 전체를 묵상하고 시편으로 기도 하거라.

> 1 여호와께서 내 주에게 말씀하시기를 내가 네 원수들로 네 발판이 되게 하기까지 너는 내 오른쪽에 앉아 있으라 하셨도다 2 여호와께서 시온에서부터 주의 권능의 규를 내보내시리니 주는 원수들 중에서 다스리소서 3 주의 권능의 날에 주의 백성이 거룩한 옷을 입고 즐거이 헌신하니 새벽이슬 같은 주의 청년들이 주께 나오는도다 4 여호와는 맹세하고 변하지 아니하시리라 이르시기를 너는 멜기세덱의 서열을 따라 영원한 제사장이라 하셨도다 5 주의 오른쪽에 계신 주께서 그의 노하시는 날에 왕들을 쳐서 깨뜨리실 것이라 6 뭇 나라를 심판하여 시체로 가득하게 하시고 여러 나라의 머리를 쳐서 깨뜨리시며 7 길가의 시냇물을 마시므로 그의 머리를 드시리로다

고후10장

> 3 우리가 육신으로 행하나 육신을 따라 싸우지 아니하노니 4 우리의 싸우는 무기는 육신에 속한 것이 아니요 오직 어떠한 견고한 진도 무너뜨리는 하나님의 능력이라 모든 이론을 무너뜨리며 5 하나님이 아는 것을 대적하여 높아진 것을 다 무너뜨리고 모든 생각을 사로잡아 그

리스도에게 복종하게 하니 6 너희의 복종이 온전하게 될 때에 모든 복종하지 않는 것을 벌하려고 준비하는 중에 있노라 7 너희는 외모만 보는도다 만일 사람이 자기가 그리스도에게 속한 줄을 믿을진대 자기가 그리스도에게 속한 것 같이 우리도 그러한 줄을 자기 속으로 다시 생각할 것이라 8 주께서 주신 권세는 너희를 무너뜨리려고 하신 것이 아니요 세우려고 하신 것이니 내가 이에 대하여 지나치게 자랑하여도 부끄럽지 아니하리라
17 자랑하는 자는 주 안에서 자랑할지니라 18 옳다 인정함을 받는 자는 자기를 칭찬하는 자가 아니요 오직 주께서 칭찬하시는 자니라

20190718 목요일

헵시바
미영 - 주님 인도해주세요. 주님의 뜻을 구합니다. 아빠! 살려주세요. 제가 주님 안에 있는지 없는지 떠나 있는지 성령께서 도와주세요. 육신을 십자가에 못 박고 그리스도 안에서 살기를 원합니다. 저를 단단한 식물을 먹는 아빠와 동행하는 삶이 되게 하소서. 아빠!

주님 : 미영아! 단단한 식물을 먹는다는 건 아빠 안에서 그만큼 친밀함과 같이 친밀한 교제로 늘 나의 뜻과 목적을 알고 늘 함께 하는 삶이란다. 미영아 그런 과정에 미영이도 계속 가고 있는 것이란다.

요일1:1-5

1 태초부터 있는 생명의 말씀에 관하여는 우리가 들은 바요 눈으로 본 바요 자세히 보고 우리의 손으로 만진 바라 2 이 생명이 나타내신 바 된지라 이 영원한 생명을 우리가 보았고 증언하여 너희에게 전하노니 이는 아버지와 함께 계시다가 우리에게 나타내신 바 된 것이니라 3 우리가 보고 들은 바를 너희에게도 전함은 너희로 우리와 사귐이 있게 하려 함이니 우리의 사귐은 아버지와 그의 아들 예수 그리스도와 더불어 누림이라 4 우리가 이것을 씀은 우리의 기쁨이 충만하게 하려 함이라 5 우리가 그에게서 듣고 너희에게 전하는 소식은 이것이니 곧 하나님은 빛이시라 그에게는 어둠이 조금도 없으시다는 것이니라

요15:3-5

> 3 너희는 내가 일러준 말로 이미 깨끗하여졌으니 4 내 안에 거하라 나도 너희 안에 거하리라 가지가 포도나무에 붙어있지 아니하면 그러하리라 5 나는 포도나무요 너희는 가지라 그가 내 안에 내가 그 안에 거하면 사람이 열매를 많이 맺나니 나를 떠나서는 너희가 아무것도 할 수 없음이라

미영 _{헵시바} - 아멘. 기도합니다.

1. 우리의 사귐은 아버지와 아들 예수 그리스도와 더불어 누리게 하시고 우리의 기쁨이 충만하게 하소서
2. 포도나무의 가지가 되어 늘 주님 안에 거하는 삶이 되게 하소서
3. 어둠이 조금도 없으신 빛이신 하나님 아버지와 예수 그리스도와 함께 하는 열매를 맺는 삶을 살게 하소서.

주님 : 미영아! 말씀처럼 내 안에 거하면 나와 교제하고 누리는 삶이 되면 된단다. 너희에게 기쁨이 있어야 진정한 단단한 식물을 먹는 자임을 사귐을 통하여 알게 되는 것이란다. 히5장을 펼쳐 보거라. 전체를 읽고 마지막 절을 이곳에 적거라.
　히5:14 "단단한 음식은 장성한자의 것이니 그들은 지각을 사용함으로 연단을 받아 선악을 분별하는 자들이니라"

미영 _{헵시바} - 아멘. 아빠! 어린아이가 아니라 의의말씀을 경험하며 지각을 사용함으로 연단을 받아 선악을 분별하며 단단한 음식을 먹으며 가르치는 선생이 되어 단단한 음식을 먹는 장성한 자 하나님의 아들들이 온전하게 세워지게 하소서.

주님 : 미영아! 그렇게 너희들을 연단하고 있느니라. 어린아이는 젖만 먹어야 하기에 분별하지 못하고 떼만 쓰고 자기 배만 채우는 배가 고프면 배고프다고 울고 똥을 쌌다고 울고 모든 것이 자기밖에 모르는 어린아이 신앙이 된단다. 그렇게 되면 장성한 자로서 하나님과 동행하는 삶과 온전한 아들이 될 수 없단다. 그리하여 어린아이로만 머

물다가 타락되는 경우가 많구나! 선악을 분별하지 못하기에 자기에게 이익을 주고 도움을 준다고 생각하면 분별하지 못하고 미혹이 되어 마귀에게 속아 넘어가게 되는 것이란다. 그리하여 지각을 사용하여 연단을 통하여 성숙해지고 자라야 되는 것이란다. 미영아 이제 알겠니? 왜 너희들에게 이런 훈련과 시간들이 있는지 그러니 너희는 이미 깨끗한즉 나의 안에 거하여 그 삶의 실재로 변동하는 때를 기다리며 나와 함께 누리면 되는 것이란다. 고난을 통한 순종이 아들이 되는 과정이란다. 상속자 하나님의 유업을 받을 자를 세우노라.

_{헵시바}미영 - 아멘. 이해를 못하여 육신으로 반응했던 죄를 용서하소서. 이제부터 아빠와 사귀면서 그리스도와 함께 더불어 누리겠습니다. 아빠께서 이렇게 알게 하시는데 아빠의 말씀에만 순종하여 온전하신 그리스도안에서 온전함과 거룩함을 이루는 삶으로 나아가겠습니다. 아빠! 감사해요. 사랑해요.

주님 : 미영아! 그리하여 앞으로도 모든 경영을 내가 주장할 것이니 만나야 할 자들, 해야 할 일들, 모든 관리를 나에게 묻고 분별하며 순종하는 삶을 살도록 하거라. 내가 함께 한단다.

잠19:21

> 사람의 마음에는 많은 계획이 있어도 오직 여호와의 뜻만이 완전히 서리라

잠16:3

> 너의 행사를 여호와께 맡기라 그리하면 네가 경영하는 것이 이루어지리라

_{헵시바}미영 - 아멘. 주님 한 분이면 만족합니다. 최고입니다. 아빠! 감사해요.

20190719 금요일

미영^{헵시바} - 주님 도와주세요. 주님의 뜻을 이루소서. 성령의 인도하심 따라 순종하는 삶 되도록 민감함으로 깨어 있게 하소서. 저의 연약함을 아십니다. 하나님의 지각으로 연단되어 단단한 식물을 먹는 장성한 자 되게 하소서.

주님 : 미영아! 거룩의 의의열매를 맺기를 바란단다. 미영이가 더욱 간절히 나를 바라보며 나의 안에 거하거라.

미영^{헵시바} - 아빠! 구체적으로 어떻게 해야 하는지 알게 하소서. 저의 시간표를 관리해주시면 안 되시나요? 맞추어서 습관적으로 할 수 있도록 저를 시간시간 일정표를 인도하소서.

주님 : 미영아! 아빠가 정해주는 것보다 스스로 나를 찾고 구하기를 원한단다.

이사야 52장 전체를 묵상하고 10-15절을 다시 보거라.
　사로잡힌 딸 시온이여 네 목의 줄을 스스로 풀지어다!

이사야52:2
　너는 티끌을 털어 버릴지어다 예루살렘이여 일어나 앉을지어다 사로잡힌 딸 시온이여 네 목의 줄을 스스로 풀지어다

❖ 바이블 성경 참고

영이 죽으면 말씀을 듣지 못합니다. 그러므로 하나님의 사자가 전하는 소식을 들으려면 그 죽은 상태에서 깨어나야 합니다. 깨어난 자는 귀를 기울여야 하고 아무리 깨어있어도 들려오는 소리를 거부하면 들을 수 없습니다. 귀를 막으면 들을 수 없는 것입니다. 그러므로 깨어난 자는 들어야 합니다. 전하는 자의 소리가 명확히 무엇인지 인식해야 하고 인지한 소리의 의미를 무엇인지 묵상해야 합니다. 사람들은 쉽게 판단하려 합니다. 따라서 듣는 자는 숙고해야 합니다. 하나님의 구원이 공짜로 주어지는 것이지만 구원을 입었다고 한다면 구원을 입은 자답게 거룩하고 하나님의 의로 살아야 비로소 확실히 구원을 받은 자라 할 수 있을 것입니다. 자기가 받은 구원을 사람들에게 전하여 다른 이들도 구원의 복음에 이르도록 해야 합니다.

사52:12-15
12 여호와께서 너희 앞에서 행하시며 이스라엘의 하나님이 너희 뒤에서 호위하시리니 너희가 황급히 나오지 아니하며 도망하듯 다니지 아니하리라 13 보라 내 종이 형통하리니 받들어 높이 들려서 지극히 존귀하게 되리라 14 전에는 그의 모양이 타인보다 상하였고 그의 모습이 사람들보다 상하였으므로 많은 사람이 그에 대하여 놀랐거니와 15 그가 나라들을 놀라게 할 것이며 왕들은 그로 말미암아 그들의 입을 봉하리니 이는 그들이 아직 그들에게 전파되지 아니한 것을 볼 것이요 아직 듣지 못한 것을 깨달을 것임이라

주님 : 미영아! 마른 뼈에 생기를 부어 새 생명으로 부활하였던 구원의 기쁨을 누리며 전해야 하는 것이란다. 그러나 구원을 따르는 행동이 성숙함으로 훈련되어질 때까지 잠잠히 여호와로 인하여 기뻐하고 다시 일어날 때까지 연단이 되어 정금같이 사용되며 그때 일어나는 것이란다. 이 세상은 속이고 서로 물어뜯고 멸망시키는 데에 목적이 있고 먹음직하고 보암직한 것으로 유혹하는 것이 세상의 신(마귀)들이라는 것들이니라. 그들은 인애도 자비도 없는 악한 자들 뿐이니라. 다른 영들과는 함께 해서는 같이 구덩이에 빠진단다.

이사야 52:11
> 너희는 떠날지어다 떠날지어다 거기서 나오고 부정한 것을 만지지 말지어다! 그 가운데서 나올지어다 여호와의 기구를 메는 자들이여 스스로 정결하게 할지어다

겔37:5
> 주 여호와께서 이 뼈들에게 이같이 말씀하시기를 내가 생기를 너희에게 들어가게 하리니 너희가 살아나리라 6 너희 위에 힘줄을 두고 살을 입히고 가죽으로 덮고 너희 속에 생기를 넣으리니 너희가 살아나리라 또 내가 여호와인 줄 너희가 알리라 하셨다 하라

욥23:10
> 내가 가는 그 길을 그가 아시나니 그가 나를 단련하신 후에는 내가 정금같이 되어 나오리라

요일4:1
> 사랑하는 자들아 영을 다 믿지 말고 오직 영들이 하나님께 속하였나 분별하라 많은 거짓 선지자가 세상에 나왔음이라

주님 : 사52:1-2
> 시온이여 깰지어다 깰지어다 네 힘을 낼지어다 거룩한 성 예루살렘이여 네 아름다운 옷을 입을지어다 이제부터 할례 받지 아니한 자와 부정한 자가 다시는 네게로 들어옴이 없을 것임이라 너는 티끌을 털어버릴지어다 예루살렘이여 일어나 앉을지어다 사로잡힌 딸 시온이여 네 목의 줄을 스스로 풀지어다

20190721 주일

미영(헵시바) - 아빠! 잘못되어가고 있는 대한민국 바로 세워주세요. 복음의 생명이 대한민국 가운데 다시 세워지기를 간절히 기도합니다. 아침에 박근혜 전대통령을 꿈에서 보게 하셨고 생각나게 하시면서 탄핵 가운데 억울한 시간을 보내고 있는 것을 대통령 탄핵 후 처음으로 생각지도 않게 갑자기 보여주시는 것 같았습니다. 어린양의 피로 대한민국을 새롭게 하시고 왕이신 예수 그리스도를 맞이하며 시온의 대로가 열리는 대한민국으로 회복되게 하소서. 무지한 악한 자들을 드러내어서 빛 되신 예수 그리스도께서 심판주로 오시는 하나님 아버지의 통치와 주권으로 우리를 다스려 주옵소서. 주 예수 그리스도, 멜기세덱의 반차를 따르는 대제사장으로 서게 하소서. 간절한 기도로 선포하며 울며 중보기도 합니다.

주님 : 사랑하는 미영아! 이 땅의 원수들이 내 아들과 내가 보낸 선지자와 종들을 다 죽이고 그 자리를 빼앗아 자기의 것으로 취하고 있지만 이제부터는 내가 다시 제자리로 그 유업들을 되돌려 놓을 것이니라. 미영아 성령이 너를 도울 것이니라. 그때그때 인도함을 따르거라.

미영(헵시바) - 아멘. 주님 감사합니다. 그리스도의 영으로 인도해 주셔서 감사드립니다. 하나님의 아들 그리스도께서 저와 함께 하십니다. 나는 십자가에 못 박아 죽었습니다. 그리스도와 함께 부활의 생명으로 다시 태어났습니다. 그리스도께서 사십니다.

주님 : 벧후 3:1-18 (하나님의 날)

> 1 사랑하는 자들아 내가 이제 이 둘째 편지를 너희에게 쓰노니 이 두 편지로 너희의 진실한 마음을 일깨워 생각나게 하여 2 곧 거룩한 선지자들이 예언한 말씀과 주 되신 구주께서 너희의 사도들로 말미암아 명하신 것을 기억하게 하려 하노라 3 먼저 이것을 알지니 말세에 조롱하는 자들이 와서 자기의 정욕을 따라 행하며 조롱하는 자들이 와서 자기의 정욕을 따라 행하며 조롱하며 4 이르되 주께서 강림하신다는 약속이 어디 있느냐 조상들이 잔 후로부터 만물이 처음 창조될 때와 같이 그냥 있다하니 5 이는 하늘이 옛부터 있는 것과 땅이 물에서

나와 물로 성립된 것도 하나님의 말씀으로 된 것을 그들이 일부러 잊으려 함이로다 6 이로 말미암아 그때에 세상은 물이 넘침으로 멸망하였으되 7 이제 하늘과 땅은 그 동일한 말씀으로 불사르기 위하여 보호하신 바 되어 경건하지 아니한 사람들의 심판과 멸망이 날까지 보존하여 두신 것이니라 8 사랑하는 자들아 주께는 하루가 천 년 같고 천 년이 하루 같다는 이 한 가지를 잊지 말라 9 주의 약속은 어떤 이들이 더디다고 생각하는 것 같이 더딘 것이 아니라 오직 주께서는 너희를 대하여 오래 참으사 아무도 멸망하지 아니하고 다 회개하기에 이르기를 원하시느니라 10 그러나 주의 날이 도둑같이 오리니 그 날에는 하늘이 큰 소리로 떠나가고 물질이 뜨거운 불에 풀어지고 땅과 그 중에 있는 모든 일이 드러나리로다 11 이 모든 것이 이렇게 풀어지리니 너희가 어떠한 사람이 되어야 마땅하냐 거룩한 행실과 경건함으로 12 하나님의 날이 임하기를 바라보고 간절히 사모하라 그날에 하늘이 불에 타서 풀어지고 물질이 뜨거운 불에 녹아지려니와 13 우리는 그의 약속대로 의가 있는 곳인 새 하늘과 새 땅을 바라보도다 14 그러므로 사랑하는 자들아 너희가 이것을 바라보니 주 앞에서 점도 없고 흠도 없이 평강 가운데서 나타나기를 힘쓰라 15 또 우리 주의 오래 참으심이 구원이 될 줄로 여기라 우리가 사랑하는 형제 바울도 그 받은 지혜대로 너희에게 이같이 썼고 16 또 그 모든 편지에도 이런 일에 관하여 말하였으되 그 중에 알기 어려운 것이 더러 있으니 무식한 자들과 굳세지 못한 자들이 다른 성경과 같이 그것도 억지로 풀다가 스스로 멸망에 이르니니라 17 그러므로 사랑하는 자들아 너희가 이것을 미리 알았은즉 무법한 자들의 미혹에 이끌려 너희가 굳센 데서 떨어질까 삼가라 18 오직 우리 주 곧 구주 예수 그리스도의 은혜와 그를 아는 지식에서 자라가라 영광이 이제와 영원한 날까지 그에게 있을지어다

20190722 월요일

새벽 2시 20분

미영(헵시바) - 아빠! 잠에서 깨어나 보니 창가의 달빛으로 비춰짐으로 눈을 뜨게 되었어요. 윗층 예배실로 올라왔습니다. 참 하늘의 장막으로 이곳을 덮게 하소서. 아빠 오늘 일정들이 있는데 현실에 부딪치는 문제에 있는 것 같아 아빠 죄송해요. 일용할 양식으로 충분합니다. 미리 걱정하는 것이 아니라 약속한 것이 지켜지지 않을까 하는 혹시라도 어려움을 줄까 봐 덕을 끼치지 못하고 선을 이루지 못하는 삶은 아니라는 마음

때문에 주님께 나아옵니다. 문제 앞에 마음을 조이는 것 같아 주님을 만나지 않고는 주님께 답을 받지 않고는 한 발자국도 나갈 수 없는 자임을 다시 깨닫고, 주님께 의지합니다. 아빠 이대로 그냥 있는 것이 맞는 건가요? 주님의 안식의 시간으로 가만히 있는 시간이 맞는 건가요? (그전 시간은 빼고라도 7년 동안 정신없이 개척 교회 목사로 달려왔던 그 시간들을 뒤로하고 주님께 이번 12월까지 안식을 지낼 수 있도록 강건적으로 상황들을 인도해주신 주님께 감사하며 가만히 있는 안식의 이 시간들이 얼마나 중요한지를 그동안의 목회와 삶들을 되돌아보며 정리하는 시간으로 제 도약의 시간으로, 나를 주님께 점검받으며, 보완하며, 수정하며, 삭제하며, 고침을 받으며, 영적인 수술과 입원으로, 치유와 회복의 시간이라고 여겨집니다. 그리하여 매일 주님께 묻지 않으면 나를 진단할 수 없기에 주님께 순간순간 물으며, 내 안의 모든 악을 제거하며 보이지 않는 질병들을 제거 받는 영적인 생명수를 공급받는, 너무도 귀한 시간임을 깨닫습니다...) 주님의 뜻을 구합니다. 제가 남편에게 고백한 말들 들으셨죠? 전적인 주님의 은혜라는 것과 안식을 주시는 아버지의 마음과 나 스스로 아무것도 할 수 없음을 고백함과 왜곡된 모든 신앙과 생각들을 무너뜨리시고 오직 하나님의 능력으로 경건한 삶을 살게 해 주시기를 간구합니다. 아빠! 사랑해요. 저의 걱정 근심 염려 다 주님께 맡깁니다. 나는 죽고 그리스도로 살게 하소서.

주님 : 미영아! 패역한 백성이 아니라, 내가 기뻐하는 사랑하는 하나님의 아들로 서기를 원한단다. 자기 기준이 내려지고, 자기 관점이 내려지고, 자기 목적이 내려지고, 하나님의 기준, 하나님의 관점, 하나님의 방법, 하나님의 목적으로 전환되기를 원한단다. 이미 그 과정 가운데 연단되어지고 있단다. 미영아 삶의 목적은 하나님 나라 안에 그리스도로 사는 것이란다.

롬14:17

> 하나님의 나라는 먹는 것과 마시는 것이 아니요 오직 성령 안에 있는 의와 평강과 희락이라 18 이로써 그리스도를 섬기는 자는 하나님을 기쁘시게 하며 사람에게도 칭찬을 받으리라

요일1:3-5

> 우리가 보고 들은 바를 너희에게도 전함은 너희로 우리와 사귐이 있게 하려 함이니 우리의 사귐은 아버지와 그의 아들 예수 그리스도와 더불어 누림이라 4 우리가 이것을 씀은 우리의 기쁨이 충만하게 하려 함이라 5 우리가 그에게서 듣고 너희에게 전하는 소식은 이것이니 곧 하나님은 빛이시라 그에게는 어둠이 조금도 없으시다는 것이니라

미영 ^{헵시바} - 아멘. 핵심의 3가지를 기도합니다.

　1. 우리의 사귐은 아버지와 그 아들 예수 그리스도와 더불어 누리는 삶 되게 하소서.

　2. 우리의 기쁨이 충만하게 하소서.

　3. 하나님은 빛이시라 그에게는 조금도 어둠이 없으심으로 빛의 아들로 살게 하소서.

주님 : 미영아! 이제 내려가서 자거라. 항상 내가 너와 함께 함이라. 너의 필요를 다 알고 있단다. 하나하나 그렇게 묻고 구하고 나아가면 되는 것이란다. 나와 함께 누리자꾸나. 평안한 안식 가운데 세상이 주는 것과 다른 너에게 기쁨이 충만하기를 원한단다. 빛의 자녀의 열매를 맺는 것이란다. 그 빛은 어둠이 조금도 없는 참 빛이신 그리스도이시니라.

미영 ^{헵시바} - 주님 인도하소서. 주님의 뜻을 이루소서. 새벽에 일어나서 기도 후 배가 아파서 잠을 못자고 선잠 자고 일어났습니다. 평안히 잘 때가 많은데 아주 가끔 민감함으로 반응할 때 한계에 부딪칠 때에 그런 것 같은데 지금은 많이 좋아졌습니다. 제가 하려고 하는 것을 모두 내려놓게 하소서. 자기 목적으로 구하는 것을 기억하지 않게 하시고 빛 가운데로 서게 하셔서 조금도 어둠이 없음을 인식하며 조금도 죄악 가운데 속하지 않게 하소서. 주님 더 알기를 원합니다. 그리스도의 영으로 옷 입게 하시고 성령으로 인도하소서.

주님 : 미영아! 어떤 고통이 따를 때에는 그 고통을 통하여 새로운 영역들을 지나갈 때가 있고 대가 지불을 치르는 과정이 있을 수 있단다. 열왕기하 12:5-18

요아스왕의 통치는 대제사장 여호야다의 죽음을 기점으로 극명하게 대조를 이루었습니다. 그는 여호야다의 가르침에 힘입어 성전을 수리하는 등 의욕적인 선정을 베풀었습니다. 하지만 여호야다의 죽음과 함께 요아스의 신앙은 곤두박질 하였습니다. 그 또한 하나님을 멀리하여 선지자 스가랴를 살해하는 등의 악행을 범하고 말았습니다. 그 결과 요아스는 하나님의 공의의 심판을 받아 하사엘에게 조공을 바치고 끝내는 신복들에게 죽임을 당하는 비참한 최후를 맞이하게 되었습니다. 불신앙과 우상숭배로 인하여 결과적으로 신하들에게 살해당함으로 종말됩니다. 17-18절 요아스는 하나님께 도움을 구하지 않고 여호와께 드려진 성물로 위기를 모면했습니다. 우리의 도움은 여호와 하나님께만 있음을 잊지 말아야 합니다. 위기가 올 때 하나님을 찾으면 모든 환난에서 우리를 건지십니다.

열왕기하 12

> 17 그때에 아람왕 하사엘이 올라와서 가드를 쳐서 점령하고 예루살렘을 향하여 올라오고자 함으로 18 유다의 왕 요아스가 그의 조상들 유다왕 여호사밧과 여호람과 아하시야가 구별하여 드린 성물과 자기가 규별하여 드린 성물과 여호와의 성전 곳간과 왕궁에 있는 금을 다 가져다가 아람왕 하사엘에게 보냈더니 하사엘이 예루살렘에서 떠나갔더라

미영^{헵시바} - 요아스의 신앙이 스스로 하나님을 믿은 것이 아니라 여호야다에게 의존적인 것이기에 제사장이 죽자 이방신을 섬기고 악을 행하는 자로 바뀌게 됨을 보여 주고 있는 것이라는 것을 깨닫게 하셨습니다. 자기 방법으로 권력과 힘(재물)으로 막으려 해도 하나님의 방법이 아니기에 하나님의 뒷받침이 없이 결국은 신복에게 죽임을 당하게 되는 어리석은 모습을 보지만 나도 똑같이 주님을 벗어나면 그런 자임을 인정합니다.

아빠만 의지하게 하소서. 아빠 요아스의 믿음이 되지 않도록 진짜 믿음으로 서게 하시고 하나님의 성전과 재정을 잘 관리하게 하시고 규별 됨으로 하나님만을 구하

는 자리에 있게 하소서. 진짜 믿음이 필요할 때 믿음대로 행동하게 하소서. 주님의 방법을 구하는 하나님의 기준으로 나아가는 평소에 훈련되게 하시고 모든 삶을 주님께 올립니다.

20190723 화요일

<small>헵시바</small>
미영 - 주님 도와주세요. 주님의 뜻을 이루소서.

주님 : 빌립보서 2:2-18

1 그러므로 그리스도 안에 무슨 권면이나 사랑의 무슨 위로나 성령의 무슨 교제나 긍휼이나 자비가 있거든 2 마음을 같이 하여 같은 사랑을 가지고 뜻을 합하며 한마음을 품어 3 아무 일에든지 다툼이나 허영으로 하지 말고 오직 겸손한 마음으로 각각 자기보다 남을 낫게 여기고 4 각각 자기 일을 돌볼 뿐더러 또한 각각 다른 사람들의 일을 돌보아 나의 기쁨을 충만하게 하라 5 너희 안에 이 마음을 품으라 곧 그리스도 예수의 마음이니 6 그는 근본 하나님의 본체시나 하나님과 동등됨을 취할 것으로 여기지 아니하시고 7 오히려 자기를 비워 종의 형체를 가지사 사람들과 같이 되셨고 8 사람의 모양으로 나타나사 자기를 낮추시고 죽기까지 복종하셨으니 곧 십자가에 죽으심이라 9 이러므로 하나님이 그를 지극히 높여 모든 이름 위에 뛰어난 이름을 주사 10 하늘에 있는 자들과 땅에 있는 자들과 땅 아래에 있는 자들로 모든 무릎을 예수의 이름에 꿇게 하시고 11 모든 입으로 하나님 아버지께 영광을 돌리게 하셨느니라 12 그러므로 나의 사랑하는 자들아 너희가 나 있을 때 뿐 아니라 더욱 지금 나 없을 때에도 항상 복종하여 두렵고 떨림으로 너희 구원을 이루라 13 너희 안에서 행하시는 이는 하나님이시니 자기의 기쁘신 뜻을 위하여 너희에게 소원을 두고 행하게 하시나니 14 모든 일을 원망과 시비가 없이 하라 15 이는 너희가 흠이 없고 순전하여 어그러지고 거스르는 세대 가운데서 하나님의 흠이 없는 자녀로 세상에서 그들 가운데 빛들로 나타내며 16 생명의 말씀을 밝혀 나의 달음질이 헛되지 아니하고 수고도 헛되지 아니함으로 그리스도의 날에 내가 자랑할 것이 있게 하려 함이라 17 만일 너희 믿음의 제물과 섬김 위에 내가 나를 전제로 드릴지라도 나는 기뻐하고 너희 무리와 함께 기뻐하리니 18 이와 같이 너희도 기뻐하고 나와 함께 기뻐하라

이사야 40장

1 너희의 하나님이 이르시되 너희는 위로하라 내 백성을 위로하라 2 너희는 예루살렘의 마음을 닿도록 말하며 그것에게 외치라 그 노역의 때가 끝났고 그 죄악이 사함을 받았느니라 그의 모든 죄로 말미암아 여호와의 손에서 벌을 배나 받았느니라 할지니라 하시니라 3 외치는 자의 소리여 이르되 너희는 광야에서 여호와의 길을 예비하라 사막에서 우리 하나님의 대로를 평탄하게 하라 4 골짜기마다 돋우어지며 산마다, 언덕마다 낮아지며 고르지 아니한 곳이 평탄하게 되며 험한 곳이 평지가 될 것이요 5 여호와의 영광이 나타나고 모든 육체가 그것을 함께 보리라 이는 여호와의 입이 말씀하셨느니라 6 말하는 자의 소리여 이르되 외치라 대답하되 내가 무엇이라 외치리이까 하니 이르되 모든 육체는 풀이요 그의 모든 아름다움은 들의 꽃과 같으니 7 풀은 마르고 꽃이 시듦은 여호와의 기운이 그 위에 붊이라 이 백성은 실로 풀이로다 8 풀은 마르고 꽃은 시드나 우리 하나님의 말씀은 영원히 서리라 하라 9 아름다운 소식을 시온에 전하는 자여 너는 높은 산에 오르라 아름다운 소식을 예루살렘에 전하는 자여 너는 힘써 소리를 높이라 두려워하지 말고 소리를 높여 유다의 성읍들에게 이르기를 너희의 하나님을 보라 하라 10 보라 주 여호와께서 장차 강한 자로 임하실 것이요 친히 그의 팔로 다스릴 것이라 보라 상급이 그에게 있고 보응이 그의 앞에 있으며 11 그는 목자같이 양 떼를 먹이시며 어린 양을 그 팔로 모아 품에 안으시며 젖먹이는 암컷들을 온순히 인도하시리로다 31 오직 여호와를 앙망하는 자는 새 힘을 얻으리니 독수리가 날개치며 올라감 같을 것이요 달음박질 하여도 곤비하지 아니하겠고 걸어가도 피곤하지 아니하리로다

**헵시바
미영** - 아멘. 주님 감사합니다. 주님의 뜻대로 행하는 자 되게 하소서.

20190724 수요일

**헵시바
미영** - 주님 도와주세요. 주님의 뜻을 이루소서. 무더운 날씨지만 주님이 계시기에 살아갈 수 있습니다. 세상의 지혜로 말의 지혜로 살지 않고 진실된 하나님의 자녀로 하나님의 아들로 살게 하소서.

주님 : 미영아! 힘을 내거라. 지금은 보이지 않는 것 같아도 성령으로 계속 터치 받고 그리스도의 말씀을 자꾸 되새기고 기억하며 삶속에 말씀이 기억되어 적용할 때마다 네가 변화된 모습을 보게 될 것이며, 어느 순간 자라있는 모습을 보게 될 것이니 낙심하지 말고 끝까지 견디며 말씀을 심령 가운데 심겨진 그 말씀대로 살 때에 그리스도의 풍성한 은혜가 너와 함께 할 것이니라.

_{헵시바}
미영 - 복음은 인격체이신 예수 그리스도이십니다. 십자가에 못 박히신 예수님, 부활하신 예수 그리스도께 나는 날마다 주님께 질문하면서 찾고 구하겠습니다. 주는 그리스도이시요 살아계신 하나님의 아들이십니다. 하나님의 아들을 믿는 믿음 안에서 살게 하소서.

주님 : 참된 평안이 임할 때 그 누구에게도 의지하지 않고 오직 그리스도께만 있단다. 하나님의 임재가 임하고 성령이 임하면 모든 거짓이 모든 숨겨진 것이 다 드러나게 되어 있어서 그들에게는 걸림돌이 되는 것이란다. 미영아 수많은 자들이 성령이 임하면 십자가에 못 박히신 그 예수 그리스도를 버리고 떠난단다. "너희도 나를 떠나려느냐?" 베드로처럼 영생의 말씀이 여기 있사온데 제가 어디로 가리이까? 하나님 나라를 보는 자가 복이 있느니라.

마지막 때에 알곡과 가라지가 규별 되는 이때에 각자가 돌보지 않으면 그리고 스스로 마음을 지키지 않으면 그 기회조차 에서처럼 얻지를 못하게 된단다. 장자의 명분을 팥죽 한 그릇에 팔지 않기를 내가 너에게 준 언약을 파기하지 않기를 원한단다. 내 언약을 값없이 사단에게 내어주는 자들을 내가 기억하고 있단다.

미영아! 오늘은 에베소서 3장 전체를 묵상 하거라.

> 1 이러므로 그리스도 예수의 일로 너희 이방인을 위하여 갇힌 자 된 바울이 말하거니와 2 너희를 위하여 내게 주신 하나님의 그 은혜의 경륜을 너희가 들었을 터이라 3 곧 계시로 내게 비밀을 알게 하신 것은 내가 먼저 간단히 기록함과 같으니 4 그것을 읽으면 내가 그리스도의 비밀을 깨달은 것을 너희가 알 수 있으리라 5 이제 그의 거룩한 사도들과 선지자들에게 성령으로 나타내신 것 같이 다른 세대에서는 사람의 아들들에게 알리지 아니하셨으니 6 이는 이방

인들이 복음으로 말미암아 그리스도 예수 안에서 함께 상속자가 되고 함께 지체가 되고 함께 약속에 참여하는 자가 됨이라 7 이 복음을 위하여 그의 능력이 역사하시는 대로 내게 주신 하나님의 은혜의 선물을 따라 내가 일꾼이 되었노라 8 모든 성도 중에 지극히 작은 자보다 더 작은 나에게 이 은혜를 주신 것은 측량할 수 없는 그리스도의 풍성함을 이방인에게 전하게 하시고 9 영원부터 창조하신 하나님 속에 감추어졌던 비밀의 경륜이 어떠한 것을 드러내게 하려 하심이라 10 이는 이제 교회로 말미암아 하늘에 있는 통치자들과 권세들에게 하나님의 각종 지혜를 알게 하려 하심이니 11 곧 영원부터 우리 주 그리스도 예수 안에서 예정하신 뜻대로 하신 것이라 12 우리가 그 안에서 그를 믿음으로 말미암아 담대함과 확신을 가지고 하나님께 나아감을 얻느니라 13 그러므로 너희에게 구하노니 너희를 위한 나의 여러 환난에 대하여 낙심하지 말라 이는 너희의 영광 이니라

헵시바
미영 - 아멘. 하나님의 영광을 위하여 살게 하시고 주님의 뜻만을 이루소서. 주님께 구합니다. 오직 저는 예수 그리스도의 사랑을 알고 하나님의 영광을 위해 살고 하나님의 의를 구하는 자 되게 하소서. 오늘의 말씀처럼 하나님의 지혜를 구하며 하나님의 예정하신 뜻과 목적이 이루어지게 하시고 성령으로 속사람의 능력으로 강건하게 하시고 믿음으로 말미암아 그리스도께서 나의 마음에 계시게 하시고 사랑 가운데서 뿌리가 박히고 터가 굳어져서 모든 성도와 함께 지식에 넘치는 그리스도의 사랑을 알고 그 넓이와 길이와 높이와 깊이를 깨달아 하나님의 충만에 임하게 하시고 제가 구하거나 생각하는 모든 것에 더 넘치게 하실 주님을 찬양합니다. 교회 안에서와 그리스도 예수 안에서 영광이 대대로 무궁하시기를 축복합니다. 아멘.

20190725 목요일

헵시바
미영 - 무더운 날씨지만 이렇게 좋은 곳에서 여름을 지내도록 이 장소와 환경을 주신 주님께 모든 영광 올립니다. 아빠 남편에게도 매년 무더운 날씨 때마다 더 일하곤 했는데 이번 여름은 함께 안식을 주시고 쉼을 주신 주님 감사합니다. 안식 후 새 일을 행하실 주님만을 기대하며 내 생각을 온전히 주님 앞에 굴복하고 오직 예수 그리스

도 안에서 지각이 뛰어나신 하나님의 생각으로 전환되며 주님의 뜻만이 이루어지게 하소서.

주님 : 미영아! 네 남편은 이번 여름은 안식이지만 안식 후는 그 전에도 없었던 실전의 훈련을 적용하는 어쩌면 혹독한 시간들을 보낼 수도 있단다. 그 전에 내 안에 쉼을 받고 이후에 환경을 다스리며 잘 이겨 나가기를 원한단다.

오늘 말씀은 시편 99편

1 여호와께서 다스리시니 만민이 떨 것이요 여호와께서 그룹사이에 좌정하시니 땅이 흔들릴 것이로다 2 시온에 계시는 여호와는 위대하시고 모든 민족보다 높으시도다 3 주의 크고 두려운 이름을 찬송할지니 그는 거룩하심이로다 4 능력 있는 왕은 정의를 사랑하느니라 5 너희는 여호와 우리 하나님을 높여 그의 발등상 앞에서 경배할지어다 그는 거룩하시도다 6 그의 제사장들 중에는 모세와 아론이 있고 그의 이름을 부르는 자들 중에는 사무엘이 있도다 그들이 여호와께 간구하매 응답하셨도다 7 여호와께서 구름기둥 가운데서 그들에게 말씀하시니 그들은 그가 그들에게 주신 증거와 율례를 지켰도다 8 여호와 우리 하나님이여 주께서는 그들에게 응답하셨고 그들의 행한 대로 갚기는 하셨으나 그들을 용서하신 하나님이시니이다 9 너희는 여호와 우리 하나님을 높이고 그 성산에서 예배할지어다 여호와 우리 하나님은 거룩하심이로다

미영^{헵시바} - 아멘. 하나님 아버지와 예수 그리스도만을 높여드립니다.

아빠 나라를 위한 시국선언문과 기도요청으로 유트브 영상에서 목사님 사택에 불이 나서 목사님 딸 하경이가 화상을 입고 천국으로 간 소식을 잠깐 보았습니다. 저는 모르지만 그 가정을 위해 기도하며 눈물이 뚝뚝 떨어졌습니다. 생사화복을 주관하시는 하나님께서 인도하심과 하나님의 주권에 있음을 올립니다. 주님의 주신 마음으로 12월부터 빈들거리찬양예배 매주 드리라는 곳에서 예배를 잘 드릴 수 있도록 모든 준비가 잘 진행될 수 있도록 기도합니다.

20190726 금요일

^{헵시바}
미영 - 주님 인도하소서. 주님의 뜻을 이루소서.

주님 : 요13장 전체묵상

^{헵시바}
미영 - 요 13장 말씀을 묵상하면서 새 계명은 그리스도의 십자가를 통해 계시된 하나님의 사랑을 그리스도의 영의 인도하심을 따라 실천하는 것으로서 믿는 모든 자에게 주어진 계명입니다. 예수님께서 제자들에게 발을 씻어주시는 본을 보여주신 사랑은 십자가의 사랑입니다. 그리스도의 사랑을 실천함이 제자들의 필수덕목이고 이를 통해 제자임을 (그리스도의 제자) 알게 될 것이라고 증거 하셨고 성령을 받기 전에는 예수 그리스도를 따라 갈 수 없고 (복음증거) 성령을 받고(오순절다락방) 제자의 도를 따르는 성도는 그리스도의 제자 된 자로서 사랑의 계명을 실천하여 그리스도의 제자 됨을 세상에 증거 하여야 합니다. 마귀가 주는 생각은 부정적인 생각을 갖게 하여 하나님의 예비하신 축복을 놓치게 합니다.

하나님의 자녀는 매일의 삶 속에서 예수 그리스도의 본을 따르는 삶을 살아야합니다. 그리스도의 모형 이였던 다윗이 겪은 일은 예수 그리스도께서 당하실 예표이고 인자의 영광이란 예수님의 영광은 십자가를 지는 것임을 깨닫습니다.

요 13장

1 유월절 전에 예수께서 자기가 세상을 떠나 아버지께로 돌아가실 때가 이른 줄 아시고 세상에 있는 자기 사람들을 사랑하시되 끝까지 사랑하시니라 2 마귀가 벌써 시몬의 아들 가룟유다의 마음에 예수를 팔려는 생각을 넣었더라 3 저녁 먹는 중 예수는 아버지께서 모든 것을 자기 손에 맡기신 것과 또 자기가 하나님께로부터 오셨다가 하나님께로 돌아가실 것을 아시고 4 저녁 잡수시던 자리에서 일어나 겉옷을 벗고 수건을 가져다가 허리에 두르시고 5 이에 대야에 물을 떠서 제자들의 발을 씻으시고 그 두르신 수건으로 닦기를 시작하여 6 시몬 베드로에게 이르시되 주여 주께서 내 발을 씻으시나이까 7 예수께서 대답하여 이르시되 내가 하는 것을 네가 지금은 알지 못하나 이 후에는 알리라 8 베드로가 이르되 내 발을 절대로 씻

> 지 못하시리이다 예수께서 대답하시되 내가 너를 씻어 주지 아니하면 네가 나와 상관이 없느니라 9 시몬 베드로가 이르되 주여 내 발뿐 아니라 손과 머리도 씻어 주옵소서 10 예수께서 이르시되 이미 목욕한 자는 발밖에 씻을 필요가 없느니라 온 몸이 깨끗하니라 하시니 11 이는 자기를 팔자가 누구인지 아심이라 그러므로 다는 깨끗하지 아니하다하시니라 12 그들의 발을 씻으신 후에 옷을 입으시고 다시 앉아 그들에게 이르시되 내가 너희에게 행한 것을 너희가 아느냐 13 너희가 나를 선생이라 또는 주라 하니 너희 말이 옳도다 내가 그러하다 14 내가 주와 또는 선생이 되어 너희 발을 씻었으니 너희도 서로 발을 씻어 주는 것이 옳으니라 15 내가 너희에게 행한 것 같이 너희도 행하게 하려 하여 본을 보였노라

헵시바
미영 - 전적으로 자기의 생각, 자기의 자원, 자기의 관점, 자기의 의로 변화될 수 없고 진정으로 주님을 깨달을 수 없음을 깨닫습니다.

예수 그리스도 ➡ 제자의 삶(성령으로) ➡ 그리스도와 함께 부활의 영광이 임하는 하나님의 아들들로 서게 하소서.

20190727 토요일 |

헵시바
미영 - 주님 인도해주세요. 주님의 뜻을 이루소서. 아빠! 사랑해요. 오늘 하루의 모든 삶을 주님께 올립니다. 인도해주세요. 십자가 사랑의 찬양이 떠올라서 찬양부터 하고 말씀 묵상하겠습니다. 아빠! 감사해요.
아빠! 인도해주세요. 피아노 치며 찬양할 때 그곳이 생각났습니다. 주님의 뜻이 아니고 성령의 인도하심이 아니면 생각을 차단하게 하시고 오직 주 예수 그리스도께 모든 생각을 굴복하며 저를 통치하시고 다스려주소서.

주님 : 미영아! 푸른 감람나무를 생각하면 된단다. 새로운 부락으로 새로운 마을로 내가 그 길을 열게 될 것이란다. 그 문은 내가 열 것이니라. 너에게 선물로 준 아담한 곳이지만 결코 작지 않은 지성소의 문이 열리며 시온의 대로가 열리는 영적인 게이트 기지국의 역할을 할 것이니라. 가장 아름다운 처소로 다듬어질 것이다. 한 번 다시 다녀

오거라. 다시 모여지게 될 것이니라. 내가 숨겨진 곳으로 그곳에서 다시 세워지는 다윗의 장막의 회복이 일어날 것이니라.

미영^{헵시바} - (그림을 보여주심) "서로 사랑하라(Love each other)"
1층 2층 3층 다락방 마당 쓰임장소를 보여주셨습니다.
이 그림이 보이는데 어떻게 해야 하나요? 주님 알게 하소서.

주님 : 요일3장 전체묵상

1 보라 아버지께서 어떠한 사랑을 우리에게 베푸사 하나님의 자녀라 일컬음을 받게 하셨는가, 우리가 그러하도다 그러므로 세상이 우리를 알지 못함은 그를 알지 못함이라 2 사랑하는 자들아 우리가 지금은 하나님의 자녀라 장래에 어떻게 될지는 아직 나타나지 아니하였으나 그가 나타나시면 우리가 그와 같을 줄을 아는 것은 그의 참모습 그대로 볼 것이기 때문이니 3 주를 향하여 이 소망을 가진 자마다 그의 깨끗하심과 같이 자기를 깨끗하게 하느니라 4 죄를 짓는 자마다 불법을 행하나니 죄는 불법이라 5 그는 우리 죄를 없애려고 나타나신 것을 너희가 아나니 그에게는 죄가 없느니라 6 그 안에 거하는 자마다 범죄 하지 아니하나니 범죄 하는 자마다 그를 보지도 못하였고 알지도 못하였느니라 7 자녀들아 아무도 너희를 미혹하지 못하게 하라 의를 행하는 자는 그의 의로우심과 같이 의롭고 8 죄를 짓는 자는 마귀에게 속하나니 마귀는 처음부터 범죄함이라 하나님의 아들이 나타나신 것은 마귀의 일을 멸하려 하심이라 9 하나님께로부터 난 자마다 죄를 짓지 아니하나니 이는 하나님의 씨가 그의 속에 거함이요 그도 범죄 하지 못하는 것은 하나님께로부터 났음이라 10 이러므로 하나님의 자녀들과 마귀의 자녀들이 드러나나니 무릇 의를 행하지 아니하는 자나 또는 그 형제를 사랑하지 아니 하는 자는 하나님께 속하지 아니하니라 11 우리는 서로 사랑할지니 이는 너희가 처음부터 들은 소식이라 12 가인같이 하지 말라 그는 악한 자에게 속하여 그 아우를 죽였으니 어떤 이유로 죽였느냐 자기의 행위는 악하고 그의 아우의 행위는 의로움이라 13 형제들아 세상이 너희를 미워하여도 이상히 여기지 말라 18 자녀들아 우리가 말과 혀로만 사랑하지 말고 행함과 진실함으로 하자 21 사랑하는 자들아 만일 우리 마음이 우리를 책망할 것이 없으면 하나님 앞에서 담대함을 얻고 22 무엇이든지 구하는 바를 그에게서 받나니 이는 우리가 그의 계명을 지키고 그 앞에서 기뻐하시는 것을 행함이라 23 그의 계명은 이것이니 곧 그 아들 예수 그리스도의 이름을 믿고 그가 우리에게 주신 계명대로 서로 사랑할

것 이니라 24 그의 계명을 지키는 자는 주 안에 거하고 주는 그의 안에 거하시나니 우리에게 주신 성령으로 말미암아 그가 우리에게 주신 성령으로 말미암아 그가 우리 안에 거하시는 줄을 우리가 아느니라

20190728 주일

헵시바
미영 - 주님 인도하소서. 주님의 뜻을 이루소서.

주님 : 이제부터 시작이란다. 새 길을 열고 새문으로 들어가는 것이란다.
때가 되면 열린 문 교회로 포도나무 안에 거하는 가지들의 알곡 공동체가 될 것이니라.

시편 28편

여호와여 내가 주께 부르짖으오니 나의 반석이여 내게 귀를 막지 마소서. 주께서 내게 잠잠하시면 내가 무덤에 내려가는 자와 같을까 하나이다 2 내가 주의 지성소를 향하여 나의 손을 들고 주께 부르짖을 때에 나의 간구하는 소리를 들으소서 3 악인과 악을 행하는 자들과 함께 나를 끌어내지 마시옵소서 그들은 그 이웃에게 화평을 말하나 그들의 마음에는 악독이 있나이다 4 그들이 하는 일과 그들의 행위가 악한 대로 갚으시며 그들의 손이 지은 대로 그들에게 갚아 그 마땅히 받을 것으로 그들에게 갚으소서 5 그들은 여호와께서 행하신 일과 손으로 지으신 것을 생각하지 아니하므로 여호와께서 그들을 파괴하고 건설하지 아니하시리로다 6 여호와를 찬송함이여 내 간구하는 소리를 들으심이로다 7 여호와는 나의 힘과 나의 방패이시니 내 마음이 그를 의지하여 도움을 얻었도다 그러므로 내 마음이 크게 기뻐하며 내 노래로 그를 찬송하리로다 8 여호와는 그들의 힘이시오 그의 기름부음 받은 자의 구원의 요새이시리로다 9 주의 백성을 구원하시며 주의 산업에 복을 주시고 또 그들의 목자가 되시어 영원토록 그들을 인도하소서

딤후 2장 (하나님께 부름 받은 자의 충성)

1 내 아들아 그러므로 너는 그리스도 예수 안에서 있는 은혜 가운데서 강하고 2 또 네가 많은 증인 앞에서 내게 들은 바를 충성한 사람들에게 부탁하라 그들이 또 다른 사람들을 가르칠 수 있으리라 3 너는 그리스도 예수의 좋은 병사로 나와 함께 고난을 받으라 4 병사로 복무하는 자는 자기 생활에 얽매이는 자가 하나도 없나니 5 경기하는 자가 법대로 경기하지 아니하면 승리자의 관을 얻지 못할 것이며 6 수고하는 농부가 곡식을 먼저 받는 것이 마땅하니라 7 내가 말하는 것을 생각해보라 주께서 범사에 네게 총명을 주시리라 8 내가 전한 복음대로 다윗의 씨로 죽은 자 가운데서 다시 살아나신 예수 그리스도를 기억하라 9 복음으로 말미암아 내가 죄인과 같이 매이는 데까지 고난을 받았으나 하나님의 말씀은 매이지 아니하니라 10 그러므로 내가 택함 받은 자들을 위하여 모든 것을 참음은 그들도 그리스도 예수 안에 있는 구원을 영원한 영광과 함께 받게 하려 함이라 11 미쁘다 이 말이여 우리가 주와 함께 죽었으면 또한 함께 살 것이요 12 참으면 함께 왕 노릇 할 것이요 우리가 주를 부인하면 주도 우리를 부인하실 것이라 13 우리는 미쁨이 없을지라도 주는 항상 미쁘시니 자기를 부인하실 수 없으시리라 14 너는 그들로 이 일을 기억하게 하여 말다툼을 하지 말라고 하나님 앞에서 엄히 명하라 이는 유익이 하나도 없고 도리어 듣는 자들을 망하게 함이라 15 너는 진리의 말씀을 옳게 분별하며 부끄러울 것이 없는 일꾼으로 인정된 자로 자신을 하나님 앞에 드리기를 힘쓰라 16 망령되고 헛된 말을 버리라 그들은 경건하지 아니함에 점점 나아가니 17 그들의 말은 악성 종양이 퍼져나감과 같은데 그 중에 후메내오와 빌레도가 있느니라 18 진리에 관하여는 그들이 그릇되었도다 부활이 이미 지나갔다 함으로 어떤 사람들의 믿음을 무너뜨리느니라 19 그러나 하나님의 견고한 터는 섰으니 인침이 있어 일렀으되 주께서 자기 백성을 아신다 하며 또 주의 이름을 부르는 자마다 불의에서 떠날지어다 하였느니라 20 큰 집에는 금 그릇과 은 그릇 뿐 아니라 나무 그릇과 질그릇도 있어 귀하게 쓰는 것도 있고 천하게 쓰는 것도 있나니 21 그러므로 누구든지 이런 것에서 자기를 깨끗하게 하면 귀히 쓰는 그릇이 되어 거룩하고 주인이 쓰심에 합당하며 모든 선한 일에 준비함이 되리라 22 또한 너는 청년의 정욕을 피하고 주를 깨끗한 마음으로 부르는 자들과 함께 의와 믿음과 사랑과 화평을 따르라 23 어리석고 무식한 변론을 버리라 이에서 다툼이 나는 줄 앎이라 24 주의 종은 마땅히 다투지 아니하고 모든 사람에 대하여 온유함으로 훈계할지니 혹 하나님이 그들에게 회개함을 주사 진리를 알게 하실까 하며 26 그들로 깨어 마귀의 올무에서 벗어나 하나님께 사로잡힌 바 되어 그 뜻을 따르게 하실까 함이라

20190729 월요일

^{헵시바}
미영 - 주님 도와주세요. 나의 나 된 것은 오직 주님의 은혜임을 고백하며 마커스찬양을 통하여 저를 만져주시고 위로해주시고 회복주심을 감사드립니다. 이 눈의 아무 증거 없어도 나에게 아무런 버틸 힘이 없어도 여전히 신실하신 하나님 아버지께서 일하시고 계심에 감사드립니다.

오늘의 말씀은 계22:11-12

마커스예배를 드릴 때 말씀이 오늘 저에게 주님께서 들려주시는 음성이었습니다.

삼하11:14-27(다윗의 죄와 그에 따른 징계)

계22:11-12

11 불의를 행하는 자는 그대로 불의를 행하고 더러운 자는 그대로 더럽고 의로운 자는 그대로 의를 행하고 거룩한 자는 그대로 거룩하게 하라
12 보라 내가 속히 오리니 내가 줄 상이 내게 있어 각 사람에게 그가 행한 대로 갚아 주리라

시편143:8

아침에 나로 하여금 주의 인자한 말씀을 듣게 하소서 내가 주를 의뢰함이니이다 내가 다닐 길을 알게 하소서 내가 내 영혼을 주께 드림이니이다

> 오늘은 사명이고 내일은 선물입니다. 죄를 지으면 기도가 안됩니다. 기도는 호흡입니다. 기도가 막히면 죽습니다. 성경에서 가장 끔찍한 병은 문둥병으로 기록됩니다 (레13:45) 문둥병은 아픔을 못 느낍니다. 죄가 들어오면 영적인 문둥병이 됩니다. 죄를 지어도 모릅니다.

헵시바
미영 - 주님 끊임없이 주님만을 바라보게 하셔서 주님을 벗어나지 않게 하소서. 주님의 말씀을 늘 되새기게 하소서.

20190730 화요일

헵시바
미영 - 새벽 5시에 눈을 뜨게 하셨습니다. 감사해요. 아빠 점점 더 제가 이러고 있는 것이 게으른 것은 아닌지 아무것도 안하고 안식하는 것이 순간 평안하다가도 문득 불안해질 때가 있습니다. 아직 아무런 증거가 없는 것 같고 열매도 없는 것 같고 보이는 것이 없어 당황스럽기도 하지만 분명한 것은 내 안에 계신 그리스도께서 함께 하심을 저는 믿고 신뢰합니다. 그리고 하늘의 아버지 만군의 여호와 하나님께서 나의 아버지이신 것을 저는 믿고 신뢰합니다. 더 주님을 알기를 원합니다. 갈망합니다. 저의 영적 배고픔을 성령으로 채워주시고 말씀되신 그리스도께서 채워주세요. 내가 스스로 아무것도 할 수 없는 나에게는 어떤 선함도 없는 그런 무익한 자임을 고백하며 그래서 나를 위해 죽으시고 피를 흘리신 나를 사랑하사 나를 위하여 자기 자신을 버리신 하나님 아들을 믿는 믿음 안에서 살기를 원합니다. 처음 그 사랑을 회복하며 순전하게 순수하게 어린아이처럼 주님께 나아기를 갈망합니다. 아빠 더 이상 세상의 염려 걱정 환경을 초월하게 하시고 이전 것은 지나고 새것이 되었음을 선포합니다.

주님 : 미영아! 생명은 나에게 있단다. 내가 너를 통치하고 다스리고 있단다. 분명 예레미야처럼 이사야처럼 다윗처럼 사도바울처럼 그때그때 부르심의 사명을 받은 자들이니라. 나는 항상 네 얼굴을 보고 있단다. 너의 모든 것을 알고 있단다. 더 깊이 나를 만나고 더 깊이 나와 교제하기를 원한단다. 실로에서 죽임당한 엘리제사장처럼 지금도 마찬가지로 죄에 대하여 무지해서 죽어갈 영혼들이 많단다. 그러나 나는 그들에게 조차도 돌이킬 수 있는 십자가의 사랑이 그리스도의 사랑이 그들조차도 돌이키기를 원하며 기회를 줄 수 있는 대로 계속해서 나는 그들에게 말하고 있단다. 그러나 듣는 자는 복이 될 것이며 듣지 않는 자는 화가 미칠 것 이니라. 미영아 이사야 62장 1-12절 다시는 버림 받지 않는 새 하늘과 새 땅을 바라보며 함께 영광에 참예할 자로 너를 헵시바로 불렀으니 내가 너에게 새 이름으로 부활의 생명의 새 예루살렘을 향한 등불이 밝히 비치어졌음을 선포하노라. 미영아 너는 가지가 되어 나에게만 붙어 있으면 된단다. 이 땅의 모든 억압과 모든 재물들은 풀과 같이 시들게 되고 마르게 되고 불태워 없어질 모형일 뿐이며 세상의 맘몬의 영향력들이 파괴되고 건설하지 못할 것이며 모든 세상의 것은 무너지고 새 하늘과 새 땅이 도래되며 내가 그곳에서 나와 함께 왕 노릇하며 자유하게 누리게 될 것이니라. 이제는 천국과 지옥이 분명히 있음을 모든 자들에게 기회를 줄 것이며 선택을 다시 줄 것이니라. 분명히 그 선택한 결과가 나누어지게 될 것이니라. 내가 택한 자들은 반드시 들을 것이기 때문이니라. 나를 믿는 자들도 평소에 나와 함께 교제하는 사귐의 시간이 없으면 내 마음을 알 수 없기에 자기 스스로 속이고 멸망에 이를 수 밖에 없다는 것이란다. 그러나 나는 생명으로 나아오는 나의 아들들을 보고 있단다. 미영아 사62장은 너에게 지금 주는 메시지이니라. 그러니 두려워 말라! 놀라지 말라! 내가 너와 함께 함이니라.

이사야 62장

> 1 나는 시온의 의가 빛같이 예루살렘의 구원의 횃불 같이 나타나도록 시온을 위하여 잠잠하지 아니하며 예루살렘을 위하여 쉬지 아니할 것인 즉 2 이방나라들이 네 공의를 뭇 왕이 다 네 영광을 볼 것이요 너는 여호와의 입으로 정하실 새 이름으로 일컬음이 될 것이며 3 너는 또 여호와의 손의 왕관이 될 것이라 4 다시는 너를 버림 받은 자라 부르지 아니하며 다시는 네 땅을 황무지라 부르지 아니하고 오직 너를 헵시바라 하며 네 땅을 쁄라라 하리니 이는 여호와께

서 너를 기뻐하실 것이며 네 땅이 결혼한 것처럼 될 것임이라 5 마치 청년이 처녀와 결혼함 같이 네 아들들이 너를 취하겠고 신랑이 신부를 기뻐함 같이 네 하나님이 너를 기뻐하시리라 6 예루살렘이여 내가 너의 성벽 위에 파수꾼을 세우고 그들로 하여금 주야로 계속 잠잠하지 않게 하였느니라 너희 여호와로 기억하시게 하는 자들아 너희는 쉬지 말며 7 또 여호와께서 예루살렘을 세워 세상에서 찬송을 받게 하시기까지 그로 쉬지 못하시게 하라 8 여호와께서 오른손, 그 능력의 팔로 맹세하시되 내가 다시는 네 곡식을 네 원수들에게 양식으로 주지 아니하겠고 네가 수고하여 얻은 포도주를 이방인이 마시지 못하게 할 것인즉 9 오직 추수한 자가 그것을 먹고 나 여호와를 찬송할 것이요 거둔 자가 그것을 나의 성소 뜰에서 마시리라 하셨느니라 10 성문으로 나아가라 나아가라 백성이 올 길을 닦으라 큰 길을 수축하고 수축하라 돌을 제하라 만민을 위하여 기치를 들라 11 여호와께서 땅 끝까지 선포하시되 너희는 딸 시온에게 이르라 보라 네 구원이 이르렀느니라 보라 상급이 그에게 있고 보응이 그 앞에 있느니라 하셨느니라 12 사람들이 너를 일컬어 거룩한 백성이라 여호와께서 구속한 자라 하겠고 또 너를 일컬어 찾은바 된 자요 버림 받지 아니한 성읍이라 하리라

_{헵시바}
미영 - 아멘. 아빠! 감사해요. 주님이 나와 함께 하시기에 항상 아빠와 함께 할 수 있음에 늘 감사드리며 항상 주님의 얼굴을 늘 바라며 하나님 아버지와 늘 대면하며 모세와 같이 요한과 같이 아빠의 얼굴을 대면하며 늘 깊은 교제와 늘 쉬지 않고 예배하는 자 되게 하소서.

20190731 수요일

_{헵시바}
미영 - 주님 도와주세요. 주님의 뜻을 이루소서. 아빠! 인도하소서.

주님 : 미영아! 지금 시간이 임박하고 임박한 때이니라. 하루가 천년 같다는 것을 잊지 말거라. 새 언약의 새 백성들이 새 한사람들이 규별 될 때이니라. 나라와 지역의 몇 명이 될 수도 있고 한 명도 없을 수도 있느니라.

엡5:8-17

> 8 너희가 전에는 어둠이더니 이제는 주 안에서 빛이라 빛의 자녀들처럼 행하라 9 빛의 열매는 모든 착함과 의로움과 진실함에 있느니라 10 주를 기쁘시게 할 것이 무엇인가 시험하여 보라 11 너희는 열매 없는 어둠의 일에 참여하지 말고 도리어 책망하라 12 그들이 은밀히 행하는 것들은 말하기도 부끄러운 것이라 13 그러나 책망을 받는 모든 것은 빛으로 말미암아 드러나나니 드러나는 것마다 빛이니라 14 그러므로 이르시기를 잠자는 자여 깨어서 죽은 자들 가운데서 일어나라 그리스도께서 너에게 비추이시리라 하셨느니라 15 그런즉 너희 가 어떻게 행할지를 자세히 주의하여 지혜 없는 자같이 하지 말고 오직 지혜 있는 자 같이 하여 16 세월을 아끼라 때가 악하니라 17 그러므로 어리석은 자가 되지 말고 오직 주의 뜻이 무엇인지 이해하라 18 술 취하지 말라 이는 방탕한 것이니 오직 성령으로 충만함을 받으라

롬15장

> 1 믿음이 강한 우리는 마땅히 믿음이 약한 자의 약점을 담당하고 자기를 기쁘시게 하지 않을 것이라 2 우리 각 사람이 이웃을 기쁘게 하되 선을 이루고 덕을 세우도록 할지니라

^{헵시바}
미영 - 아멘. 아빠! 각 사람이 이웃을 기쁘게 하되 선을 이루고 덕을 세워나가야 하는데 빛의 열매가 나타나지 않는 것 같습니다. 드러내는 것마다 빛의 열매며 선을 이루고 덕을 세우는 것인데 주님의 말씀대로 선을 이루고 덕을 세우기 위해서 빛의 열매는 나누고 주는 것인데 늘 돌아서면 현실과 싸우고 있습니다. 세상적인 생각을 하는 가끔 한계에 부딪칠 때 갈등하는 저의 모습을 보며 실망하고 절망하고 있는 현실의 모습을 볼 때면 남편이 미워질 때도 있습니다. 이렇게 주님과 교제하며 나가는데도 틈이 생길 때 주님 바라보지 않고 세상의 소식을 접할 때는 여지없이 육신은 사망임을 절실히 깨치며 느낍니다. 아빠 말씀이 없으면 그리스도께서 저와 함께 하시지 않으시면 성령이 나를 깨닫게 하지 못한다면 생각만 해도 끔찍합니다. 저는 그리스도께서 함께 하지 않을 때에는 죄인 중에 괴수이고 더 악한 자임을 인정하기에 날마다 주님 안에 거하기를 간구합니다. 나는 죽고 내 안에 그리스도께서 사실 때에 한계의 현실 문제에 갈등할 때 주님 앞에 머물 때에 해결됩니다. 내가 어떤 자 인지를 인식하고 나 스스로 아무것도 할 수 없음이 선명히 비춰주시기에 참 빛 되신 그리스도 앞에 있을 때 모든 육신의 생각들이 다 떠나갑니다. 어둠이 떠나갑니다. 그곳에

말씀으로 깨닫게 해 주십니다. "주의 말씀은 내 발에 등이요 내 길에 빛이니라" 이전 것은 지나고 새 것이기에 새 사람이라는 사실을 다시 인식하며 나는 날마다 죽노라의 고백을 합니다. 그 말씀을 기억하지 않으면 순간 육신이 나오는 것을 보며 오호라 곤고한 자임을 다시 인식하며 주님께 달려갑니다. 그런 시간들이 좁혀가며 실재의 삶 가운데 말씀과 기도로 연단하며 하나님나라의 유업을 이을 상속자로 준비하며 그리스도의 신부로 단장하는 시간임을 알아갑니다. 말씀으로 살아가는 훈련이 실재의 삶으로 거룩한 삶이 습관화 되게 하소서. 영적 분별력으로 마지막 때의 사람의 미혹에 주의하고 늘 주님과 교제하게 하소서.

주님이 다시 오실 때까지 주님 안에 거하지 않으면 주야로 묵상하지 않으면 성령으로 시작했다가 육체로 마칠 수 있다는 그 말씀이 무엇인지 깨닫습니다. (갈3:3) 주님의 뜻을 알고 깨닫고 행하게 하소서. 주의 길로 인도하소서.

주님 : 미영아! 수고의 떡은 고난 중에 훈련 중에 먹는 것이란다. 지금도 고난 중이고 훈련 중이고 연단중이고 나만 바라보는 전적으로 육신은 죽고 그리스도로 사는 삶이란다.

그럼에도 불구하고 육신으로는 이해를 못하나 영적으로 이해가 되는 그 시간들이란다. 내가 경험하지 않고는 이해할 수 없는 영적인 길이란다. 육적인 것도 설명하지 않느냐 하물며 영적인 것은 성령의 일들을 통하여 경험되는 것이란다. 그러니 네 약함이 드러나고 내가 그 약함을 강함으로 붙들어주는 네가 약할 때 강함이 되는 그리하여 전적으로 주만을 의지 하는 이 시간이 나중에 보면 가장 유익한 시간일 수 있단다. 이 시간들이 있기에 영광에 참예할 수 있기 때문이란다. 미영아 순리대로 네가 내 안에 있기만 하면 되고 붙어만 있으면 되는 것이란다. 장래의 일은 자연스럽게 알게 될 것이며 흘러갈 것이니라. 네 진짜 남편은 영이시고 부활의 몸으로 나타나실 예수 그리스도이시니라. 현재 육신의 구주는 지금 남편이니라.

"아내들이여 자기 남편에게 복종하기를 주께 하듯 하라 이는 남편이 아내의 머리 됨이니 그리스도께서 교회의 머리됨과 같음이니 그가 바로 몸의 구주시니라 그러므로 교회가 그리스도에게 하듯이 아내들도 범사에 자기 남편에게 복종할지니라

(엡5:22-24)"
32절: 이 비밀이 크도다 나는 그리스도와 교회에 대하여 말하노라

주님 : 미영아! 내가 다시 올 때까지 언약을 잘 지키고 있거라. 그것이 너에게 주어진 언약이니라. 그러니 네 남편을 대할 때 주께 대하듯 하라는 것을 명심하고 말씀대로 지키는 자로 선을 이루거라. 덕을 세우거라. 너희 둘이 하나가 될 때 그리스도와 교회가 하나 되어 한 몸 되어 주님의 뜻을 이해하며 주의 뜻을 행하는 자가 되는 것이란다. 미영아! 이 시간들이 결코 헛된 시간이 아니니 의심하지 말고 한 몸의 기회를 버리지 말고 너희 둘이 먼저 한 몸이 될지니라.

_{헵시바}
미영 - 아멘. 아빠! 감사해요! 깨닫게 해주셔서요. 저는 저를 기쁘게 하는 것을 내려놓고 오직 주의 말씀대로 지혜롭게 행동하며 세월을 아끼게 하시고, 성령의 충만함을 받고 늘 찬송하며 범사에 우리 주 예수 그리스도의 이름으로 항상 아버지 하나님께 감사하며 그리스도를 경외함으로 피차 복종하게 하소서.

주님 : 미영아! 새 언약의 중보자 그리스도께서 너희와 항상 함께 하시며 영원한 생명으로 인도할 것이며 영원토록 함께 있을지어다.

_{헵시바}
미영 - 아멘. 감사합니다. 주님

20190803 토요일 |

_{헵시바}
미영 - 주님 인도하소서. 주님의 뜻을 이루소서. 새 힘과 새 능력으로 주님의 온전한 뜻을 이루소서.

주님 : 미영아! 굳건하게 네 생명을 보존하고, 네 생명을 다하여 네 마음을 지키거라. 생명의 근원이 이에서 나기 때문이니라. 그리스도가 너와 항상 함께 하고 있단다.

생사화복의 주인이시고 희노애락의 모든 것을 알고 계신단다.

잠언 4장을 보거라 (지혜와 명철을 얻어라)

1 아들들아 아비의 훈계를 들으며 명철을 얻기에 주의하라 2 내가 선한 도리를 너희에게 전하노니 내 법을 떠나지 말라 3 나도 내 아버지에게 아들이었으며 내 어머니 보기에 유약한 외아들이었노라 4 아버지가 내게 가르쳐 이르시기를 내 말은 네 마음에 두라 5 지혜를 얻으며 명철을 얻으라 내 입의 말을 잊지 말며 6 지혜를 버리지 말라 그가 너를 보호하리라 그를 사랑하라 그가 너를 지키리라 7 지혜가 제일이니 지혜를 얻으라 네가 얻은 모든 것을 가지고 명철을 얻을지니라 8 그를 높이라 그리하면 그가 너를 높이 들리라 만일 그를 품으면 그가 너를 영화롭게 하리라 9 그가 아름다운 관을 네 머리에 두겠고 영화로운 면류관을 네게 주리라 하셨느니라 10 내 아들아 들으라 내 말을 받으라 그리하면 네 생명의 해가 길리라 11 내가 지혜로운 길을 네게 가르쳤으며 정직한 길로 너를 인도하였은즉 12 다닐 때에 네 걸음이 곤고하지 아니하겠고 달려갈 때에 실족하지 아니하리라 13 훈계를 굳게 잡아 놓치지 말고 지키라 이것이 네 생명이니라 14 사악한 자의 길에 들어가지 말며 악인의 길을 다니지 말지어다 15 그의 길을 피하고 지나가지 말며 돌이켜 떠나갈지어다 16 그들은 악을 행하지 못하면 자지 못하며 사람을 넘어뜨리지 못하면 잠이 오지 아니하며 17 불의의 떡을 먹으며 강포의 술을 마심이니라 18 의인의 길은 돋는 햇살 같아서 크게 빛나 한낮의 광명의 이르거니와 19 악인의 길은 어둠 같아서 그가 걸려 넘어져도 그것이 무엇인지 깨닫지 못하느니라 20 내 아들아 내 말에 주의하며 내가 말한 것에 네 귀를 기울이라 21 그것을 네 눈에서 떠나게 하지 말며 네 마음속에 지키라 22 그것을 얻는 자에게 생명이 되며 그의 온 육체의 건강이 됨이니라 23 모든 지킬만한 것 중에 더욱 네 마음을 지키라 생명의 근원이 이에서 남이니라 24 구부러진 말을 네 입에서 버리며 비뚤어진 말을 네 입술에서 멀리하라 25 네 눈을 바라보며 네 눈꺼풀은 네 앞을 곧게 살펴 26 네 발이 행할 길을 평탄하게 하며 네 모든 길을 든든히 하라 27 좌로나 우로나 치우치지 말고 네 발을 악에서 떠나게 하라

미영(헵시바) - 아멘. 아빠! 감사해요. 주님 사랑해요.

주님 : 미영아! 십계명과 새 계명을 보거라. 네가 지킬만한 것 중에 더욱 마음을 지키는 근본은 이 말씀이니라. 이것을 지키고 있는지 보거라.

십계명(구약)

1. 너는 나 외에 다른 신들을 네게 두지 말라.
2. 너를 위하여 새긴 우상을 만들지 말고 또 위로 하늘에 있는 것이나 아래로 땅에 있는 것이나 땅 아래 물속에 있는 것의 어떤 형상도 만들지 말며 그것들에게 절하지 말며 그것들을 섬기지 말라. 나 네 하나님 여호와는 질투하는 하나님인즉 나를 미워하는 자의 죄를 갚되 아버지로부터 아들에게로 삼사대까지 이르게 하거니와 나를 사랑하고 내 계명을 지키는 자에게는 천대까지 은혜를 베푸니라.
3. 너는 네 하나님 여호와의 이름을 망령되게 부르지 말라.
4. 안식일을 기억하여 거룩하게 지키라. 엿새 동안은 힘써 네 모든 일을 행할 것이니라.
5. 네 부모를 공경하라. 그리하면 네 하나님 여호와가 네게 준 땅에서 네 생명이 길리라.
6. 살인하지 말라.
7. 간음하지 말라.
8. 도둑질하지 말라.
9. 네 이웃에 대하여 거짓증거 하지 말라.
10. 네 이웃의 집을 탐내지 말라. 네 이웃의 아내나 그의 남종이나 그의 여종이나 그의 소나 그의 나귀나 무릇 네 이웃의 소유를 탐내지 말라 (출20:3-17, 신5:7-21)

신약의 계명

1. 네 마음을 다하고 목숨을 다하고 뜻을 다하여 주 너의 하나님을 사랑하라.
2. 네 이웃을 네 자신과 같이 사랑하라.

이 두 계명이 온 율법과 선지자의 강령이니라 (마22:37-40)

20190806 화요일

^{헵시바}
미영 - 아빠! 감사해요. 나의 자리를 지키게 해주셔서요. 제 삶의 모든 주권은 오직 예수 그리스도이십니다. 아빠! 사랑해요.

주님 : 미영아! 식물을 보거라. 가만히 있어도 물을 주고 해를 주고 비를 주고 그들을 먹이는데 하물며 천부의 하나님 아버지께서 그 아들들에게는 어떻게 하시겠니? 미영아 들에 꽃이 아름답다고 느끼는 건 그 옆에 잡초들이 있기에 더 아름다워 보이는 것이란다. 그래서 내가 사랑하는 자 택한 자를 그렇게 알아보는 것이란다. 그곳에서 빛을 발하기에 알아보는 것이란다. 미영아 값진 진주를 산 자들에게는 자기 소유를 다 팔고 이제 하나님 나라의 값진 진주, 보화를 발견했고 취하였기에 이제는 그것이 드러나고 잘 가꾸어서 누리고 쉬는 삶을 사는 것이란다. 에덴의 회복 첫사랑이 회복되는 영원한 생명 가운데 나와 영원히 함께 살며 누리는 것이란다. 곧 영광의 참예하는 자가 되는 것이란다.

엡4장 전체를 묵상하거라

성령이 하나 되게 하신 것. 옛 사람과 새 사람. 하나님을 본받는 생활

1 그러므로 주 안에서 갇힌 내가 너희를 권하노니 너희가 부르심을 받은 일에 합당하게 행하여 2 모든 겸손과 온유로 하고 오래 참음으로 사랑 가운데서 서로 용납하고 3 평안의 매는 줄로 성령이 하나 되게 하신 것을 힘써 지키라 4 몸이 하나요 성령도 한 분이시니 이와 같이 너희가 부르심의 한 소망 안에서 부르심을 받았느니라 5 주도 한 분이시요 믿음도 하나요 세례도 하나요 6 하나님도 한 분이시니 곧 만유의 아버지시라 만유 위에 계시고 만유를 통일하시고 만유 가운데 계시도다 7 우리 각 사람에게 그리스도의 선물의 분량대로 은혜를 주셨나니 8 그러므로 이르기를 그가 위로 올라가실 때에 사로잡혔던 자들을 사로잡으시고 사람들에게 선물을 주셨다 하였도다 9 올라가셨다 하였은즉 땅 아래 낮은 곳으로 내리셨던 것이 아니면 무엇이냐 10 내리셨던 그가 곧 모든 하늘 위에 오르신 자니 이는 만물을 충만하게 하려 하심이라 11 그가 어떤 사람은 사도로, 어떤 사람은 선지자로, 어떤 사람은 복음 전하는 자로, 어떤 사람은 목사와 교사로 삼으셨으니 12 이는 성도를 온전하게 하여 봉사의 일을 하게 하

며 그리스도의 몸을 세우려 하심이라 13 우리가 다 하나님의 아들을 믿는 것과 아는 일에 하나가 되어 온전한 사람을 이루어 그리스도의 장성한 분량이 충만한 데까지 이르리니 14 이는 우리가 이제부터 어린 아이가 되지 아니하여 사람의 속임수와 간사한 유혹에 빠져 온갖 교훈의 풍조에 밀려 요동하지 않게 하려 함이라 15 오직 사랑 안에서 참된 것을 하여 범사에 그에게까지 자랄지라 그는 머리니 곧 그리스도라 16 그에게서 온 몸이 각 마디를 통하여 도움을 받음으로 연결되고 결합되어 각 지체의 분량대로 역사하여 그 몸을 자라게 하며 사랑 안에서 스스로 세우느니라 17 그러므로 내가 이것을 말하며 주 안에서 증언하노니 이제부터 너희는 이방인이 그 마음의 허망한 것으로 행함 같이 행하지 말라 18 그들의 총명이 어두워지고 그들 가운데 있는 무지함과 그들의 마음이 굳어짐으로 말미암아 하나님의 생명에서 떠나 있도다 19 그들이 감각 없는 자가 되어 자신을 방탕에 방임하여 모든 더러운 것을 욕심으로 행하되 20 오직 너희는 그리스도를 그같이 배우지 아니하였느니라 21 진리가 예수 안에 있는 것 같이 너희가 참으로 그에게서 듣고 또한 그 안에서 가르침을 받았을진대 22 너희는 유혹의 욕심을 따라 썩어져 가는 구습을 따르는 옛 사람을 벗어 버리고 23 오직 너희의 심령이 새롭게 되어 24 하나님을 따라 의와 진리의 거룩함으로 지으심을 받은 새 사람을 입으라 25 그런즉 거짓을 버리고 각각 그 이웃과 더불어 참된 것을 말하라 이는 우리가 서로 지체가 됨이라 26 분을 내어도 죄를 짓지 말며 해가 지도록 분을 품지 말고 27 마귀에게 틈을 주지 말라 28 도둑질하는 자는 다시 도둑질하지 말고 돌이켜 가난한 자에게 구제할 수 있도록 자기 손으로 수고하여 선한 일을 하라 29 무릇 더러운 말은 너희 입 밖에도 내지 말고 오직 덕을 세우는 데 소용되는 대로 선한 말을 하여 듣는 자들에게 은혜를 끼치게 하라 30 하나님의 성령을 근심하게 하지 말라 그 안에서 너희가 구원의 날까지 인치심을 받았느니라 31 너희는 모든 악독과 노함과 분냄과 떠드는 것과 비방하는 것을 모든 악의와 함께 버리고 32 서로 친절하게 하며 불쌍히 여기며 서로 용서하기를 하나님이 그리스도 안에서 너희를 용서하심과 같이 하라

창세기 24장

64 이삭이 리브가를 인도하여 그의 어머니 사라의 장막으로 들이고 그를 맞이하여 아내로 삼고 사랑하였으니 이삭이 그의 어머니를 장례한 후에 위로를 얻었더라

20190807 수요일

미영(헵시바) - 주님 인도하소서. 주님의 뜻을 이루소서. 주님만을 찬양합니다. 주님 사랑해요. 주님만이 나의 모든 것 되십니다. 아빠! 깨닫게 하시고 삶을 조정하게 하소서.

주님 : 미영아! 기도하고 보혈 찬양하고 다시 듣거라.

미영(헵시바) - 예 주님 아빠! 인도해주세요. 오늘 하루의 모든 삶 인도하소서. 제가 해야 할 일이나 우선순위를 알게 하시고 주님의 뜻을 이루는 하루되게 하소서. 제 열심, 제 노력이 내려지고 아버지의 열심이 영적인 생명으로 반응하게 하소서.

주님 : 히브리서 10:1-16

율법은 장차 올 좋은 일의 그림자일 뿐이요 참 형상이 아니므로 해마다 늘 드리는 같은 제사로는 나아오는 자들을 언제나 온전하게 할 수 없느니라 2 그렇지 아니하면 섬기는 자들이 단번에 정결하게 되어 다시 죄를 깨닫는 일이 없으리니 어찌 제사드리는 일을 그치지 아니하였으리요 3 그러나 이 제사들에는 해마다 죄를 기억하게 하는 것이 있나니 4 이는 황소와 염소의 피가 능히 죄를 없이 하지 못함이라 5 그러므로 주께서 세상에 임하실 때에 이르되 하나님이 제사와 예물을 원하지 아니하시고 오직 나를 위하여 한 몸을 예비하셨도다 6 번제와 속죄제는 기뻐하지 아니하시나니 7 이에 내가 말하기를 하나님이여 보시옵소서 두루마리 책에 나를 가리켜 기록된 것과 같이 하나님의 뜻을 행하러 왔나이다 하셨느니라 8 위에 말씀하시기를 주께서는 제사와 예물과 번제와 속죄제는 원하지도 아니하고 기뻐하지도 아니하신다 하셨고 (이는 다 율법을 따라 드리는 것이라) 9 그 후에 말씀하시기를 보시옵소서 내가 하나님의 뜻을 행하러 왔나이다 하셨으니 그 첫째 것을 폐하심은 둘째 것을 세우려 하심이라 10 이 뜻을 따라 예수 그리스도의 몸을 단번에 드리심으로 말미암아 우리가 거룩함을 얻었노라 11 제사장마다 매일 서서 섬기며 자주 같은 제사를 드리되 이 제사는 언제나 죄를 없게 하지 못하거니와 12 오직 그리스도는 죄를 위하여 한 영원한 제사를 드리시고 하나님 우편에 앉으사 13 그 후에 자기 원수들을 자기 발등상이 되게 하실 때까지 기다리시나니 14 그가 거룩하게 된 자들을 한 번의 제사로 영원히 온전하게 하셨느니라 15 또한 성령이 우리에게 증언하시되 16 주께서 이르시되 그날 후로는 그들과 맺을 언약이 이것이라 하시고 내 법을 그들의 마음에 두고 그들의 생각에 기록하리라 하신 후에 17 또 그들의 죄와 그들의 불법을 내가 다시 기억하지 아니하리라 하셨으니 18 이것들을 사하셨은즉 다시 죄를 위하여 제사 드릴 것이 없느니라

히11:1-10

믿음은 바라는 것들의 실상이요 보이지 않는 것들의 증거니 2 선진들이 이로써 증거를 얻었느니라 3 믿음으로 모든 세계가 하나님의 말씀으로 지어진 줄을 우리가 아나니 보이는 것은 나타난 것으로 말미암아 된 것이 아니니라 4 믿음으로 아벨은 가인보다 더 나은 제사를 하나님께 드림으로 의로운 자 하시는 증거를 얻었으니 하나님이 그 예물에 대하여 증언하심이라 그가 죽었으나 그 믿음으로써 지금도 말하느니라 5 믿음으로 에녹은 죽음을 보지 않고 옮겨졌으니 하나님이 그를 옮기심으로 다시 보이지 아니하였느니라 그는 옮겨지기 전에 하나님을 기쁘시게 하는 자라 하는 증거를 받았느니라 6 믿음이 없이는 하나님을 기쁘시게 하지 못하나니 하나님께 나아가는 자는 반드시 그가 계신 것과 또한 그가 자기를 찾는 자들에게 상 주시는 이심을 믿어야 할지니라 7 믿음으로 노아는 아직 보이지 않는 일에 경고하심을 받아 경외함으로 방주를 준비하여 그 집을 구원하였으니 이로 말미암아 세상을 정죄하고 믿음을 따르는 의의 상속자가 되었느니라 8 믿음으로 아브라함은 부르심을 받았을 때에 순종하여 장래의 유업으로 받을 땅에 나아갈 새 갈 바를 알지 못하고 나아갔으며 9 믿음으로 그가 이방의 땅에 있는 것 같이 약속의 땅에 거류하여 동일한 약속을 유업으로 함께 받은 이삭 및 야곱과 더불어 장막에 거하였으니 10 이는 그가 하나님이 계획하시고 지으실 터가 있는 성을 바랐음이라

미영 _{헵시바} - 주님! 하나님의 법을 제 마음에 두시고 생각에 기록하게 하신 주님을 찬양하며 마음과 생각을 온전히 주님께 올립니다. 지키시고 보호하시고 영적인 생각과 그리스도의 마음을 지키게 하소서. 믿음으로 더욱 나아가게 하소서.

1. 아버지 믿음으로 아벨은 가인보다 더 나은 제사를 하나님께 드림으로 의로운 자 하시는 증거를 얻었으니 하나님이 그 예물에 대하여 증언하심이라 그가 죽었으나 그 믿음으로서 지금도 말하시는 의로운 자 아벨처럼 증거 되는 자 미영이가 되게 하소서.
2. 믿음으로 에녹은 죽음을 보지 않고 옮겨졌고 하나님이 그를 옮기심으로 다시 보이지 아니하고 에녹은 옮겨지기 전에 하나님을 기쁘시게 하는 자라 하는 증거를 받은 것처럼 저에게도 에녹과 같이 믿음으로 하나님을 기쁘시게 하는 자라 증거를 받는 미영이가 되게

하소서.
3. 믿음으로 노아는 아직 보이지 않는 일에 경고하심을 받아 경외함으로 방주를 준비하여 그 집을 구원하였으니 이로 말미암아 세상을 정죄하고 믿음을 따르는 의의 상속자로 증거를 얻은 것처럼 아버지 저에게도 의의 상속자로 노아와 같이 서게 하소서.
4. 믿음으로 아브라함을 부르심을 받았을 때에 순종하여 장래의 유업으로 받을 땅에 나아갔으며 믿음으로 아브라함이 이방의 땅에 있는 것 같이 약속의 땅에 거류하여 동일한 약속을 유업으로 함께 받은 이삭 및 야곱과 더불어 장막에 거하였으니 이는 아브라함이 하나님이 계획하시고 지으실 터가 있는 성을 바라보았던 것처럼 아브라함처럼 어떠한 상황 속에서도 믿음으로 순종하는 자 되게 하소서.
5. 아버지 오늘의 삶 주님께 올립니다. 믿음의 선진자들의 믿음으로 말미암아 증거는 받았으나 약속된 것을 받지 못하였고 이는 하나님이 우리를 위하여 더 좋은 것을 예비하셨은 즉 우리가 아니면 그들로 온전함을 이루지 못하게 하려 하심으로 첫 것을 패하고 둘째 것으로 그리스도의 몸을 세우시고 그리스도와 교회로 완성하게 하시는 유다의 사자왕이신 예수 그리스도와 함께 왕권으로 다스리는 그날을 고대하며 영광의 참예하는 자들로 정예의 부대로 성령의 군대들로 하나님의 아들들로 세우게 하실 주님을 찬양하며선포합니다.

20190808 목요일

헵시바
미영 - 주님 인도하소서. 주님의 뜻대로 행하는 자 되기를 원합니다. 주님만이 나의 목적된 삶 되게 하소서. 선을 이루는 곳에 선한 영향력을 끼치는 자 되게 하소서. 더 분별하고 지혜로 하나님 나라가 실재가 되게 하소서.

주님 : 미영아! 호세야 12장이 지금의 모습이고 돌이켜야할 때이니라.

호세야 12장 (하나님께로 돌아오라)
1 에브라임은 바람을 먹으며 동풍을 따라가서 종일토록 거짓과 포학을 더하여 앗수르와 계약을 맺고 기름을 애굽에 보내도다 2 여호와께서 유다와 논쟁하시고 야곱을 그 행실대로 벌하시며 그의 행위대로 그에게 보응하시리라 3 야곱은 모태에서 그의 형의 발뒤꿈치를 잡았고 또 힘으로는 하나님과 겨루되 4 천사와 겨루어 이기고 울며 그에게 간구하였으며 하나님은

벧엘에서 그를 만나셨고 거기에서 우리에게 말씀하셨나니 5 여호와는 만군의 하나님이시라 여호와는 그를 기억하게 하는 이름이니라 6 그런즉 너의 하나님께로 돌아와서 인애와 정의를 지키며 항상 너의 하나님을 바랄지니라 7 그는 상인이라 손에 거짓 저울을 가지고 속이기를 좋아하는도다 8 에브라임이 말하기를 나는 실로 부자라 내가 재물을 얻었는데 내가 수고한 모든 것 중에서 죄라 할 만한 불의를 내게서 찾아 낼 자 없으리라 하거니와 9 네가 애굽 땅에 있을 때부터 나는 네 하나님 여호와니라 내가 너로 다시 장막에 거주하게 하기를 명절날에 하던 것 같게 하리라 10 내가 여러 선지자에게 말하였고 이상을 많이 보였으며 선지자들을 통하여 비유를 베풀었노라 11 길르앗은 불의한 것이냐 과연 그러하다 그들은 거짓되도다 길갈에서는 무리가 수송아지로 제사를 드리며 그 제단은 밭이랑에 쌓인 돌무더기 같도다 12 야곱이 아람의 들로 도망하였으며 이스라엘이 아내를 얻기 위하여 사람을 섬기며 아내를 얻기 위하여 양을 쳤고 13 여호와께서는 한 선지자로 이스라엘을 애굽에서 인도하여 내셨고 이스라엘이 한 선지자로 보호 받았거늘 14 에브라임이 격노하게 함이 극심하였으니 그의 주께서 그의 피로 그의 위에 머물러 있게 하시며 그의 수치를 그에게 돌리시리라

호세야 선지자는 이스라엘 자손들이 이스라엘의 하나님을 의지하지 않고 인간적인 방법을 통하여 자신들을 지켜나가려고 하는 것에 대하여 비난하면서 야곱처럼 회개하고 하나님께로 돌아와 하나님을 신실하게 섬길 것을 촉구하였고 또한 이스라엘 자손들이 외교에서 거짓과 교만을 나타냈으므로 하나님께서 격노하셨고 그에 상당한 보응을 받게 되리라는 경고를 하였습니다. 결론은 죄악으로 하나님의 보응을 받은 이스라엘의 역사는 모든 성도에게 교훈이 됩니다. 하나님의 말씀을 무시하는 자들은 결국 하나님의 심판을 받아 수치를 당할 수 밖에 없다는 것입니다. 그러므로 성도는 하나님의 계시하신 말씀을 모든 삶의 기준으로 삼고 오직 그 말씀에 순종하는 것이 구원 받은 자의 의무임을 기억하여야 함을 깨닫습니다. 그리스도께서 마지막 날 계시하신 말씀을 근거로 하여 상벌을 내릴 것이며 하나님의 백성의 표징이 하나님이 말씀을 지킴으로서 하나님의 영광을 드러내는 것이기 때문이라는 것을 되새깁니다.

주님 : 미영아! 네 생각과 마음을 지키는 것이 중요하단다. 하루의 시간동안 네가 해야 할 일만 하는 것이 지혜이니라. 네가 하지 말아야 할 것도 하게 되면 그것 또한 죄이니라. 미영아 네 딸에게도 다 해주고자하는 마음은 아는데 나에게 묻고 하거라. 아니면 뒷받침이 없어서 수치가 될 수 있기 때문이란다.

^{헵시바} 미영 - 아멘. 아빠! 저에게 채찍질해주시고 훈계해주세요. 잘못된 것을 고쳐주시고 육신으로 살게 하지 마시고 그리스도로 살도록 주님 안에 거하게 하소서.

주님 : 미영아! 심령이 가난한 자는 복이 있느니라. 그러니 네가 지금 주어진 시간에 방해되는 것을 물리치고 나에게 인도함을 받는 것부터 우선순위에 두고 시간을 정하여 하거라.

^{헵시바} 미영 - 아멘. 주님 그렇게 하겠습니다.

주님 : 미영아! 때가 임박하구나! 네 나라가 지금 풍전등화와 같은 위기 속에 있단다. 호세야 12장처럼 돌이키지 않는다면 이 나라 위에 수치가 돌아갈 것이니라.

^{헵시바} 미영 - 아버지 제가 외쳐야 되는 것인가요?

주님 : 아니다! 너는 이곳에서 교회 안에서 선포하거라. 이곳에서의 작은 소리의 선포가 온 열방까지 선포되리라. 그 우레와 같은 소리가 이 세계를 덮을 것이니라.

^{헵시바} 미영 - 대한민국의 뚫려진 안보 위에 주님! 회개하게 하소서. 회개합니다. 주여 용서하여 주세요. 대한민국 살려주세요. 주님의 통치로 다시 회복되게 하소서.

주님 : 미영아! 철저하게 너에게 보안카드를 준단다. 얘기해야 할 전령들에게만 전해야 하는 것이란다. 거짓들이 먼저 가로채면 안 된단다.

헵시바
미영 - 아멘. 아버지 이 나라위에 교회위에 회개의 영을 부어주소서. 교만의 죄. 거짓과 탐욕의 죄악들을 돌이키며 하나님의 자녀들이 만군의 여호와께로 예수 그리스도께로 돌아오게 하소서.

헵시바
미영 - 아빠! 감사해요. 오늘 딸과의 시간을 통해 넘치도록 주님의 사랑으로 채우시는 것을 보게 하셨습니다. 제 아들과 딸을 주님 손에 온전히 올려드립니다. 늘 주님께 묻고 구하는 자 되게 하소서. 오늘 하루의 모든 시간들을 점검해주세요. 아빠!

주님 : 내일부터 "내 삶의 최고의 멘토 예수 그리스도"의 분량을 시작할 것이다. 일어나는 대로 바로 묵상하고 책에 타이틀을 다 계시할 것이니 우선 이것부터 진행 하자꾸나. 너를 통하여 역사하시는 주님을 알려야 네 옆에 복음을 받을 자들에게 전하며 규별된 자들을 모으게 될 것이니라.
먼저 책 제목을 "내 삶의 최고의 멘토 <예수 그리스도>"

헵시바
미영 - 아멘. 순종합니다. 감사합니다. 주님! 더욱 집중하게 하소서.

20190810 토요일

헵시바
미영 - 아빠! 저의 모든 죄악을 용서하소서. 나 스스로는 죄악을 끊을 수 없음을 그리하여 십자가의 보혈의 공로만을 의지합니다. 하나님의 법을 마음에 담고 생각으로 기록되었던 그 말씀들을 채우게 하소서. 불법과 죄악을 다시는 기억하지 마소서. 아빠! 주님의 뜻을 이루소서. 나는 죽고 내 안에 사시는 그리스도만이 살게 하소서. 아빠 제 마음과 생각을 지켜주소서. 세상의 문화에 유혹 되지 않게 하시고 교회안에 뿌려진 가라지들을 제거하게 하시고 분별하여 늘 그리스도 안에 거하게 하소서. 하나님의 자녀들을 지켜주시고 보호 하소서. 모든 것이 세상의 유혹들 뿐입니다. 아빠 끝까지 빛의 자녀의 열매만이 맺게 하소서.

주님 : 미영아! 세상이 주는 평안과 비교할 수 없는 것이 내가 주는 평안이란다. 세상의 아비는 마귀이기에 세상에서는 너희가 빛과 소금이 되어야 세상의 권세를 무너뜨리고 그 위에 설 수 있느니라. 세상을 이해하려 말거라. 세상의 권력과 향락, 돈은 그들의 명예로 거짓 선동하고 있느니라. 그리하여 마약에 취하고 돈에 취하고 그들에게 호리고 유인하여 다시는 하나님을 찾지 않도록 그들이 먼저 멸망의 길을 열어둔 것이니라. 깨어있지 아니하면 그 길로 망하는 길로 갈 수밖에 없는 세상이란다. 그리하여 세상과 벗된 자들은 나와의 원수 됨이니라. 가증한 것이니라. 마지막 때 더욱 사람의 미혹을 주의하라고 했느니라. 벧후2장 3장을 보면 지금의 때와 현실을 보게 될 것이니라.
벧후 2장 (거짓 선지자들과 거짓 선생들) 벧후 3장 (하나님의 날)

요일 2장15-17

> 15 이 세상이나 세상의 있는 것들을 사랑하지 말라 누구든지 세상을 사랑하면 아버지의 사랑이 그 안에 있지 아니하니 16 이는 세상에 있는 모든 것이 육신의 정욕과 안목의 정욕과 이생의 자랑이니 다 아버지께로부터 온 것이 아니요 세상으로부터 온 것이라 17 이 세상도 정욕도 지나가되 오직 하나님의 뜻을 행하는 자는 영원히 거하느니라

"간음한 여인들아 세상과 벗된 것이 하나님과 원수 됨을 알지 못하느냐 그런 즉 누구든지 세상과 벗이 되고자 하는 자는 스스로 하나님과 원수 되는 것이니라 (약4:4)"

헵시바
미영 - 아멘. 주님의 말씀을 마음 판에 새기게 하소서. 날마다 기억되게 하소서.

20190812 월요일

헵시바
미영 - 주님! 도와주세요. 대한민국과 이스라엘과 열방을 그리스도의 이름으로 축복합니다. 주님의 뜻을 이루소서. 이 땅의 죄악을 저의 죄악을 용서하소서.

주님 : 미영아! 세상에는 미혹과 유혹만 있느니라. 빛의 자녀들이 빛과 소금으로 세상 위에서 다스리는 것이니라. 세상에서 어둠이 떠나고 빛으로 인도하는 것이 하나님의 자녀들의 임무이자 수행하는 것이란다.

^{헵시바}
미영 - 아멘. 세상의 빛과 소금으로 살게 하소서.

주님 : 오늘 말씀은 야고보서 4장 전체를 묵상하고 요한계시록 21장 1-15절을 집중하고 에베소서1:1-14절까지 보거라.

^{헵시바}
미영 - 약4장 <겸손히 하나님의 주권을 인정하라>
야고보는 성도들이 모든 일에 있어서 자신을 부인하고 하나님의 주권을 인정함을 강조합니다. 육체의 정욕을 버리고 하나님의 뜻을 따르며 스스로 겸손히 행함으로써 하나님이 함께 하시는 축복을 받아야한다는 것을 깨닫습니다.

1. 욕심을 쫓는 자는
    1) 정욕으로 싸우고
    2) 정욕으로 잘못 구하여 받지 못하고
    3) 하나님과 원수 된 세상과 벗된 자가 된다는 것을 명심하게 하소서.

2. 겸손히 하나님을 가까이 하는 것은
    1) 겸손한 자에게 은혜를 주시는 하나님이시며
    2) 마귀를 대적하고
    3) 스스로 낮추는 자를 높이시는 하나님을 바라보게 하소서.

3. 겸손한 삶의 실천은
    1) 피차 비방하지 않고
    2) 교만한 자의 헛된 장담을 하지 말고
    3) 허탄한 자랑은 악한 것임을 잊지 않고 겸손한 삶을 살게 하소서.

> 사람의 눈에 보이는 윤리적인 죄 뿐만 아니라 모든 삶 가운데 하나님의 주권을 인정하지 않는 것이 죄악임을 깨달아 언제나 하나님을 인정하여 하나님만 의지하여야 하며 하나님의 주권을 순간마다 인정하고 교만한 자에게는 패망이 예비되었음을 잊지 말아야 함을 늘 기억하게 하소서.

엡1:1-14

1 하나님의 뜻으로 말미암아 그리스도 예수의 사도된 바울은 에베소에 있는 성도들과 그리스도 예수 안에 있는 신실한 자들에게 편지하노니 2 하나님 우리 아버지와 주 예수 그리스도로부터 은혜와 평강이 너희에게 있을지어다 3 찬송하리로다 하나님 곧 우리 주 예수 그리스도의 아버지께서 그리스도 안에서 하늘에 속한 모든 신령한 복을 우리에게 주시되 4 곧 창세 전에 그리스도 안에서 우리를 택하사 우리로 사랑 안에서 그 앞에 거룩하고 흠이 없게 하시려고 5 그 기쁘신 뜻대로 우리를 예정하사 예수 그리스도로 말미암아 자기의 아들들이 되게 하셨으니 6 이는 그가 사랑하시는 자 안에서 우리에게 거저 주시는 바 그의 은혜의 영광을 찬송하게 하려는 것이라 7 우리는 그리스도 안에서 그의 은혜의 풍성함을 따라 그의 피로 말미암아 속량 곧 죄 사함을 받았느니라 8 이는 그가 모든 지혜와 총명을 우리에게 넘치게 하사 9 그 뜻의 비밀을 우리에게 알리신 것이요 그의 기뻐하심을 따라 그리스도 예수 안에서 때가 찬 경륜을 위하여 예정하신 것이니 10 하늘에 있는 것이나 땅에 있는 것이 다 그리스도 안에서 통일되게 하려 하심이라 11 모든 일을 그의 뜻의 결정대로 일하시는 이의 계획을 따라 우리가 예정을 입어 그 안에서 기업이 되었으니 12 이는 우리가 그리스도 안에서 전부터 바라던 그의 영광의 찬송이 되게 하려 하심이라 13 그 안에서 너희도 진리의 말씀 곧 너희의 구원의 복음을 듣고 그 안에서 또한 믿어 약속의 성령으로 인치심을 받았으니 14 이는 우리 기업의 보증이 되사 그 얻으신 것을 속량하시고 그의 영광을 찬송하게 하려 하심이라

요한계시록 21장 (새 하늘과 새 땅 새 예루살렘)

7절 이기는 자는 이것들을 상속으로 받으리라 나는 그의 하나님이 되고 그는 내 아들이 되리라

20190813 화요일

헵시바
미영 - 주님! 도와주세요. 주님의 뜻을 이루소서. 대한민국 주님의 사람들이 제대로 세워지게 하소서. 분열자, 분탕자, 하나님을 수단적으로 이용하는 인본적인 모든 자들을 잠잠하게 하시고 주님의 뜻을 행하는 자들로 일어서게 하소서. 하나님의 사람으로 지도자를 대통령으로 인도하시고 천군천사로 호위하시고 하나님의 지혜로 성령 충만하게 하시고 이전 것은 폐하고 새것으로 새로운 하나님의 나라의 통치가 임하게 하소서.

주님 : 미영아! 새겨 듣거라. 지금 외치는 자의 소리는 한 사람의 목사 혼자 하는 것이 아니란다. 곳곳마다 마음으로 행동으로 기도로 하고 있지만 나를 알고 나를 찾는 자들이 많지가 않구나. 군중심리로 무리를 따르고 목사를 따르고 내가 죽게 되었으니 이기적인 마음으로 나가는 자들이 많구나. 나는 나를 위하여 십자가공로를 의지하여 목숨을 건 자들이 보고 싶구나.

헵시바
미영 - 아빠! 그럼 제가 어떻게 해야 하나요? 제가 거리로 나가서 광장으로 나가서 외칠까요?

주님 : 아니다. 아직은 네 때가 아니니라. 이번에 많은 헌신 자가 생길 것이니라. 그것을 통하여 많은 교회들이 나를 찾고 부르짖게 될 것이니라. 그럴 때 너희들을 찾는 군대가 있을 것이니라. 그때 함께 하거라. 지금 전쟁은 시작되었고 나로 시작된 전쟁은 결국은 승리하게 될 것이니라. 형제를 미워하는 마음으로는 이길 수 없느니라. 혈과 육의 싸움이 아니라 어둠의 하늘의 악한 영들과 싸움임을 알아야 할 것이니라.

헵시바
미영 - 중보기도 합니다. 나라를 위하여 하나님의 아들들을 위하여 하나님이 세우신 이들과 악한 정권의 악한 세력을 파멸하기 위해 그 위에 예수 그리스도만이 대한민국을 세우실 것을 예수 그리스도의 이름으로 선포합니다.

주님 : 미영아! 부름 받은 곳에 내가 있느니라.

출13장

> 17 바로가 백성을 보낸 후에 블레셋 사람의 땅의 길은 가까울지라도 하나님이 그들을 그 길로 인도하지 아니 하셨으니 이는 하나님이 말씀하시기를 이 백성이 전쟁을 하게 되면 마음을 돌이켜 애굽으로 돌아갈까 하셨음이라 18 그러므로 하나님이 홍해의 광야 길로 돌려 백성을 인도하시매 이스라엘자손이 애굽 땅에서 대열을 지어 나올 때에 19 모세가 요셉의 유골을 가졌으니 이는 요셉이 이스라엘 자손으로 단단히 맹세하게 하여 이르기를 하나님이 반드시 너희를 찾아오시리니 너희는 내 유골을 여기서 가지고 나가라 하였음이더라 20 그들이 숙곳을 떠나서 광야 끝 에담에 장막을 치니 21 여호와께서 그들 앞에서 가시며 낮에는 구름 기둥으로 그들의 길을 인도하시고 밤에는 불기둥을 그들에게 비추사 낮이나 밤이나 진행하게 하시니 22 낮에는 구름 기둥, 밤에는 불기둥이 백성 앞에서 떠나지 아니하니라

^{헵시바}
미영 - 아멘. 부름받은 곳에서 늘 거하게 하소서.

20190814 수요일

^{헵시바}
미영 - 주님! 인도하소서. 주님의 뜻을 이루소서.

주님 : 갈4장 전체 묵상

> 1 내가 또 말하노니 유업을 이을 자가 모든 것의 주인이나 어렸을 동안에는 종과 다름이 없어서 2 그 아버지가 정한 때까지 후견인과 청지기 아래에 있나니 3 이와 같이 우리도 어렸을 때에 이 세상의 초등학문 아래에 있어서 종노릇 하였더니 4 때가 차매 하나님이 그 아들을 보내사 여자에게서 나게 하시고 율법 아래에 나게 하신 것은 5 율법 아래에 있는 자들을 속량하시고 우리로 아들의 명분을 얻게 하려 하심이라 6 너희가 아들이므로 하나님이 그 아들의 영을 우리 마음 가운데 보내사 아빠 아버지라 부르게 하셨느니라 7 그러므로 네가 이 후로는 종이 아니요 아들이니 아들이면 하나님으로 말미암아 유업을 받을 자니라

❖ **하나님 나라를 유업으로 받을 성도들**

바울은 성도들이 하나님의 아들 된 권세를 소유한 자들로서 하나님 나라의 법을 따라 살아야 함을 교훈했습니다. 성도가 하나님 아들이 된 것은 육체를 쫓는 유대주의자들의 교훈을 벗어버리고 오직 그리스도 안에서 은혜의 법을 쫓으라는 것입니다. 바울은 이를 설명하기 위하여 아브라함의 두 아내인 하갈과 사라를 비유로 하여 언약을 따라 난자만이 하나님나라를 유업으로 받게 됨을 강조하였습니다.

주님 : 미영아! 성문을 활짝 열라! 내가 들어가리라 (예루살렘의 사자 문을 보여주심) 내가 새 예루살렘의 도성에 임하니라! 미영아 네가 열면 닫을 자 아무도 없고 네가 닫으면 열자가 아무도 없느니라. 나의 성문을 여는 자이니라! 내 성문을 열라.

성문이 열리다! 알곡성도, 하나님의 아들들에게

이사야 62장 10

> 성문으로 나아가라 나아가라 백성이 올 길을 닦으라 큰 길을 수축하고 수축하라 돌을 제하라 만민을 위하여 기치를 들라

이사야 45장 1

> 여호와께서 그의 기름부음을 받은 고레스에게 이같이 말씀하시되 내가 그의 오른손을 붙들고 그 앞에 열국을 항복하게 하며 내가 여왕들의 허리를 풀어 그 앞에 문들을 열고 성문들이 닫히지 못하게 하리라

계 3:7-8

> 빌라델비아 교회 사자에게 편지하고 거룩하고 진실하사 다윗의 열쇠를 가지신 이 곧 열면 닫을 사람이 없고 닫으면 열사람이 없는 그가 이르시되 8 볼지어다 내가 네 앞에 열린 문을 두었으되 능히 닫을 사람이 없으리라 네 행위를 아노니 네가 작은 능력을 가지고서도 내 말을 지키며 내 이름을 배반하지 아니하였도다

20190817 토요일

미영 (헵시바) - 주님의 뜻을 이루소서. 주님만이 목적되게 하소서. 생수의 근원 되신 예수 그리스도를 찬양합니다. 아빠! 사랑해요.

주님 : 미영아!
단단한 식물을 먹는 성숙하고 장성한 자가 되어 나와 동행하며 함께 하자꾸나 !

"이는 젖을 먹는 자마다 어린아이니 의의 말씀을 경험하지 못한 자요
단단한 음식은 장성한 자의 것이니 그들은 지각을 사용함으로 연단을 받아 선악을 분별하는 자들이니라 (히5:13-14)"

고전 3장 (하나님의 동역자들)

1 형제들아 내가 신령한 자들을 대함과 같이 너희에게 말할 수 없어서 육신에 속한 자 곧 그리스도안에서 어린아이들을 대함과 같이 하노라 2 내가 너희를 젖으로 먹이고 밥으로 아니하였노니 이는 너희가 감당하지 못하였음이거니와 지금도 못하리라 3 너희는 아직도 육신에 속한 자로다 너희 가운데 시기와 분쟁이 있으니 어찌 육신에 속하여 사람을 따라 행함이 아니리요 4 어떤 이는 말하되 나는 바울 에게라 하고 다른 이는 나는 아볼로 에게라 하니 너희가 육의 사람이 아니리요 5 그런즉 아볼로는 무엇이며 바울은 무엇이냐 그들은 주께서 각각 주신 대로 너희로 하여금 믿게 한 사역자들이니라 6 나는 심었고 아볼로는 물을 주었으되 오직 하나님께서 자라나게 하셨나니 7 그런즉 심는 이나 물 주는 이는 아무것도 아니로되 오직 자라게 하시는 이는 하나님뿐이니라 9 우리는 하나님의 동역자들이요 너희는 하나님의 밭이요 하나님의 집이니라 16 너희는 하나님의 성전인 것과 하나님의 성령이 너희 안에 계시는 것을 알지 못하느냐
21 그런즉 누구든지 사람을 자랑하지 말라 만물이 다 너희 것임이라
23 너희는 그리스도의 것이요 그리스도는 하나님의 것이니라

엡4:13-14

3 우리가 다 하나님 아들을 믿는 것과 아는 일에 하나가 되어 온전한 사람을 이루어 그리스도

의 장성한 분량이 충만한데 까지 이르리니 14 이는 우리가 이제부터 어린아이가 되지 아니하여 사람의 속임수와 간사한 유혹에 빠져 온갖 교훈의 풍조에 밀려 요동하지 않게 하려 함이라

^{헵시바}
미영 - 아멘. 하나님의 말씀을 순종하는 것은 실수하면서 점점 자라가는 것임을 깨닫습니다. 사라가 하갈에게 들어가게 한 것이 실수였지만 그때의 사라의 믿음은 육신의 관점으로 최선이었고 그것이 믿음이라고 자기 믿음으로 하나님을 순종한다고 생각하여 순종했다는 것을 깨달았고 하나님의 뜻을 나중에 알고 깨달아가는 과정임을 결국 내가 하나님의 중심으로 하나님의 관점으로 변화되지 않으면 육신의 열매를 낳을 수밖에 없다는 것을 제가 지난 날들을 돌아보며 순종하는 믿음이었지만 부분적이고 육신의 과정들을 거쳐 하나님의 일하심을 보는 단계로 자라가는 과정임을 깨달았습니다. 단번에 변화된 줄 알았지만 연단의 훈련의 광야의 시간이였음을... 주님 십자가의 복음 훈련 중에 체크한 메시지가 생각나서 적어봅니다.

¶ 이루기까지의 훈련과정
1. 약속[말씀] 2. 삶의 조정[내려놓음] 3. 인내학교 입학 4. 고난 5. 사면초가 6. 성취

내가 직접 십자가에서 옛사람을 멸하는 믿음의 행함이 있어야 가능하다는 것을...

주님 : 마16:24
이에 예수께서 제자들에게 이르시되 누구든지 나를 따라오려거든 자기를 부인하고 자기 십자가를 지고 나를 따를 것이니라

롬6:3-4
무릇 그리스도 예수와 합하여 세례를 받은 우리는 그의 죽으심과 합하여 세례를 받은 줄을 알지 못하느냐 그러므로 우리가 그의 죽으심과 합하여 세례를 받음으로 그와 함께 장사되었

나니 이는 아버지의 영광으로 말미암아 그리스도를 죽은 자 가운데서 살리심과 같이 우리로 또한 새 생명 가운데서 행하게 하려함이라

미영(헵시바) - 아멘. 이후의 모든 삶을 주님께 맡깁니다. 그리스도의 영으로 인도하소서. 아빠! 사랑해요. 모든 시간 나는 죽고 그리스도로 살게 하소서.

20190818 주일

미영(헵시바) - 오늘도 새 아침과 새 날을 주셔서 감사합니다. 오늘 저에게 주시는 말씀과 설교말씀 인도해주세요. 성령께서 의에 대하여 죄에 대하여 심판에 대하여 알게 하소서.

주님 : 미영아! 너희들이 자라가야 하고 계속해서 생명의 열매를 맺으며 그리스도의 의의 열매를 맺게 되어야 한단다. 히5:11-6:12 (단단한 식물)

너는 내 앞에서 행하여 완전하라

히5장

11 멜기세덱에 관하여는 우리가 할 말이 많으나 너희가 듣는 것이 둔하므로 설명하기 어려우니라 12 때가 오래되었음으로 너희가 마땅히 선생이 되었을 터인데 너희가 다시 하나님의 말씀의 초보에서 가르침을 받아야할 처지이니 단단한 음식은 못 먹고 젖이나 먹어야할 자가 되었도다 13 이는 젖을 먹는 자마다 어린아이니 의의 말씀을 경험하지 못한 자요 14 단단한 음식은 장성한 자의 것이니 그들은 지각을 사용함으로 연단을 받아 선악을 분별하는 자들이니라

히6장

1 그러므로 우리가 그리스도의 도의 초보를 버리고 죽은 행실을 회개함과 하나님께 대한 신앙과 2 세례들과 안수와 죽은 자의 부활과 영원한 심판에 관한 교훈의 터를 다시 닦지 말고 완전한 데로 나아갈지니라 3 하나님께서 허락하시면 우리가 이것을 하리라 4 한번 빛을 받고 하늘의 은사를 맛보고 성령에 참여한바 되고 5 하나님의 선한 말씀과 내세의 능력을 맛보고도 6 타

락한 자들은 다시 새롭게 하여 회개할 수가 없나니 이는 그들이 하나님의 아들을 다시 십자가에 못 박아 드러내 놓고 욕되게 함이라 7 땅이 그 위에 자주 내리는 비를 흡수하여 밭가는 자들이 쓰기에 합당한 채소를 내면 하나님께 복을 받고 8 만일 가시와 엉겅퀴를 내면 버림을 당하고 저주함에 가까워 그 마지막은 불사름이 되리라 9 사랑하는 자들아 우리가 이같이 말하나 너희에게는 이보다 더 좋은 것 곧 구원에 속한 것이 있음을 확신하노라 10 하나님은 불의하지 아니하사 너희 행위와 그의 이름을 위하여 나타낸 사랑으로 이미 성도를 섬긴 것과 이제도 섬기고 있는것을 잊어버리지 아니 하시느니라 11 우리가 간절히 원하는 것은 너희 각 사람이 동일한 부지런함을 나타내어 끝까지 소망의 풍성함에 이르러 12 게으르지 아니하고 믿음과 오래 참음으로 말미암아 약속들을 기업으로 받는 자들을 본받는 자 되게 하려는 것이니라

20190821 수요일

미영(헵시바) - 주님! 인도하소서. 주님의 뜻을 이루소서. 새벽4시 45분 잠에서 깨어 예배실로 올라왔습니다. 아빠 잘못된 것을 고쳐주시고, 보수하여 주세요. 주님을 더 알기를 원합니다. 아빠 삶과 죽음 앞에 담대히 그리스도를 의지하여 나는 철저히 십자가에 못 박고, 그리스도로 살게 하소서. 그리스도와 함께 십자가에 못 박아 죽었습니다. 그리스도 안에서 살게 하소서. 부활하신 주 그리스도께서 오실 그날을 준비하게 하시고 신부로 단장되게 하소서.

주님 : 미영아! 철저히 육신이 십자가에 못 박혀 죽어야 새 생명 된 삶을 내가(육신) 아닌 하나님의 아들, 그리스도의 삶으로 하나님 아버지께서 함께 하시고 하나님의 뜻이 이루어지는 삶이 되는 것이란다.

엡5:10-18

10 주를 기쁘시게 할 것이 무엇인가 시험하여보라 11 너희는 열매 없는 어둠의 일에 참여하지 말고 도리어 책망하라 12 그들이 은밀히 행하는 것들은 말하기도 부끄러운 것들이라 13 그러나 책망을 받는 모든 것은 빛으로 말미암아 드러나나니 드러나는 것마다 빛이니라 14 그

러므로 이르시기를 잠자는 자여 깨어서 죽은 자들 가운데서 일어나라 그리스도께서 너에게 비추이시리라 하셨느니라 15 그런즉 너희가 어떻게 행할지를 자세히 주의하여 지혜 없는 자 같이 하지 말고 오직 지혜 있는 자 같이 하여 16 세월을 아끼라 때가 악하니라 17 그러므로 어리석은 자가 되지 말고 오직 주의 뜻이 무엇인지 이해하라 18 술 취하지 말라 이는 방탕한 것이니 오직 성령으로 충만함을 받으라

주님 : 미영아! 지금은 세월이 악한 때이니라. 그러나 네가 살고 있는 이곳은 많은 나의 자녀들이 헤매고 있는 곳이란다. 이들을 건져내야 할 것이라! 오늘부터 너에게 일러 준 대로 나의 책을 기록하라! 신령한 말들로 꾸미지 않고 말할 것이니라. 듣고 기록하라.

<small>헵시바</small>
미영 - 아멘.

주님 : 그리스도의 모형 신세계를 그려갈 때에 나에게 집중하거라. 이제부터는 새벽이든지 낮이든지 밤이든지 상관없이 내가 진행할 것이니라. 이제는 때가 임박하기에 지체할 시간이 없단다. 궁극적인 목적이 무엇인지 이 세대를 분별해야 할 것이 무엇인지, 내가 그들과 다른 것이 무엇인지, 곧 속히 임하실 예수 그리스도가 어떤 모습으로 나타나는지, 그림자였던 이땅에 모든 것이 신령한 것으로 거처가 준비됨으로 새 하늘과 새 땅에 도래하는 시점이 언제이며, 아버지 하나님의 계획이 얼마나 무궁하고 신묘막측하며 놀랍고 위대한지에 대하여 내가 이제는 단단한 식물을 먹는 자에게 설명할 것이니라. 히5장을 참고하고 멜기세덱의 대제사장이 누구이며 다시 오시는 왕이신 그리스도 신분이 어떻게 하여 우리와 함께 왕 노릇하며, 새 하늘과 새 땅의 비밀이 풀어지게 될 것이니라. 이제부터 너에게 학자의 혀, 지혜의 눈, 총명의 지식, 전략의 부분들을 단계단계 풀어갈 것이니라. 그러니 진짜 영의 신랑 되신 예수 그리스도에게 집중하고 이제부터 각자의 부르심 앞에 써 내려가야 할 것이니라. 숨겨진 보화와 비밀이 얼마나 놀랍고 놀라운지 경외감이 저절로 나올 것 이니라. 그 누구에게도 위임하지 않았던 일들을 주 그리스도의 이름으로 내가 너에게 위임 하고 임명하노라. 멜기세덱의 반차를 따르는 그리스도의 비밀의 병기를 너를 통하여 열어 갈 것이니라. 그전까지는 그림자였고 모형이었단다. 하늘의 열쇠가 풀어지고,

새 하늘의 궁창이 풀어지고, 그리스도의 비밀이 풀어지고, 어둠의 실체가 풀어지고, 참 빛으로 어둠이 떠나가고, 그 신비가 풀어질 것이며, 신령한 젖을 사모하라. 장성한 식물을 먹는 자가 어떤 것을 취하게 되는지, 하나하나 풀어갈 것이니라. 이 비밀은 나에게 남은 자 중에 남겨둔 자에게 전하게 될 것이며 천사들의 풀어짐이 이루어질 것이니라. 많은 것 들이 마지막 때에 풀어질 일들이 풀어지게 되고, 악한 실체는 녹아지고, 사라지게 될 것이니라. 그림자의 실체가 풀어지며, 모형이었던 천국이 나타날 것이니라.

이제부터는 너에게 무거운 짐을 들게 하지 않을 것이며 솜털 같은 가벼움으로 너에게 불과 같이 물과 같이 바람과 같이 살게 될 것이니라.
새로운 친구가 방문하게 될 것이며, 새로운 천사들로 호위하게 될 것이니라. 군대장관이며 새 하늘과 새 땅을 맞이하는 문을 여는 천사와 문을 닫는 천사들로 수종 들며, 너의 모든 시간들을 풀어갈 것이니라. 그리하여 네 입술을 사용하여 이 땅의 신비의 문들을 열쇠로 열기도 하고, 닫기도 하고, 심판하는 권세는 하나님 아버지께서 하심으로 말미암아 제거되며 바로 나누어지는 것을 보게 될 것이니라. 천국과 지옥의 심판이 시작되었노라. 주의 사자로서 왕권을 위임을 받은 하나님의 아들로서 나아갈 것이니라. 눈물로서 씨를 뿌렸던 나의 아들들이 기쁨으로 단을 거두며 자기 몸을 아끼지 않고 기꺼이 예수 그리스도의 이름으로 그 몸을 아버지께 드림으로 온전함의 완성이 이루어졌느니라. 모두가 탈곡마당으로 나오게 될 것이니라. 이 모든 것이 풀어질 때이니라.

벧후3장

1 너희의 진실한 마음을 일깨워 생각나게 하여 2 곧 거룩한 선지자들이 예언한 말씀과 주 되신 구주께서 너희의 사도들로 말미암아 명하신 것을 기억하게 하려 하노라 7 이제 하늘과 땅은 그 동일한 말씀으로 불사르기 위하여 보호하신바 되어 경건하지 아니한 사람들의 심판과 멸망의 날까지 보존하여 두신 것이라 10 그러나 주의 날이 도둑같이 오리니 그날에는 큰 소리로 떠나가고 물질이 뜨거운 불에 풀어지고 땅과 그중에 있는 모든 일이 드러나리로다 11 모든 것이 이렇게 풀어지리니 너희가 어떠한 사람이 되어야 마땅하냐 거룩한 행실과 경건함으로 12 하나님의 날이 임하기를 바라보고 간절히 사모하라 그날에 하늘이 불에 타서 풀어지

고 물질이 뜨거운 불에 녹아지려니와 13 우리는 그의 약속대로 의가 있는 곳인 새 하늘과 새 땅을 바라보도다 14 그러므로 사랑하는 자들아 너희가 이것을 바라보나니 주 앞에서 점도 없고 흠도 없이 평강 가운데서 나타나기를 힘쓰라

헵시바
미영 - 아멘. 주님의 통치와 주권으로 저를 순간마다 다스려 주세요.

20190822 목요일 |

헵시바
미영 - 주님의 뜻을 온전히 이루소서. 나의 나 된 것은 오직 주 예수 그리스도의 은혜와 사랑입니다. 참 하나님과 그리스도를 더욱 알기를 원합니다. 성령으로 도와주세요. 거룩한 행실과 경건함으로, 더욱 주님을 사모하게 하소서.

주님 : 미영아! 지금 네 머리의 생각을 깨닫게 해주는 것이 성령이니라.
약속의 자녀에게 부여된 그 삶들을 보거라.

아브라함 ➡ 이삭 ➡ 야곱(이스라엘) ➡ 요셉(12지파) ➡ 모세 ➡ 여호수아
➡ 다윗 ➡ 구약선지자, 세례요한 ➡ 예수 그리스도 ➡ 사도바울(12제자)
➡ 성령 ➡ 교회(천국열쇠) ➡ 새 하늘과 새 땅(새 예루살렘)
이 모든 사실들이 언약과 약속의 자녀들에게 주어지는 것임을 잊지 말거라.

헵시바
미영 - 아멘.

주님 : 요15:4-5
4 내 안에 거하라 나도 너희 안에 거하리라 가지가 포도나무에 붙어있지 않으면 스스로 열매를 맺을 수 없음같이 너희도 내 안에 있지 아니하면 그러하리라 5 나는 포도나무요 너희는 가지라 그가 내안에 내가 그 안에 거하면 사람이 열매를 많이 맺나니 나를 떠나서는 너희가 아무것도 할 수 없음이라

히4장

11 그러므로 우리가 저 안식에 들어가기를 힘쓸지니 이는 누구든지 저 순종하지 아니하는 본에 빠지지 않게 하려 함이라 12 하나님의 말씀은 살아있고 활력이 있어 좌우에 날선 어떤 검보다도 예리하여 혼과 영과 및 관절과 골수를 찔러 쪼개기까지 하며 마음의 생각과 뜻을 판단하나니 13 지으신 것이 하나도 그 앞에 나타나지 않음이 없고 우리의 결산을 받으실 이의 눈앞에 만물이 벌거벗은 것 같이 드러나느니라

20190823 금요일

미영(헵시바) - 주님! 인도하여 주세요. 주님의 뜻을 이루소서. 저의 잘못됨을 고쳐주시고 그리스도와 함께 십자가에 철저히 못 박게 하소서.

주님 : 렘13장 전체

미영(헵시바) - 아버지 율법으로서는 교만과 거짓과 속임과 음란과 음행, 종교지도자들과 백성들의 죄악을 해결하지 못하며 약속의 유업을 받은 그리스도로 살아가는 그리스도의 몸 된 지체들을 통하여 약속을 받은 자로 하나님께 영광된 삶을 살게 하소서.

주님 : 미영아! 네 마음의 기도의 소리를 순간마다 듣고 있단다. 네 안에서 중보자 되신 그리스도께서 계속해서 중보하고 있단다. 성령이 말할 수 없는 탄식으로 기도할 바를 알고 영적으로 그리스도께서 그 모든 것을 기도하고 있단다. 미영아 네가 걱정하고 기도하는 것은 육신의 생각으로 오는 것이니 차단하고 영적인 문을 열고 닫거라. 그리고 네 아들(동욱)은 이미 네가 결정한 것에 따를 것이고 다른 방법으로 네 아들 동욱이는 갈 것이니 염려 말거라. 동욱이도 스스로 결정하며 스스로 배워가야 할 것이니라. 동욱이를 네가 옆에서 스스로 성장할 수 있도록 바른 생각과 가치관을 가지도록 기도하거라. 친구도 직장도 학교도 모든 만남이 그리스도의 사람으로 친구가 되고 멘토가 되기를 기도하거라. 네 아들 동욱이도 그리스도의 것이니라. 그러니 그 안에 심령에 말씀하신 것을 듣는 자로 변화될 것을 기대하거라. (벧전5:7-9)

7 너희 염려를 다 주께 맡기라 이는 그가 너희를 돌보심이라 8 근신하라 깨어라 너희 대적 마귀가 우는 사자 같이 두루 다니며 삼킬 자를 찾나니 9 너희는 믿음을 굳건하게 하여 그를 대적하라 이는 세상에 있는 너희 형제들도 동일한 고난을 당하는 줄을 앎이라

미영(헵시바) - 아멘. 아빠! 감사해요. 동욱이와 현주를 온전히 주님께 맡깁니다. 주님의 뜻대로 성령의 인도하심대로 올바른 가치관으로 성령으로 충만함을 입고 그리스도로 세례를 받고 그리스도로 옷 입게 하소서.

주님 : 미영아! 지금은 영적인 세계와 그리스도로 옷을 입고 인도함을 받는 늘 근신하여 깨어 기도하며 나를 바라보는 시간이란다. (벧전4:7) 7 만물의 마지막이 가까이 왔으니 그러므로 너희는 정신을 차리고 근신하여 기도하라

미영(헵시바) - 아멘. 아빠! 아빠만을 바라봅니다. 정결하게 거룩하게 삶을 말씀과 기도로 거룩하게 하소서. 예레미야 선지자. 이사야선지자. 호세야선지자. 말라기선지자. 모세선지자. 사도바울을 통하여 계시하시고 명령하신 그 말씀들을 잊지 않고 기억하게 하소서. 제 마음이 교만하여 하나님 아버지를 잊지 않게 하시고 모든 말씀들이 성령의 기름 부음으로 기억하게 하시고 그리스도로 인도함을 받게 하소서. 영생의 말씀대로 살게 하소서.

20190824 토요일

미영(헵시바) - 주님! 인도하소서. 주님의 뜻을 이루소서. 아빠! 사랑해요. 도와주세요. 저를 붙들어 주소서. 아버지의 마음이 있는 곳에 제가 있게 하시고 나는 죽고 그리스도 안에서 살게 하소서.

주님 : 미영아! 네 속사람의 강건의 능력이 그리스도의 영으로 말미암아 변화를 받고 혼적인 모든 육신의 생각과 이생의 자랑, 육신의 안목. 육신의 정욕을 십자가에 못박게 하

는 것이 성령이란다. 왜냐하면 성령의 역할은 보혜사. 진리의 영이기에 죄에 대하여 의에 대하여 심판에 대하여 알게 하기에 철저히 육신을 십자가에 못 박고 그리스도로 살아야 한다는 것을 알기에 그 순간 그리스도와 함께 십자가에 죽고 그리스도와 함께 거듭난 새 생명으로 부활의 삶으로 궁창 위의 하늘 보좌의 생명수가 임하는 것이란다. 그래서 이 땅에 소망이 없고 하늘 위의 소망을 바라게 되는 것이란다. 완전히 이 땅에 속한 모든 것이 끊어지고 참 하늘의 장막의 문이 열어지고 영적세계의 성령의 충만함을 입고 분별하며 하나님의 아들 그리스도와 동행하는 삶을 살게 되는 것이란다. 미영이에게는 선지자적인 기름부음이 있기에 구체적으로 아버지께서 할 말과 할 일을 알게 하시기에 더 아버지께 경청하고 집중하거라.

요15:1-27

1 나는 참 포도나무요 내 아버지는 농부라 2 무릇 내게 붙어 있어 열매를 맺지 아니하는 가지는 아버지께서 그것을 제거해 버리시고 무릇 열매를 맺는 가지는 더 열매를 맺게 하려 하여 그것을 깨끗하게 하시느니라 3 너희는 내가 일러준 말로 이미 깨끗하여졌으니 4 내 안에 거하라 나도 너희 안에 거하리라 가지가 포도나무에 붙어 있지 아니하면 스스로 열매를 맺을 수 없음 같이 너희도 내 안에 있지 아니하면 그러하리라 5 나는 포도나무요 너희는 가지라 그가 내 안에, 내가 그 안에 거하면 사람이 열매를 많이 맺나니 나를 떠나서는 너희가 아무것도 할 수 없음이라 6 사람이 내 안에 거하지 아니하면 가지처럼 밖에 버려져 마르나니 사람들이 그것을 모아다가 불에 던져 사르느니라 7 너희가 내 안에 거하고 내 말이 너희 안에 거하면 무엇이든지 원하는 대로 구하라 그리하면 이루리라 8 너희가 열매를 많이 맺으면 내 아버지께서 영광을 받으실 것이요 너희는 내 제자가 되리라 9 아버지께서 나를 사랑하신 것같이 나도 너희를 사랑하였으니 나의 사랑 안에 거하라 10 내가 아버지의 계명을 지켜 그의 사랑 안에 거하는 것 같이 너희도 내 계명을 지키면 내 사랑 안에 거하리라 11 내가 이것을 이름은 내 기쁨이 너희 안에 있어 너희 기쁨을 충만하게 하려 함이라 12 내 계명은 곧 내가 너희를 사랑한 것 같이 너희도 서로 사랑하라 하는 이것이니라 13 사람이 친구를 위하여 자기 목숨을 버리면 이보다 더 큰 사랑이 없나니 14 너희는 내가 명하는 대로 행하면 곧 나의 친구라 15 이제부터는 너희를 종이라 하지 아니하리니 종은 주인이 하는 것을 알지 못함이라 너희를 친구라 하였노니 내가 내 아버지께 들은 것을 다 너희에게 알게 하였음이라 16 너희

가 나를 택한 것이 아니요 내가 너희를 택하여 세웠나니 이는 너희로 가서 열매를 맺게 하고 또 너희 열매가 항상 있게 하여 내 이름으로 아버지께 무엇을 구하든지 다 받게 하려 함이라 17 내가 이것을 명함은 너희로 서로 사랑하게 하려 함이라 18 세상이 너희를 미워하면 너희보다 먼저 나를 미워한 줄을 알라 19 너희가 세상에 속하였으면 세상이 자기의 것을 사랑할 것이나 너희는 세상에 속한 자가 아니요 도리어 내가 너희를 세상에서 택하였기 때문에 세상이 너희를 미워하느니라 20 내가 너희에게 종이 주인보다 더 크지 못하다 한 말을 기억하라 사람들이 나를 박해하였은즉 너희도 박해할 것이요 내 말을 지켰은즉 너희 말도 지킬 것이라 21 그러나 사람들이 내 이름으로 말미암아 이 모든 일을 너희에게 하리니 이는 나를 보내신 이를 알지 못함이라 22 내가 와서 그들에게 말하지 아니하였더라면 죄가 없었으려니와 지금은 그 죄를 핑계할 수 없느니라 23 나를 미워하는 자는 또 내 아버지를 미워하느니라 24 내가 아무도 못한 일을 그들 중에서 하지 아니하였더라면 그들에게 죄가 없었으려니와 지금은 그들이 나와 내 아버지를 보았고 또 미워하였도다 25 그러나 이는 그들의 율법에 기록된 바 그들이 이유 없이 나를 미워하였다 한 말을 응하게 하려 함이라 26 내가 아버지께로부터 너희에게 보낼 보혜사 곧 아버지께로부터 나오시는 진리의 성령이 오실 때에 그가 나를 증언하실 것이요 27 너희도 처음부터 나와 함께 있었으므로 증언하느니라

^{헵시바}
미영 - 아멘. 오늘 하루의 모든 삶을 주님께 올립니다. 성령께서 인도하심대로 그리스도 안에서 승리하게 하소서.

주님 : 요17

2 아버지께서 아들에게 주신 모든 사람에게 영생을 주게 하시려고 만민을 다스리는 권세를 아들에게 주셨음 이로소이다 3 영생은 유일하신 참 하나님과 그가 보내신 자 예수 그리스도를 아는 것이니이다

^{헵시바}
미영 - 아멘. 아빠! 주님만이 홀로 영광 받으소서.

20190826 월요일

미영(헵시바) - 주님! 도와주세요. 주님의 뜻을 이루소서.

주님 : 미영아! 예레미야 24장 1-10절을 보거라

> 1 바벨론의 느부갓네살 왕이 유다 왕 여호야김의 아들 여고냐와 유다 고관들과 목공들과 철공들을 예루살렘에서 바벨론으로 옮긴 후에 여호와께서 여호와의 성전 앞에 놓인 무화과 두 광주리를 내게 보이셨는데 2 한 광주리에는 처음 익은 듯한 극히 좋은 무화과가 있고 한 광주리에는 나빠서 먹을 수 없는 극히 나쁜 무화과가 있더라 3 여호와께서 내게 이르시되 예레미야야 네가 무엇을 보느냐 하시매 내가 대답하되 무화과이온대 그 좋은 무화과는 극히 좋고 그 나쁜 것은 아주 나빠서 먹을 수 없게 나쁘나이다 하니 5 이스라엘 하나님 여호와께서 이와 같이 말씀하시니라 내가 이곳에서 옮겨 갈대아인의 땅에 이르게 한 유다포로를 이 좋은 무화과 같이 잘 돌볼 것이라 6 내가 그들을 돌아보아 좋게 하여 다시 이 땅으로 인도하여 세우고 헐지 아니하며 심고 뽑지 아니하겠고 7 내가 여호와인 줄 아는 마음을 그들에게 주어서 그들이 전심으로 내게 돌아오게 하리니 그들은 내 백성이 되겠고 나는 그들의 하나님이 되리라 8 여호와께서 이와 같이 말씀하시니라 내가 유다 왕 시드기야와 그 고관들과 예루살렘의 남은 자로서 이 땅에 남아 있는 자와 애굽 땅에 사는 자들을 나빠서 먹을 수 없는 이 나쁜 무화과같이 버리되 9 세상 모든 나라 가운데 흩어서 그들에게 환난을 당하게 할 것이며 또 그들에게 내가 쫓아 보낼 모든 곳에서 부끄러움을 당하게 하며 말거리가 되게 하며 조롱과 저주를 받게 할 것이며 10 내가 칼과 기근과 전염병을 그들 가운데 보내 그들이 내가 그들과 그들의 조상들에게 준 땅에서 멸절하기까지 이르게 하리라 하시니라

무화과는 유대민족의 상징으로 좋은 무화과는 바벨론에 포로 되어 갔지만 그곳에서 경건한 생활을 한 남은 자들입니다. 악한 무화과는 유다에 남아있는 자와 애굽에 도망갔다 온 사람들. 그러나 그들은 여전히 사람을 의지하고 하나님을 의지하지 않음으로 멸망 받았습니다. 이스라엘의 재건과 회복은 바벨론에 끌려가서 그곳에서 하나님 앞에 그들의 죄악을 회개하고 회당을 세우며 그들의 마음속에 계명을 새기기 시작한 사람들에 의해서 이루어졌습니다. 악한 무화과의 운명은 베어져 불살라지는 것입니다. 이처럼 악한 무화과 같은 사람들 역시 영원히 멸망당할 것입니다. 예루살렘에 남아있는 자로서 이 땅에 남아있는 자와 애굽 땅에 사는 자들은 자기들이 죄가 없어서 포로로 잡혀 가지 않았다는 거짓된 자만과 헛된 교만에 사로잡혀 있었습니다.

헵시바
미영 - 아멘!! 아버지가 보이지 않으시고 깨닫게 하시지 않는 이상은 전심으로 하나님 아버지를 찾을 수 없어요. 아빠 좋은 무화과 같이 저 또한 돌보아 주심 감사해요. 베드로가 고백한 것처럼 '너희는 나를 누구라 하느냐 시몬 베드로가 대답하여 이르되 주는 그리스도시요 살아계신 하나님의 아들이시니이다 예수께서 대답하여 이르시되 바요나 시몬아 네가 복이 있도다 이를 알게 한 이는 혈육이 아니요 하늘에 계신 내 아버지시니라(마16:15-17)' 말씀을 동의하며 선포합니다.

주님 : 미영아! 한 걸음 한 걸음 그렇게 내가 인도하고 있단다. 지금이 그 더딘 시간 같고 인내하는 시간 같고 견디는 시간 같지만 이것들이 그리고 이 시간들이 너에게는 가장 좋은 무화과를 보존하기 위하여 그루터기를 심고 있으니 기뻐하고 즐거워하거라. 내가 너와 함께 함을 나타내고 있지 않느냐 네 말의 권세로 묶고 푸는 열쇠이니 잘 사용하거라.

미영^{헵시바} - 아멘. 주 예수 그리스도의 이름을 찬양합니다.

아빠 지금 사는 곳이 어떤 사항인지 잘 아시죠? 아버지가 허락하지 않는다면 어떤 것도 이루어질 수 없음을 인정합니다. 이곳에 새집으로 좋은 장소로 아버지께서 인도하셨습니다. 아빠의 뜻을 알고 방법을 알게 하소서. 제 치아조차도 허락해주시지 않으면 아무것도 할 수 없습니다. 제가 잘못된 것을 고쳐주시고 알게 해주세요. 저의 모든 죄악을 그리스도의 보혈로 덮어 주심을 감사드립니다. 아빠! 도와주세요. 이 과정을 잘 통과하게 하소서. 주님의 뜻을 구합니다.

주님 : 미영아! 나는 너의 하나님이 됨이고 너의 아빠 아버지가 된단다. 나는 항상 궁창위에 하늘 위에 것을 사모하고 바라보거라 라고 말하였단다. 내가 이 세상보다 크고 우주만물의 주인이며 만유의 주, 만주의 주임을 알지 못하느냐? 너에게 가장 좋은 포도주를 내기 위하여 돌 항아리에 6개를 아구까지 채우라 한 가나안 혼인잔치 말씀을 기억할 것이니라.

지금 그 시간이란다. 포도주가 떨어져서 혼인잔치에 먹을 것과 마실 것을, 없는 것도 있게 하고, 있는 것도 없게 하는, 아버지가 하물며 그냥 두었겠느냐? 네가 물 떠온 하인처럼 6개의 항아리에 가득 아구까지 채우는 믿음이 필요한 것이란다.

요2:1-11

1 사흘째 되던 날 갈릴리 가나에 혼례가 있어 예수의 어머니도 거기 계시고 2 예수와 그 제자들도 혼례에 청함을 받았더니 3 포도주가 떨어진지라 예수의 어머니가 예수에게 이르되 저들에게 포도주가 없다 하니 4 예수께서 이르시되 여자여 나와 무슨 상관이 있나이까 내 때가 아직 이르지 아니하였나이다 5 그의 어머니가 하인들에게 이르되 너희에게 무슨 말씀을 하시든지 그대로 하라 하니라 6 거기에 유대인의 정결 예식을 따라 두세 통 드는 돌항아리 여섯이 놓였는지라 7 예수께서 그들에게 이르시되 항아리에 물을 채우라 하신즉 아귀까지 채우니 8 이제는 떠서 연회장에게 갖다 주라 하시매 갖다 주었더니 9 연회장은 물로 된 포도주를 맛보고도 어디서 났는지 알지 못하되 물 떠온 하인들은 알더라 연회장이 신랑을 불러 10 말하되 사람마다 먼저 좋은 포도주를 내고 취한 후에 낮은 것을 내거늘 그대는 지금까지 좋은 포도주를 두었도다 하니라 11 예수께서 이 첫 표적을 갈릴리 가나에서 행하여 그의 영광을 나타내시매 제자들이 그를 믿으니라

헵시바
미영 - 아멘. 아버지 저에게 6개의 돌 항아리가 아구까지 가득 채우는 믿음을 주소서

주님 : 요14:11-13

> 11 내가 아버지 안에 거하고 아버지께서 내 안에 계심을 믿으라 그렇지 못하겠거든 행하는 그 일로 말미암아 나를 믿으라 12 내가 진실로 진실로 너희에게 이르노니 나를 믿는 자는 내가 하는 일을 그도 할 것이요 또한 그보다 큰일도 하리니 이는 내가 아버지께로 감이라 13 너희가 내 이름으로 무엇을 구하든지 내가 행하리니 이는 아버지로 하여금 아들로 말미암아 영광을 받으시게 하려 함이라

주님 : 영광의 비밀은 멜기세덱 반차가 열어지는 것이란다. 이제 그 길이 그리스도의 영원한 대제사장의 하나님의 아들의 길이 열어진 것이란다. 하나님 아버지만이 영광 받으실 그 영광의 문이 열어졌음을 선포하노라.

¶   성경에서 멜기세덱의 이름을 언급됩니다.

창세기 14:18-20, 시편 110:4, 히브리서5:6-7장

제사장은 하나님과 사람 사이에서 사람을 대표하는 인물입니다.

  1) 멜기세덱은 제사장이었습니다.

  2) 멜기세덱은 왕이었습니다.

  3) 멜기세덱은 하나님 아들과 닮았습니다.

창14:18-20

> 17 아브람이 그돌라오멜과 그와 함께 한 왕들을 쳐부수고 돌아 올 때에 소돔왕 샤웨 골짜기로 나와 그를 영접하였고 18 샬렘 왕 멜기세덱이 떡과 포도주를 가지고 나왔으니 그는 지극히 높으신 하나님이 제사장이었더라 19 그가 아브람에게 축복하여 이르되 천지의 주재이시오 지극히 높으신 하나님이여 아브람에게 복을 주옵소서 20 너희 대적을 네 손에 붙이신 지극히 높으신 하나님을 찬송할지로다 하매 아브람이 그 얻은 것에서 십분의 일을 멜기세덱에게 주었더라

시편 110:4-5

> 여호와는 맹세하고 변하지 아니하시리라 이르시기를 너는 멜기세덱의 서열을 따라 영원한 제사장이라 하셨도다 5 주의 오른쪽에 계신 주께서 그의 노하시는 날에 왕들을 쳐서 깨뜨릴 것이니라

> * 서열 : 멜기세덱은 의의 왕으로 서열은 왕과 제사장을 겸한 영원한 통치자의 계열이며 예수 그리스도의 완성입니다.

히브리서 5장

> 5 또한 이와 같이 그리스도께서 대제사장 되심도 스스로 영광을 취하심이 아니요 오직 말씀하신 이가 그에게 이르시되 너는 내 아들이니 내가 오늘 너를 낳았다 하셨고 6 또한 이와 같이 다른데서 말씀하시되 네가 영원히 멜기세덱의 반차를 따르는 제사장이라 하셨으니 7 그는 육체에 계실 때에 자기를 죽음에서 능히 구원하실 이에게 심한 통곡과 눈물로 간구와 소원을 올렸고 그의 경건하심으로 말미암아 들으심을 얻었느니라 8 그가 아들이시면서도 받으신 고난으로 순종함을 배워서 9 온전하게 되셨은 즉 자기에게 순종하는 모든 자에게 영원한 구원의 근원이 되시고 10 하나님께 멜기세덱의 반차를 따른 대제사장이라 칭하심을 받으셨느니라 11 멜기세덱에 관하여는 우리가 할 말이 많으나 너희가 듣는 것이 둔하므로 설명하기 어려우니라

히7장

> 1 이 멜기세덱은 살렘 왕이요 지극히 높으신 하나님의 제사장이라 여러 왕을 쳐서 죽이고 돌

아오는 아브라함을 만나 복을 빈자라 2 아브라함이 모든 거의 십분의 일을 그에게 나누어 주니라 그 이름을 해석하면 먼저는 의의 왕이요 그 다음은 샬렘 왕이니 곧 평강의 왕이요 3 아버지도 없고 어머니도 없고 족보도 없고 시작한 날도 없고 생명의 끝도 없어 하나님의 아들과 닮아서 항상 제사장으로 있느니라 4 이 사람이 얼마나 높은가를 생각해보라 조상 아브라함도 노략물 중 십분의 일을 그에게 주었느니라 5 레위의 아들들 가운데 제사장의 직분을 받은 자들은 율법을 따라 아브라함의 허리에서 난 자라도 자기 형제인 백성에게서 십분의 일을 취하라는 명령을 받았으나 6 레위 족보에 들지 아니한 멜기세덱은 아브라함에게서 십분의 일을 취하고 약속을 받은 그를 위하여 복을 빌었나니 7 논란의 여지없이 낮은 자가 높은 자에게 축복을 받느니라 8 또 여기는 죽을 자들이 십분의 일을 받으니 저기는 산다고 증거를 얻은 자가 받았느니라 9 또한 십분의 일을 받는 레위도 아브라함으로 말미암아 십분의 일을 바쳤다고 할 수 있나니 10 이는 멜기세덱이 아브라함을 만날 때에 레위는 이미 자기 조상의 허리에 있었음이라 11 레위계통의 제사 직분으로 말미암아 온전함을 얻을 수 있었으면 (백성이 그 아래에서 율법을 받았으니) 어찌하여 아론의 반차를 따르지 않고 멜기세덱의 반차를 따르는 다른 한 제사장을 세울 필요가 있느냐 12 제사 직분이 바꾸어졌은즉 율법도 반드시 바꾸어지리니 13 이것은 한 사람도 제단 일을 받들지 않는 다른 지파에 속한 자를 가리켜 말한 것이라 14 우리 주께서는 유다로부터 나신 것이 분명 하도다 이 지파에는 모세가 제사장들에 관하여 말한 것이 하나도 없고 15 멜기세덱과 같은 별다른 한 제사장이 일어난 것을 보니 더욱 분명 하도다 16 그는 육신에 속한 한 계명의 법을 따르지 아니하고 오직 불멸의 생명의 능력을 따라 되었으니 17 증언하기를 네가 영원히 멜기세덱의 반차를 따르는 제사장이라 하였도다

20190827 화요일

헵시바
미영 - 주님! 도와주세요. 주님의 뜻을 이루소서. 아빠! 사랑해요.

주님 : 미가서 2장 전체 (멸망할 자들)

미영아! 두려워하고 두려워할 때이니라. 나의 아들들은 두려워 말라! 놀라지 말라! 내가 너와 함께 함이니라. 네가 생각으로 하는 것을 하나님의 생각으로 나아갈 때만이 평안과 생명을 지킬 수 있느니라. 육신은 사망이니라. 가라지가 잠을 잘 때 뿌

려놓기 때문에 하나님의 생각 으로 전신갑주를 입어야 할 것이니라.

마13:25-26
> 25 사람들이 잘 때에 그 원수가 와서 곡식 가운데 가라지를 덧뿌리고 갔더니 26 싹이 나고 결실 할 때에 가라지도 보이거늘

롬8장
> 그러므로 이제 그리스도 예수 안에 있는 자에게는 결코 정죄함이 없나니 2 이는 그리스도 예수 안에 있는 생명의 성령의 법이 죄와 사망의 법에서 너를 해방하였음이라 3 율법이 육신으로 말미암아 연약하여 할 수 없는 그것을 하나님은 하시나니 곧 죄로 말미암아 자기 아들을 죄 있는 육신의 모양으로 보내어 육신에 죄를 정하사 4 육신을 따르지 않고 그 영을 따라 행하는 우리에게 율법의 요구가 이루어지게 하려 하심이라 5 육신을 따르는 자는 육신의 일을 영을 따르는 자는 영의 일을 생각하나니 6 육신의 생각은 사망이요 영의 생각은 생명과 평안 이니라 7 육신의 생각은 하나님과 원수 되나니 이는 하나님의 법에 굴복하지 아니할 뿐 아니라 할 수도 없음이라 8 육신에 있는 자들은 하나님을 기쁘시게 할 수 없느니라 9 만일 너희 속에 하나님의 영이 거하시면 너희가 육신에 있지 아니하고 영에 있나니 누구든 지 그리스도의 영이 없으면 그리스도의 사람이 아니라 10 또 그리스도께서 너희 안에 계시면 몸은 죄로 말미암아 죽은 것이나 영은 의로 말미암아 살아 있는 것이니라 11 예수를 죽은 자 가운데 서 살리신 이의 영이 너희 안에 거하시면 그리스도 예수를 죽은 자 가운데 서 살리신 이가 너희 안에 거하시는 그의 영으로 말미암아 너희 죽을 몸도 살리시리라 12 그러므로 형제들아 우리가 빚진 자로되 육신에게 져서 육신대로 살 것이 아니라 13 너희가 육신대로 살면 반드시 죽을 것이로되 영으로써 몸의 행실을 죽이면 살리니 14 무릇 하나님의 영으로 인도함을 받는 사람은 곧 하나님의 아들이라 15 너희는 다시 무서워하는 종의 영을 받지 아니하고 양자의 영을 받았으므로 우리가 아빠 아버지라고 부르짖느 니라 16 성령이 친히 우리의 영과 더불어 우리가 하나님의 자녀인 것을 증언하시나니 17 자녀이면 또한 상속자요 그리스도와 함께 한 상속자니 우리가 그와 함께 영광을 받기 위하여 고난도 함께 받아야 할 것이니라

미영^{헵시바} - 아멘. 아빠! 감사합니다. 양자의 영을 받게 하셔서 그리스도 예수와 함께 하나님의 아들로 한형제 자매로 부르시고 택해주신 아버지께 모든 영광을 올립니다. 원하

트, 가족(킹덤패밀리)으로 불러주셔서 감사드립니다. 아빠! 사랑해요. 그리스도의 영으로서 몸의 행실을 죽이게 하소서. 그리스도와 함께 영광을 받기 위하여 고난도 함께 받게 성령으로 도와주세요. 아멘. 성령께서 하나님의 뜻대로 저를 위하여 간구하시고 인도하소서.

주님 : 미영아! 새 생명의 근원은 새 언약의 비밀은 그리스도 이니라. 그 신비의 비밀이 풀어지고 열어질지어다.

<small>헵시바</small>
미영 - 아멘. 아멘!

20190828 수요일 |

주님 : 여호수아 2:1-16

> 기생 라합의 창문에 드리워진 붉은 줄은 인간의 구원은 오직 인류의 대속 주이신 그리스도의 십자가 보혈을 굳게 믿고 의지하는 자에게만 주어진다는 사실을 다시 한 번 확인 시켜주는 증표입니다. 그러므로 우리는 그리스도 밖에서는 결단코 구원이 없음을 잊어서는 안 됩니다.

주님 : 미영아! 내가 어떤 일을 진행할 때 여호수아 정탐꾼을 보내어 그 상황과 그들의 마음을 감찰하고 내가 예비한 자들을 보게 되며 나를 찾는 나를 갈망하는 자들을 보게 되는 것이란다. 그리하여 하나님의 인도하심을 보게 됨으로 확정케 되는 것이란다.

이런 과정들을 겪을 때 믿음이 자라게 되고 나를 더욱 신뢰하게 된단다. 오늘 신약을 듣거라. 그리고 보면서 듣거라. 그리하면 가나안 정복이, 너에게 주어진 그 사명의 정복이 내가 모든 것을 하였다라는 것을 선명히 보게 될 것이란다. 너는 나에게 집중하거라.

미영 - ^{헵시바} 아멘. 아빠! 명심 하겠습니다. 주님! 도와주세요.

주님 : 미영아! 네 안에 그리스도로 살게 하라. 너의 모든 육신의 장막을 벗고 그리스도 안에서 거하거라. 내가 너와 함께 함이니라! 너에게 모든 안테나 (영적) 기지국으로 알고 보게 할 것이니라. 세상은 한전에서 전기를 끌어 쓰지만 영적인 주파수 영적 전기를 끌어 스파크를 일으키는 에너지를 발산하는 곳으로 네가 그 천국의 열쇠를 가진 자이니라. 이미 내가 그렇게 너에게 부여하였단다. 어떻게 해야 할지 모든 것이 새 하늘의 장막에서 궁창 위의 참 하늘의 장막의 주인 되신 하나님 아버지께서 모든 것을 이루셨느니라. 새 하늘에서 궁창 위에서 모든 물질과 모든 세계가 열어지며 채워지게 될 것이니라. 샘물이 목마르지 않고 만족하는 샘물이 솟아날 것이니라. 솟아나라! 궁창 위의 모든 물들이 하나님의 아들들에게 부어질 물들이 이곳으로 부어졌음을 선포하노라!!

계21장

1 또 새 하늘과 새 땅을 보니 처음 하늘과 처음 땅이 없어졌고 바다도 다시 있지 않더라 2 또 내가 보매 거룩한 성 새 예루살렘이 하나님께로부터 하늘에서 내려오니 그 준비한 것이 신부가 남편을 위하여 단장한 것 같더라 3 내가 들으니 보좌에서 큰 음성이 이르되 보라 하나님의 장막이 사람들과 함께 있으매 하나님이 그들과 함께 계시리니 그들은 하나님의 백성이 되고 하나님은 친히 그들과 함께 계셔서 4 모든 눈물을 그 눈에서 닦아주시니 다시는 사망이 없고 애통하는 것이나 곡하는 것이나 아픈 것이 다시 있지 아니 하리니 처음 것들이 다 지나갔음이러라 5 보좌에 앉으신 이가 이르시되 보라 내가 만물을 새롭게 하노라 하시고 또 이르시되 이 말은 신실하고 참되니 기록하라 하시고 6 또 내게 말씀하시되 이루었도다 나는 알파와 오메가요 처음과 마지막이라 내가 생명수 샘물을 목마른 자에게 값없이 주리니 7 이기는 자는 이것들을 상속으로 받으리라 나는 그의 하나님이 되고 그는 내 아들이 되리라 8 그러나 두려워

하는 자들과 믿지 아니하는 자들과 믿지 아니하는 자들과 흉악한 자들과 살인자들과 음행하는 자들과 점술가들과 우상 숭배하는 자들과 거짓말하는 모든 자들은 불과 유황으로 타는 못에 던져지리니 이것이 둘째 사망이라 27 무엇이든지 속된 것이나 가증한 일 또는 거짓말하는 자는 결코 그리로 들어가지 못하되 오직 어린 양의 생명책에 기록된 자들만 들어가리라

계22장

1 또 그가 수정 같이 맑은 생명수의 강을 내게 보이니 하나님과 및 어린양의 보좌로부터 나와서 2 길 가운데로 흐르더라 강 좌우에 생명나무가 있어 열두 가지 열매를 맺되 달마다 그 열매를 맺고 그 나무 잎사귀들은 만국을 치료하기 위하여 있더라
6 또 그가 내게 말하기를 이 말은 신실하고 참된지라 주 곧 선지자들의 영의 하나님이 그의 종들에게 반드시 속히 되어질 일을 보이시려고 그의 천사를 보내셨도다

계22:16

나 예수는 교회들을 위하여 내 사자를 보내어 이것들을 너희에게 증언하게 하였노라 나는 다윗의 뿌리요 자손이니 곧 광명한 새벽 별이라 하시더라에 기록된 자들만 들어가리라

20190829 목요일

미영(헵시바) - 주님! 인도하소서. 주님의 뜻을 이루소서. 아빠! 사랑해요. 아빠! 감사해요. 깨어 기도하고 삶속에서 순간마다 말씀을 기억하게 하소서.

주님 : 미영아! 세상의 문화와 미디어 인터넷의 광고, 눈으로 보는 컨텐츠, 듣는 음악이나 모든 문화가 마귀에게 종노릇하는 인본주의자들이 자유라는 미명하에 방종하고 있고 마귀를 찬양하고 자기자랑, 육신의 정욕, 이생의 자랑으로 혼돈 가운데 혼란가운데 우상숭배를 하고 있는 것이란다. 마귀는 처음부터 범죄 한 마귀의 생각에서 온 것이란다.

^{헵시바} 미영 - 예 아빠! 하나님의 자녀 마귀의 자녀 둘밖에 없다고 하셨어요. 빛의 자녀, 어두움의 자녀, 믿음의 아들, 믿는 자의 안에서 악한 자의 아들, 비유로 성경말씀에 기록되어 있습니다.

주님 : 미영아! 하나님의 중심과 기준이 보여야 자기중심적으로 돌아가지 않는단다. 늘 깨어 말씀과 기도로 거룩해지지 않으면 영적 방향을 잃게 된단다. 세상에 타협할 수 밖에 없단다. 나를 벗어나지 않도록 나의 안에 거하고 붙어 있어야만 된단다.

요일2장을 보거라.

> 4 그를 아노라 하고 그의 계명을 지키지 아니하는 자는 거짓말하는 자요. 진리가 그 속에 있지 아니하되 5 누구든지 그의 말씀을 지키는 자는 하나님의 사랑이 참으로 그 속에서 온전하게 되었나니 이로써 우리가 그의 안에 있는 줄을 아노라 8 다시 내가 너희에게 새 계명을 쓰노니 그에게와 너희에게도 참된 것이라 이는 어둠이 지나가고 참 빛이 벌써 비침이니라 9 빛 가운데 있다 하면서 그 형제를 미워하는 자는 지금까지 어둠에 있는 자요 10 그의 형제를 사랑하는 자는 빛 가운데 거하여 자기 속에 거리낌이 없으나 11 그의 형제를 미워하는 자는 어둠에 있고 또 어둠에 행하며 갈 곳을 알지 못하니 이는 그 어둠이 그의 눈을 멀게 하였음이라 12 자녀들아 내가 너희에게 쓰는 것은 너희 죄가 그의 이름으로 말미암아 사함을 받았음이라

^{헵시바} 미영 - 아멘. 주님! 감사합니다.

20190910 화요일

^{헵시바} 미영 - 주님! 도와주세요. 주님의 뜻을 이루소서.

주님 : 미영아! 길고 긴 싸움은 지금부터 시작이란다. 하나님의 상속자들이 자라지 않는 이상은 육신의 자녀들이 대장노릇하고 그들이 유산들을 차지한 것 같지만 상속자가 성인이 되는 자격이 되면 법적 효력이 생겨 되찾을 수 있느니라. 지금은 그러한 때이니라. 성인이 된 나의 아들들은 모두가 빼앗겼던 하나님의 유업을 되찾는 시간들이 될

것이니라. 각자가 모리아 산에 부르심 가운데 번제를 올린 자들을 예비하는 숫양이 있으며 그 이후로 아브라함처럼 믿음으로 의롭게 되는 것이란다. 내가 그렇게 통과된 자들을 철저하게 규별하고 있느니라. 자기 육신을 십자가에 못 박고 그리스도로 살아가는 그리스도의 사람들을 찾고 있느니라. 그리스도의 영이 없는 자들은 그리스도의 사람이 아니니라 (롬8:9 만일 너희 속에 하나님의 영이 거하시면 너희가 육신에 있지 아니하고 영에 있나니 누구든지 그리스도의 영이 없으면 그리스도의 사람이 아니라)

20190912 목요일

미영(헵시바) - 주님! 도와 주세요. 주님의 뜻을 이루소서.

주님 : 여호수아 24장(하나님의 언약, 율례, 법도와 여호수아의 죽음)

미영(헵시바) - 아빠! 여호수아 24장을 전체 묵상하면서 에서는 미워하고 야곱은 사랑하였더라 이 말씀이 떠올랐어요. 인도해주세요.

주님 : 미영아! 로마서 9장 11절부터 보거라

> 11 그 자식들이 아직 나지 아니하고 무슨 선이나 악을 행하지 아니한 때에 택하심을 따라 되는 하나님의 뜻이 행위로 말미암지 않고 오직 부르시는 이로 말미암아 서게 하려 하사 12 리브가에게 이르시되 큰 자가 어린 자를 섬기리라 하셨나니 13 기록된 바 내가 야곱은 사랑하고 에서는 미워하였다 하심과 같으니라 14 그런즉 우리가 무슨 말을 하리요 하나님께 불의가 있느냐 그럴 수 없느니라 15 모세에게 이르시되 내가 긍휼히 여길 자를 긍휼히 여기고 불쌍히 여길 자를 불쌍히 여기리라 하셨으니 16 그런즉 원하는 자로 말미암음도 아니요 오직 긍휼히 여기시는 하나님으로 말미암음이니라 17 성경이 바로에게 이르시되 내가 이 일을 위하여 너를 세웠으니 곧 너로 말미암아 내 능력을 보이고 내 이름이 온 땅에 전파되게 하려 함이라 하셨으니 18 그런즉 하나님께서 하고자 하시는 자를 긍휼히 여기시고 하고자 하시는 자를 완악하게 하시느니라

미영(헵시바) - 아멘. 아버지의 모든 주권에 있습니다.

주님 : 말라기 1장 2절부터 보거라

> 2 여호와께서 이르시되 내가 너희를 사랑하였노라 하나 너희는 이르기를 주께서 어떻게 우리를 사랑하셨나이까 하는도다 나 여호와가 말하노라 에서는 야곱의 형이 아니냐 그러나 내가 야곱을 사랑하였고 3 에서는 미워하였으며 그의 산들을 황폐하게 하였고 그의 산업을 광야의 이리들에게 넘겼느니라 4 에돔은 말하기를 우리가 무너뜨림을 당하였으나 황폐된 곳을 다시 쌓으리라 하거니와 나 만군의 여호와는 이르노라 그들은 쌓을지라도 나는 헐리라 사람들이 그들을 일컬어 악한 지역이라 할 것이요 여호와의 영원한 진노를 받은 백성이라 할 것이며 5 너희는 눈으로 보고 이르기를 여호와께서는 이스라엘 지역 밖에서도 크시다 하리라

미영(헵시바) - 아멘!

주님 : 미영아! 네 생각에 떠오르는 것은 언제든 나에게 물어도 된단다. 나는 미영이를 사랑하노라. 내가 실질적으로 복음을 전파하는 새 세대에 새 부대와 새 술을 담을 수 있는 깨끗한 그릇을 준비하는 것이란다.

마9:17

> 새 포도주를 낡은 가죽 부대에 넣지 아니하나니 그렇게 하면 부대가 터져 포도주도 쏟아지고 부대도 버리게 됨이라 새 포도주는 새 부대에 넣어야 둘이 다 보전되느니라

눅5:37

> 새 포도주를 낡은 가죽부대에 넣는 자가 없나니 만일 그렇게 하면 새 포도주가 부대를 터뜨려 포도주가 쏟아지고 부대도 못 쓰게 되느니라 38 새 포도주는 새 부대에 넣어야 할 것이니라 39 묵은 포도주를 마시고 새 것을 원하는 자가 없나니 이는 묵은 것이 좋다 함이니라

눅6:26

> 모든 사람이 너희를 칭찬하면 화가 있도다 그들의 조상들이 거짓 선지자들에게 이와 같이 하였느니라

주님 : 미영아! 듣고 행하는 자와 행하지 아니한 자에 대한 말씀을 쓰거라.

눅6:46-49

너희는 나를 불러 주여 주여 하면서도 어찌하여 내가 말한 것은 행하지 아니하느냐 47 내게 나아와 내 말을 듣고 행하는 자마다 누구와 같은 것을 너희에게 보이리라 48 집을 짓되 깊이 파고 주추를 반석 위에 놓은 사람과 같으니 큰 물이 나서 탁류가 그 집에 부딪치되 잘 지었기 때문에 능히 요동하지 못하게 하였거니와 49 듣고 행하지 아니하는 자는 주추 없이 흙 위에 집 지은 사람과 같으니 탁류가 부딪치매 곧 무너져 파괴됨이 심하니라 하시니라

주님 : 열매로 그들을 알리라 듣고 행하는 자의 결과에 대해서 다시
마태복음 7장 15-27절 까지 새겨보거라.

마7:15-27

거짓 선지자들을 삼가라 양의 옷을 입고 너희에게 나아오나 속에는 노략질하는 이리라 16 그들의 열매로 그들을 알지니 가시나무에서 포도를, 또는 엉겅퀴에서 무화과를 따겠느냐 17 이와 같이 좋은 나무마다 아름다운 열매를 맺고 못된 나무가 나쁜 열매를 맺나니 18 좋은 나무가 나쁜 열매를 맺을 수 없고 못된 나무가 아름다운 열매를 맺을 수 없느니라 19 아름다운 열매를 맺지 아니하는 나무마다 찍혀 불에 던져지느니라 20 이러므로 그들의 열매로 그들을 알리라 21 나더러 주여 주여 하는 자마다 다 천국에 들어가는 것이 아니요 다만 하늘에 계신 내 아버지의 뜻대로 행하는 자라야 들어가리라 22 그 날에 많은 사람이 나더러 이르되 주여 우리가 주의 이름으로 선지자 노릇하며 주의 이름으로 귀신을 쫓아내며 주의 이름으로 많은 권능을 행하지 아니하였나이까 하리니 23 그때에 내가 그들에게 밝히 말하되 내가 너희를 도무지 알지 못하니 불법을 행하는 자들아 내게서 떠나가라 하리라 24 그러므로 누구든지 나의 이 말을 듣고 행하는 자는 그 집을 반석 위에 지은 지혜로운 사람 같으리니 25 비가 내리고 창수가 나고 바람이 불어 그 집에 부딪치되 무너지지 아니하나니 이는 주추를 반석위에 놓은 까닭이요 26 나의 이 말을 듣고 행하지 아니하는 자는 그 집을 모래 위에 지은 어리석은 사람 같으리니 27 비가 내리고 창수가 나고 바람이 불어 그 집에 부딪치매 무너져 그 무너짐이 심하니라

주님 : 미영아! 열매로 알곡과 가라지, 양과 염소, 선한 목자와 삯군 목자를 알게 된단다. 말씀들을 명심하고 늘 마음 판에 새기고 기억하거라. 노략질하는 이리를 주의해야 할 것 이니라. 지금 시대는 양의 옷을 입고 진짜인 것처럼 선지자 노릇을 하나 그들은 거짓 선지자 이니라. 마지막 때에 사람의 미혹을 주의하라는 것이 이런 자들도 속하고 있느니라.

미영아! 정신을 차리도록 이 말씀들을 기록하며 열심을 하거라.

<small>헵시바</small>
미영 - 아멘. 그렇게 하겠습니다. 아빠!

20190917 화요일 |

<small>헵시바</small>
미영 - 아빠! 새 아침을 맞이하게 하시고 눈을 뜨게 해 주신 주님께 감사드려요. 주님만이 나의 목적되게 하소서. 점점 더 주님께 가까이 나아가기를 원합니다. 어제 혼자 비빔국수 해먹으려고 야채를 썰다가 손톱을 베어 살짝 피가 나서 수돗물에 씻고 대일밴드를 붙이면서 쓰라림과 동시에 주님을 생각했더니 아픔이 사라지고 '아무것도 아니야' 하며 담대하게 주님만을 신뢰하는 자리로 가는 모습이 예전의 육신의 모습이 아니라 그리스도라는 것을 발견하게 되었고 남편이 와서 더 놀라며 약국 가서 연고와 소독약을 바르고 싸매 주는 남편의 모습을 보면서 주님이 나를 이렇게 가까이에서 보호하시고 인도하시고 함께 해 주시는 그 모습이 예수 그리스도시라는 것을 발견하며 울컥하며 그 사랑에 눈물이 났습니다. 어제는 황교안 대표님이 나라를 위해 삭발까지 하며 자기를 버리는 장면을 보면서 울컥했고 반면에 절을 하는 모습을 보면서 제가 율법의 잣대로 판단하려는 마음을 내려놓고 주님의 뜻을 구합니다. 제가 대한민국의 현재상황과 어제 황교안 대표님의 모습을 보고 그 어느 것도 판단할 수 없었습니다. 율법으로 정죄하려는 순간 남편을 통하여 죄를 짓지 않도록 권면과 함께 깨달음을 주셔서 제가 판단하지 않고 주님께 올렸습니다.

아! 나도 너무 많은 걸 율법과 저주 아래에 있으려고 하는 육신의 모습을 보고 탄식하며 주님의 뜻을 구하며 나아갑니다. 그리스도의 사랑 안에 있는 장성한 자의 분량을 채워나가기 시작한 것을 깨닫고 죄를 짓지 않도록 옆에서 즉시 터치해주시는 남편을 허락하신 주님께 모든 감사드립니다. (엡4:11-16 그가 어떤 사람은 사도로, 어떤 사람은 선지자로, 어떤 사람은 복음 전하는 자로, 어떤 사람은 목사와 교사로 삼으셨으니 12 이는 성도를 온전하게 하여 봉사의 일을 하게 하며 그리스도의 몸을 세우려 하심이라 13 우리가 다 하나님의 아들을 믿는 것과 아는 일에 하나가 되어 온전한 사람을 이루어 그리스도의 장성한 분량이 충만한 데까지 이르리니 14 이는 우리가 이제부터 어린아이가 되지 아니하여 사람의 속임수와 간사한 유혹에 빠져 온갖 교훈의 풍조에 밀려 요동하지 않게 하려 함이라 15 오직 사랑 안에서 참된 것을 하여 범사에 그에게까지 자랄지라 그는 머리니 곧 그리스도라 16 그에게서 온 몸이 각 마디를 통하여 도움을 받음으로 연결되고 결합되어 각 지체의 분량대로 역사하여 그 몸을 자라게 하며 사랑 안에서 스스로 세우느니라)

제가 어제 손가락 하나 다쳐도 피아노도 못 치고 타이핑 치는 것도 불편하고 온 몸이 하나 라는 것을 주님의 말씀이 새삼 느껴집니다. 한 손가락이 아파도 온 몸이 긴장하고 아프고 불편하다는 것을 주님 새로운 깨달음으로 새롭게 깨닫게 해주셔서 감사합니다. 그리고 많이 베지 않게 해 주셔서 감사합니다. 안 아프게 통증이 사라지게 해 주셔서 감사드려요. 세상 사랑이 다 내려지고 오직 주 예수 그리스도 그 사랑 안에만 있겠습니다. 내 자리는 기도의 자리라고 하신 말씀을 인정하며 주님께 더욱 집중하겠습니다.

주님 : 미영아! 여러 가지 일들로 미영이의 마음을 분주하게 하지 않도록 스스로 관리하고 아닌 것은 내려놓고 가야 할 것이니라. 앞으로도 많은 요청과 일들이 있을 터인데 그 많은 일들을 그전처럼 감당하려 말고 물론 연결시켜줄 때는 연결시켜 주고 내가 해야 할 일이 아닌 것은 자르는 것도 지혜란다. 나에게 물어보고 하나하나 결정하면 더 쉬울 것이니라. 말씀을 묵상하고 질문한 사항들을 알게 할 것이니라. 오늘의 말씀은 조금 더 깊이 나를 묵상했으면 한단다. 요한복음 14장 1-24절, 그리고 전체 묵상하면서 네가 포인트를 적으면 된단다.

요14장

> 10 내가 아버지 안에 거하고 아버지는 내 안에 계신 것을 네가 믿지 아니하느냐 내가 너희에게 이르는 말은 스스로 하는 것이 아니라 아버지께서 내 안에 계셔서 그의 일을 하시는 것이라 11 내가 아버지 안에 거하고 아버지께서 내 안에 계심을 믿으라 그렇지 못하겠거든 행하는 그 일로 말미암아 나를 믿으라 12 내가 진실로 진실로 너희에게 이르노니 나를 믿는 자는 내가 하는 일을 그도 할 것이요 또한 그보다 큰 일도 하리니 이는 내가 아버지께로 감이라 13 너희가 내 이름으로 무엇을 구하든지 내가 행하리니 이는 아버지로 하여금 아들로 말미암아 영광을 받으시게 하려 함이라 14 내 이름으로 무엇이든지 내게 구하면 내가 행하리라 15 너희가 나를 사랑하면 나의 계명을 지키리라

^{헵시바}
미영 -12절 말씀을 읽으면서 예수님께서 하나님 아버지의 뜻대로 사셨듯이 믿는 사람들도 그렇게 살아야 함을 그런데 우리가 하나님 아버지의 뜻대로 산다는 것은 훨씬 더 큰 일 입니다. 예수 그리스도는 아버지와 끊임없는 교제를 나누며 사셨고 온전한 분이셨지만 우리는 본질상 진노의 자녀인 이기적인 사람이기 때문에 우리의 수준을 감안할 때 하나님의 뜻대로 예수님처럼 살기란 너무나 어려운 일이라는 것과 우리가 이런 큰일을 어떻게 할 수 있겠습니까? 오로지 하나님의 능력을 온전히 의지하고 하나님께 구하고 하나님이 우리 안에서 일하시게 나는 철저히 십자가에 못 박아 죽을 때 그리스도께서 하시는 것임을 깨닫습니다.

주님 : 미영아! 나만을 따르거라.

^{헵시바}
미영 - 아멘. 주님만을 따르겠습니다. 주님! 도와주세요.

20190918 수요일

^{헵시바}
미영 - 주님! 인도해 주세요. 주님의 뜻을 이루소서. 주의 영으로 자유하게 하소서.

주님 : 미영아! 네 안에 있는 육신은 멸하고 그리스도안에 설 때 참 자유가 있느니라.

갈2:10-20

> 다만 우리에게 가난한 자들을 기억하도록 부탁하였으니 이것은 나도 본래부터 힘써 행하여 왔노라 11 게바가 안디옥에 이르렀을 때에 책망 받을 일이 있기로 내가 그를 대면하여 책망하였노라 12 야고보에서 온 어떤 이들이 이르기 전에 게바가 이방인과 함께 먹다가 그들이 오매 그가 할례자들을 두려워하여 떠나 물러가매 13 남은 유대인들도 그와 같이 외식하므로 바나바도 그들의 외식에 유혹되었느니라 14 그러므로 나는 그들이 복음의 진리를 떠나 바르게 행하지 아니함을 보고 모든 자 앞에서 게바에게 이르되 네가 유대인으로서 이방인을 따르고 유대인답게 살려 하려느냐 하였노라 15 우리는 본래 유대인이요 이방 죄인이 아니로되 16 사람이 의롭게 되는 것은 율법의 행위로 말미암음이 아니요 오직 예수 그리스도를 믿음으로 말미암는 줄 알므로 우리도 그리스도 예수를 믿나니 이는 우리가 율법의 행위로써는 의롭다함을 얻을 육체가 없느니라 17 만일 우리가 그리스도안에서 의롭게 되려 하다가 죄인으로 드러나면 그리스도께서 죄를 짓게 하는 자냐 결코 그럴 수 없느니라 18 만일 내가 헐었던 것을 다시 세우면 내가 나를 범법자로 만드는 것이라 19 내가 율법으로 말미암아 율법에 대하여 죽었나니 이는 하나님에 대하여 살려 함이라 20 내가 그리스도와 함께 십자가에 못 박혔나니 그런즉 이제는 내가 사는 것이 아니요 오직 내 안에 그리스도께서 사시는 것이라 이제 내가 육체 가운데 사는 것은 나를 사랑하사 나를 위하여 자기 자신을 버리신 하나님의 아들을 믿는 믿음 안에서 사는 것이라

미영아! 사랑하는 사람만 사랑하는 것은 누구나 할 수 있느니라. 사랑할 수 없는 자도 사랑하는 것이 그리스도의 사랑이 임하였다는 증거이니라.

그러나 내가 사랑하는 자녀에게 대하는 것은 또 다른 것이니라. 너에게 많은 고민과 생각들이 많겠지만 이스라엘을 사랑하는 것은 누구나 크리스천이라면 사랑할 수 있단다.

새 예루살렘의 새 언약의 나의 자녀들, 나의 아들들을 찾고 회복시키며 장성한 자로 연단하고 훈련하는 그런 시간이란다. 이전에 육신과 율법은 마침이 되고 그리스도로 사는 삶이 새 생명의 삶이고 내가 더욱 풍요로운 영적인 세계를 경험하게 될 것이란다. 육신이 사는 것이 아니라 그리스도의 영으로 인도함을 받는 하나님의 아

들로 살기 때문이란다.

롬5:8
우리가 아직 죄인 되었을 때에 그리스도께서 우리를 위해 죽으심으로 하나님께서 우리에 대한 자기의 사랑을 확신 하였느니라

20190919 목요일

미영(헵시바) - 주님! 인도해 주세요. 주님의 뜻을 이루소서.

주님 : 미영아! 나에게(주님) 더 가까이 나아갈수록 더욱 신의 성품에 참예하게 되는 것이란다. 성령으로 잉태되었던 예수도 그리스도가 임할 때까지 나타나지 않은 것처럼 내가 기뻐하는 내 아들이라는 음성을 듣고 나아갈 때에 아버지가 함께 계시고 성령으로 인도함을 받게 되는 것이란다. 오늘날 많은 학자나 전하는 자들이 더 가까이 나를(주님) 만나지 못함으로 세상의 지식과 이론으로 학문을 해석을 하다 보니 영적으로 성령으로 성경을 풀지 못하면 육신의 열매. 지식의(율법) 열매만이 나타나게 되어 정죄하고 판단하고 자기 우월감에 빠지게 된단다. 그리하여 그곳에는 그리스도의 사랑이 없고 또 하나의 합리적인 성경의 풀이가 되어 육신으로도 이해를 시키려는 마치 변화된 것처럼 그렇게 성경을 이해하도록 강조하는 것이 아니란다. 물론 계속해서 성장함으로 영양분이 다를 수 있지만 육으로 가르치는 것은 육의 열매가 영으로 가르치는 것은 영의 열매가 나타나는 것 이니라. 수평과 수직이 있듯이 계속 공부하고 지식을 쌓아서 오랫동안 가르치는 영역에 있어도 시간이 지나도 여전히 수평이란다. 노력을 했을지는 몰라도 정체되는 것이란다. 평안히 가는 것 같아 보여도 여전히 수평일 뿐. 땅일 뿐이란다. 그러나 수직은 처음에는 땅에서 성경 말씀을 읽었을지는 모르지만 점점 하늘의 양식으로 깨달아가며 성장하여 결국 수직으로 하늘의 소망으로 위의 것을 바라며 하늘의 장막에 거하게 되는 것이란다. 시간이 지나면 알게 된단다. 똑같이 시작했을지는 모르지만 육으로 지식으로 공부한 자와 그리스도의 영으로 성령으로 가까이 간 자는 끝에서는 결

국 땅에서 이동한 자 곧 머무는 자와 하늘에서 도착한 자와는 하늘과 땅 차이가 수평과 수직으로 나누어진다는 것이란다. 열매로 알지니 그 말씀의 비유가 있는 것이란다. 성령으로 시작하였다면 끝까지 그리스도께서 인도하시는 하나님의 아들의 자리까지 완성하는 새 하늘과 새 땅을 바라보는 자리에 있어야 성령으로 시작하여 그리스도로 마치는 사랑의 율법의 완성이 이루어지는 것이란다.

롬13:10

사랑은 이웃에게 악을 행하지 아니하나니 그러므로 사랑은 율법의 완성이니라

헵시바
미영 - 아멘. 아빠! 감사해요.

주님 : 미영아! 오늘은 약1:1-22절을 보거라.

약1:1-22

하나님과 주 예수 그리스도의 종 야고보는 흩어져 있는 열두 지파에게 문안하노라 2 내 형제들아 너희가 여러 가지 시험을 당하거든 온전히 기쁘게 여기라 3 이는 너희 믿음의 시련이 인내를 만들어 내는 줄 너희가 앎이라 4 인내를 온전히 이루라 이는 너희로 온전하고 구비하여 조금도 부족함이 없게 하려 함이라 5 너희 중에 누구든지 지혜가 부족하거든 모든 사람에게 후히 주시고 꾸짖지 아니하시는 하나님께 구하라 그리하면 주시리라 6 오직 믿음으로 구하고 조금도 의심하지 말라 의심하는 자는 마치 바람에 밀려 요동하는 바다 물결 같으니 7 이런 사람은 무엇이든지 주께 얻기를 생각하지 말라 8 두 마음을 품어 모든 일에 정함이 없는 자로다 9 낮은 형제는 자기의 높음을 자랑하고 10 부한 자는 자기의 낮아짐을 자랑할지니 이는 그가 풀의 꽃과 같이 지나감이라 11 해가 돋고 뜨거운 바람이 불어 풀을 말리면 꽃이 떨어져 그 모양의 아름다움이 없어지나니 부한 자도 그 행하는 일에 이와 같이 쇠잔하리라 12 시험을 참는 자는 복이 있나니 이는 시련을 견디어 낸 자가 주께서 자기를 사랑하는 자들에게 약속하신 생명의 면류관을 얻을 것이기 때문이라 13 사람이 시험을 받을 때에 내가 하나님께 시험을 받는다 하지 말지니 하나님은 악에게 시험을 받지도 아니하시고 친히 아무도 시험하지 아니하시느니라 14 오직 각 사람이 시험을 받는 것은 자기 욕심에 끌려 미혹됨이니 15 욕심이 잉태한즉 죄를 낳고 죄가 장성한즉 사망을 낳느니라 16 내 사랑하는 형제들아 속지 말라 17

> 온갖 좋은 은사와 온전한 선물이 다 위로부터 빛들의 아버지께로부터 내려오나니 그는 변함도 없으시고 회전하는 그림자도 없으시니라 18 그가 그 피조물 중에 우리로 한 첫 열매가 되게 하시려고 자기의 뜻을 따라 진리의 말씀으로 우리를 낳으셨느니라 19 내 사랑하는 형제들아 너희가 알지니 사람마다 듣기는 속히 하고 말하기는 더디 하며 성내기도 더디 하라 20 사람이 성내는 것이 하나님의 의를 이루지 못함이라 21 그러므로 모든 더러운 것과 넘치는 악을 내버리고 너희 영혼을 능히 구원할 바 마음에 심어진 말씀을 온유함으로 받으라 22 너희는 말씀을 행하는 자가 되고 듣기만 하여 자신을 속이는 자가 되지 말라

미영(헵시바) - 아멘. 주님! 감사합니다. 주님을 더욱 알고 더욱 사랑하게 하소서. 오늘 제가 해야 할 일이 있다면 우선적으로 행동하도록 주님의 뜻을 알게 하소서.

주님 : 미영아! 오늘도 잠잠히 이곳에서 말씀과 기도로 함께 머물거라. 아직 네 때가 아니니라.

20190920 금요일

미영(헵시바) - 아빠! 육체를 못 박게 하시고 날마다 나는 죽고 내 안에 그리스도로 살게 하소서. 주님만을 찬양합니다. 주님만을 높여 드립니다. 주님만이 홀로 높임 받으소서.

주님 : 미영아! 생명의 근원, 생수의 근원은 예수 그리스도이시니라. 미영아 그리스도와 함께 늘 있단다. 아버지는 우주만물의 통치자와 다스리시는 주권자이심이니라.

미영(헵시바) - 아멘. 주님! 영적인 생명수를 먹는 자 되게 하소서. 갈급합니다. 내 육체를 멸하시고 온전하신 그리스도의 영으로 살아가게 하소서. 하나님의 아들로 살게 하소서. 하나님의 유업을 이을 상속자로 살게 하소서.

주님 : 미영아! 믿음은 바라는 것들의 실상이란다. 네가 갈망하는 그 모든 것이 이루어질 것이니라. 네가 계속해서 영적인 일과 하나님 나라를 구하며 하나님의 의를 구하면 그 모든 것을 그리스도께서 인도하실 것이니라. 오늘 말씀은 시편 24편을 전체를 묵상하거라.

시24편

> 1 땅과 거기에 충만한 것과 세계와 그 가운데에 사는 자들은 다 여호와의 것이로다 2 여호와께서 그 터를 바다 위에 세우심이여 강들 위에 건설하셨도다 3 여호와의 산에 오를 자 누구며 그의 거룩한 곳에 설자가 누구인가 4 곧 손이 깨끗하며 마음이 청결하며 뜻을 허탄한 데에 두지 아니하며 거짓 맹세하지 아니하는 자로다 5 그는 여호와께 복을 받고 구원의 하나님께 의를 얻으리니 6 이는 여호와를 찾는 족속이요 야곱의 하나님의 얼굴을 구하는 자로다 7 문들아 머리를 들지어다 영원한 문들아 들릴지어다 영광의 왕이 들어가시리로다 8 영광의 왕이 누구시냐 강하고 능한 여호와시로다 9 문들아 너희 머리를 들지어다 영원한 문들아 들릴지어다 영광의 왕이 들어가시리로다 10 영광의 왕이 누구시냐 만군의 여호와께서 곧 영광의 왕이시로다

계21:5-7

> 5 보좌에 앉으신 이가 이르시되 보라 내가 만물을 새롭게 하노라 하시고 또 이르시되 이 말은 신실하고 참되니 기록하라 하시고 6 또 내게 말씀하시되 이루었도다 나는 알파와 오메가요 처음과 나중이라 내가 생명수 샘물로 목 마른 자에게 값 없이 주리니 7 이기는 자는 이것들을 유업으로 얻으리라 나는 저의 하나님이 되고 그는 내 아들이 되리라

2020 양의 문으로 **부활의 영광, 새 언약의 성취**
영의 양식 새 생명의 삶

1. 창1:1 (빛과 어두움)

> 창1:1 | 태초에 하나님이 천지를 창조하시니라

태초라는 말은 창세기1:1과 요1:1에 나타납니다.
> 창1:1 태초에 하나님이 천지를 창조하시니라
> 요1:1 태초에 말씀이 계시니라 이 말씀이 하나님과 함께 계셨으니 이 말씀은 곧 하나님이시니라

창세기를 포함한 다섯 권은 모세를 통해 모세오경을 기록했고 사도요한은 요한복음을 기록했는데 두 사람의 차이점을 먼저 알아야 합니다. 사도요한은 십자가에 죽고 부활하신 그리스도를 만나 영의 세계를 알고 기록한 것이고 모세는 그림자로서 아직 그리스도를 만나지 못했습니다. 그리스도의 영이 없는 상태에서는 태초의 생명의 세계를 그 누구도 말할 수 없습니다. 그러니깐 사도요한은 예수가 누구신지 그리스도가 누구신지 복음을 정확하게 알고 기록한 것이기에 생명을 말할 수 있는 것입니다. 모세가 기록한 창1:1절의 태초는 현상의 세계요, 율법의 세계이고, 요1:1절은 시작도 끝도 없는 영원한 세계요, 본질의 세계를 말씀하십니다.

창1:1절은 천지의 태초 세계는 마지막 심판하기 위해 세운 것이고 한정된 시간 안에 모형이요 그림자이고 요1:1절, 요일 1:1절은 시작도 없고 끝도 없는 무한한 영원한 세계라는 점을 이해해야 합니다. 그러므로 시간적인 차이는 엄청나다고 할 수 있습니다.

> 요한복음 1:1-2 | 태초에 말씀이 계시니라 이 말씀이 하나님과 함께 계셨으니 이 말씀은 곧 하나님이시니라 그가 태초에 하나님과 함께 계셨고

> 요한일서1:1-2 | 태초부터 있는 생명의 말씀에 관하여는 우리가 들은 바요 눈으로 본 바요 주목하고 우리 손으로 만진 바라 이 생명이 나타내신바 된지라 이 영원한 생명을 우리가 보았고 증거 하여 너희에게 전하노니 이는 아버지와 함께 계시다가 우리에게 나타내신바 된 자니라

태초의 생명은 그리스도(아들)에 대한 이야기이고 천지의 태초는 예수에 관한 이야기인데, 아버지 품속에 영으로 말씀으로 계셨던 독생 하신 하나님이
> 요1:18 본래 하나님을 본 사람이 없으되 아버지 품속에 있는 독생하신 하나님이 나타내셨느니라

육신이 되어 오신 분이 예수님이시라는 것입니다.
예수님이 육신을 입고 이 땅에 오시기 전에 말씀 자체로 계셨는데 바로 그 말씀으로 천지 창조가 시작이 되었습니다. 아버지와 아들은 하나이신데
> 요10:30 나와 아버지는 하나이니라 하신대

아버지의 품속에 계시던 분에 의해서 만물이 창조되었고 그가 없이는 된 것이 없었다고 성경은 기록합니다.
> 요1:3-5 만물이 그로 말미암아 지은 바 되었으니 지은 것이 하나도 그가 없이는 된 것이 없느니라 4 그 안에 생명이 있었으니 이 생명은 사람들의 빛이라 5 빛이 어둠에 비치되 어둠이 깨닫지 못하더라
>
> 롬11:33 깊도다 하나님의 지혜와 지식의 풍성함이여 그의 판단은 헤아리지 못할 것이며 그의 길은 찾지 못할 것이로다
>
> 히11:3 믿음으로 모든 세계가 하나님의 말씀으로 지어진 줄을 우리가 아나니 보이는 것은 나타난 것으로 말미암아 된 것이 아니니라

성경은 창세 전에 그리스도안에서 모든 계획을 다 세우셨다고 말씀하십니다.
> 엡1:4 곧 창세 전에 그리스도 안에서 우리를 택하사 우리로 사랑 안에서 그 앞에 거룩하고 흠이 없게 하시려고
>
> 요17:5 아버지여 창세 전에 내가 아버지와 함께 가졌던 영화로써 지금도 아버지와 함께 나를 영화롭게 하옵소서 24 아버지여 내게 주신 자도 나 있는 곳에 나와 함께 있어 아버지께서 창세 전부터 나를 사랑하시므로 내게 주신 나의 영광을 그들로 보게 하시기를 원하옵나이다

첫째 하늘이 생기기 전의 세계, 루시퍼와 용의 세계 이전에 아버지가 계시고 그 안에 말씀이 있는데 이 말씀은 아버지 하나님께서 태초에 모든 계획을 다 세우셨다는 것입니다. 그 계획 가운데 하나가 하나님의 자녀 창조입니다. 지혜의 근본인 아버지께서 자녀를 창조 하시기까지 모든 것들이 아버지 품속에서 계획이 세워졌던 것입니다. 결국 이 계획의 말씀이 우리 주 예수 그리스도이십니다. 그리고 그 시작이 우리 눈에 보이는 창1:1의 천지창조부터 시작이 된 것입니다. 처음부터 계획한 말씀의 진짜 본질은 그리스도이시고 천지창조의 마지막 본질은 하나님의 자녀 창조입니다.

그래서 하나님의 비밀은 하나님의 자녀 창조이고, 우리의 비밀은 그리스도이십니다.

우리가 예수 그리스도를 믿는 본질은 하나님의 자녀가 되어야 하는 것이고 이것을 위하여 말씀이 육신을 입고

> 요1:14 말씀이 육신이 되어 우리 가운데 거하시매 우리가 그의 영광을 보니
> 아버지의 독생자의 영광이요 은혜와 진리가 충만하더라

예수로 오셔서 그리스도가 되셨는데 곧 그리스도가 되셨다는 것은 십자가에 죽으시고 부활하여 하나님 보좌 우편에 앉으신

> 골3:1 그러므로 너희가 그리스도와 함께 다시 살리심을 받았으면 위의 것을 찾으라
> 거기는 그리스도께서 하나님 우편에 앉아계시니라

만왕의 왕이라는 것입니다. 이 천지만물 가운데 인간이 태어나서 하나님의 자녀가 되기까지 우리는 이러한 세계를 알고 믿어야 한다는 것인데, 첫째 하늘의 용과 루시퍼의 세계는 (사14장 겔28장) 약 45만년, 그리스도안에서의 새 하늘과 새 땅은 시간도 끝도 없는 무궁한 세계라는 것입니다. 제 4성전의 몸 된 성전은 그리스도안에서 새 하늘과 새 땅에 짓게 됩니다. 하나님의 경륜 속에 시간이 다 정해져서 첫째 하늘의 45억년, 생혼과 육신의 구성의 40만년 혼과 육체의 구성의 6천년, 그리고 가인의 4천년이 있고 새 하늘과 새 땅으로 구분됨을 먼저 이해하고 정리해 가도록 하며 무궁한 시간들이 가야 새 하늘과 새 땅이 열리게 되는 것입니다.

| 창1:2 | 땅이 혼돈하고 공허하며 흑암이 깊음 위에 있고 하나님의 영은 수면에 운행하시니라

1절에서 천지를 창조하시고 나서 무슨 일이 있었기에 2절에 '혼돈' '공허' 흑암이 깊음 위에 있고 라고 하셨는지요?
혼돈과 공허라는 말을 쓴 이유가 있을 것이고 왜 그런 상황에서 창조하셔야 하셨는지요? 빛과 어둠을 나누기 이전에 벌써 무슨 일이 있었던 것일까요?

> 렘4:23-26 | 23 내가 땅을 본 즉 혼돈하고 공허하며 하늘에는 빛이 없으며 내가 산들을 본 즉 다 진동하며 작은 산들도 요동하며 내가 본즉 사람이 없으며 공중의 새가 다 날아갔으며 보라 내가 본즉 좋은 땅이 황무지가 되었으며 그 모든 성읍이 여호와의 앞 그의 맹렬한 진노 앞에 무너졌으니

예레미야가 땅을 본즉 혼돈하고 공허하며 빛이 없으며 좋은 땅이 황무지가 되었으며 하나님의 맹렬한 진노 앞에 무너졌다고 기록합니다.
하나님이 진노할 일이 무엇이겠습니까? 죄 때문입니다. 겉으로는 이스라엘 민족의 죄를 심판하시는 것으로 묘사되지만 영으로 보면 사람을 창조하기 전에 땅은 죄와 악으로 누군가를 심판한 흔적으로 보는 것입니다.
그러니깐 창1:1의 땅은 벌써 죄가 들어온 땅입니다. 그렇다면 첫 사람 아담을 만든 흙은 이미 심판 받은 흙으로 지으심을 받았다는 말이 되고 그래서 아담은 어느 시점에 가면 흙 성분 자체가 죄가 있는 흙이기에 시간이 지나면 장성하고 선악과를 먹게 되어있습니다.
이것이 하나님이 정하신 경륜입니다.
하나님의 경륜 하에 영원세계에서 이미 빛과 어둠, 죄와 사망을 나누신 것입니다.
그렇다면 무슨 심판이고 누구를 심판하신 것일까요?
바로 이것을 천사의 심판과 용의 심판으로 보는 것입니다. 천지창조 넷째 날 해와 달을 짓기 전에 천사와 용의 심판 전 죄가 드러나기 전에 연한과 일자가 없기에 무한한 시간이 지나가는데 그 시간이 무려 45억년이라는 것입니다. 이 시간이 지나가야 루시퍼와 용이 그리스도 안에서의 하나님의 자녀 창조를 보게 되어 자기들보다 자녀의 지위가 엄청나다는 것을 알게 되어 욕심과 탐심이 들어와 타락하여 죄를 짓게 되어 심판을 받게 됩니다.

창세 전

요1:1-3 태초에 말씀이 계시니라 이 말씀이 하나님과 함께 계셨으니 이 말씀은 곧 하나님이 시니라 2 그가 태초에 하나님과 함께 계셨고 3 만물이 그로 말미암아 지은 바 되었으니 지은 것이 하나도 그가 없이는 된 것이 없느니라
요일 1:1-2 태초부터 있는 생명의 말씀에 관하여는 우리가 들은 바요 눈으로 본 바요 자세히 보고 우리의 손으로 만진 바라 2 이 생명이 나타내신 바 된지라 이 영원한 생명을 우리가 보았고 증언하여 너희에게 전하노니 이는 아버지와 함께 계시다가 우리에게 나타내신 바 된 것이니라 창1:1-2 태초에 하나님이 천지를 창조하시니라 2 땅이 혼돈하고 공허하며 흑암이 깊음 위에 있고 하나님의 영은 수면위에 운행하시니라

천사장 루시퍼와 용이 하나님의 보좌에서 영광을 가리는데 이 용도 수십억년이 지나면서 그리스도 안에서 하나님의 자녀 창조를 보게 됩니다.
이후 점차 인성이 들어오기 시작했고 욕심이 잉태하여 죄가 들어와 결국 타락하게 됩니다. 천사장 루시퍼는 아름답게 지음을 받았고 보석으로 치장하였습니다.
창세 전 하나님의 자녀 창조의 비밀을 알고 불의가 드러나 하나님의 산에서 쫓겨났고 화광석 사이에서 멸망했습니다.

겔28:13-16 네가 옛적에 하나님의 동산 에덴에 있어서 각종 보석 곧 홍보석과 황보석과 금강석과 황옥과 홍마노와 창옥과 청보석과 남보석과 홍옥과 황금으로 단장하였음이여 네가 지음을 받던 날에 너를 위하여 소고와 비파가 준비 되었도다 14 너는 기름부음을 받고 지키는 그룹임이여 내가 너를 세우매 네가 하나님의 성산에 있어서 불타는 돌들 사이에 왕래 하였도다 15 네가 지음을 받던 날로부터 네 모든 길에 완전하더니 마침내 네게서 불의가 드러났도다 16 네 무역이 많으므로 네 가운데에 강포가 가득하여 네가 범죄 하였도다 너 지키는 그룹아 그러므로 내가 너를 더럽게 여겨 하나님의 산에서 쫓아냈고 불타는 돌들 사이에서 멸하였도다

루시퍼가 화광석 사이에서 왕래한 기간이 45억년이었던 것입니다. 결국 큰 심판 날까지 결박당하며 흑암에 갇혔습니다.

벧전2:4 사람에게는 버린 바 되었으나 하나님께는 택하심을 입은 보배로운 산돌이신 예수께 나아가 유1:6 또 자기 지위를 지키지 아니하고 자기 처소를 떠난 천사들을 큰 날의 심판까지 영원한 결박으로 흑암에 가두셨으며

루시퍼에게 주었던 천사 삼분의 일은 갇혔고 삼분의 일은 하늘 보좌에서 돕고 있고 삼분의 일은 우리를 도우려 내려 왔습니다.
타락한 천사를 가두어 놓는 이유는 무엇인가요?

천사는 영이기에 우리 몸속에 자유자재로 들어올 수 있습니다. 그렇게 되면 우리 중에 아무도 구원 받을 자가 없게 됩니다. 그래서 반드시 심판 때까지 가두어 놓았다가 나중에 잠깐 놓이게 됩니다. 천년 동안 무저갱 속에 던져 잠가서 만국을 미혹하지 못하도록 가두어 놓으신 것입니다. 그 후 마곡의 전쟁을 위해 잠깐 놓여 사용됩니다.

> 계20:1-8 또 내가 보매 천사가 무저갱의 열쇠와 큰 쇠사슬을 그의 손에 가지고 하늘로부터 내려와서 2 용을 잡으니 곧 옛 뱀이요 마귀요 사탄이라 잡아서 천년 동안 결박하여 3 무저갱에 던져 넣어 잠그고 그 위에 인봉하여 천 년이 차도록 다시는 만국을 미혹하지 못하게 하였는데 그 후에는 반드시 잠깐 놓이리라 4 또 내가 보좌들을 보니 거기에 앉은 자들이 있어 심판하는 권세를 받았더라 또 내가보니 예수를 증언함과 하나님의 말씀 때문에 목베임을 당한 자들의 영혼들과 또 짐승과 그의 우상에게 경배하지 아니하고 그들의 이마와 손에 그의 표를 받지 아니한 자들이 살아서 그리스도와 더불어 천 년 동안 왕 노릇 하니 5 (그 나머지 죽은 자들은 그 천 년이 차기까지 살지 못하더라) 이는 첫째 부활이라 6 이 첫째 부활에 참여하는 자들은 복이 있고 거룩하도다 둘째 사망이 그들을 다스리는 권세가 없고 도리어 그들이 하나님과 그리스도의 제사장이 되어 천 년 동안 그리스도와 더불어 왕 노릇하리라 7 천 년이 차매 사탄이 그 옥에서 놓여 8 나와서 땅의 사방 백성 곧 곡과 마곡을 미혹하고 모아 싸움을 붙이니 그 수가 바다의 모래 같으리라

모든 천사들은 하나님의 자녀들을 위해 부리는(섬기는) 영으로 섬기고 있습니다.

> 히1:14 모든 천사들은 섬기는 영으로서 구원 받을 상속자들을 위하여 섬기라고 보내심이 아니냐

하나님을 아버지라 부를 수 있는 하나님의 아들의 영이 있는 자만이(자녀) 천사들의 섬김을 받을 수 있습니다. 용은 흙으로 지은 영물인데 죄가 들어오기 전 아이큐도 높고 아주 아름답게 지어졌습니다. 이 용도 하나님의 자녀 창조의 비밀을 알고 타락하여 하늘의 공중으로 쫓겨났습니다. 창세 전 그리스도안에서 택한 계획을 알게 되었고 자녀만 하늘에 오르는 것을 점차 알게 되어

> 엡1:3-4 찬송하리로다 하나님 곧 우리 주 예수 그리스도의 아버지께서 그리스도 안에서

> 하늘에 속한 모든 신령한 복을 우리에게 주시되 4 곧 창세 전에 그리스도 안에서 그 앞
> 에 거룩하고 흠이 없게 하시려고

그리스도 안에서 자녀가 되고 싶은 욕심을 부리게 됩니다. 지극히 높은 이와 같아지리라 하면서 교만하여 타락하게 되었습니다.

> 사14:11-14 네 영화가 스올에 떨어졌음이여 네 비파 소리까지로다 구더기가 네 아래에 깔림이여 지렁이가 너를 덮었도다 12 너 아침의 아들 계명성이여 어찌 그리 하늘에서 떨어졌으며 너 열국을 엎은 자여 어찌 그리 땅에 찍혔는고 13 네가 네 마음에 이르기를 내가 하늘에 올라 하나님의 뭇별 위에 내 자리를 높이리라 내가 북국 집회의 산 위에 앉으리라 14 가장 높은 구름에 올라가 지극히 높은 이와 같아지리라 하는도다

여기서 지극히 높은 이는 하나님이 아니라 하나님의 자녀입니다. 그러니 루시퍼와 용이 시기하기까지 하는 하나님의 자녀가 어느 정도의 지위인지를 가늠하는 말씀 구절입니다. 루시퍼와 용의 타락은 저들을 지은 것 자체가 자녀와 하나님의 아들의 창조에 쓰임받기 위한 경륜과 하나님의 계획이셨습니다. 하나님이 용서할 수 없는 차원이 되었을 때에 하나님은 하늘과 땅에 심판을 시작하신 것입니다.

> 창1:2 땅이 혼돈하고 공허하며 흑암이 깊음 위에 있고 하나님의 영은 수면 위에 운행하시니라

땅의 모든 짐승들은 흙으로 만들었는데

> 창2:19 여호와 하나님이 흙으로 각종 들짐승과 공중의 각종 새를 지으시고 아담이 무엇이라고 부르나 보시려고 그것들을 그에게로 이끌어 가시니 아담이 각 생물을 부르는 것이 곧 그 이름이 되었더라

그래서 주님이 이 땅을 심판할 때에 다 뒤집어엎어 버리셨습니다. 그 때에 이 지구상에 있는 모든 동물부터 생물까지 하나님이 완전히 다 뒤엎어 땅속에 묻어 버린 것입니다. 지금 까지 인간이 사용하는 석유가 이 정도의 기간이 지나가고 형성되었기에 사용이 가능하였지 노아홍수의 천년으로는 어림도 없는 일입니다. 오늘날 우리는 이런 동물의 뼈를(화석) 발견해 보니깐 이것은 우리 인간이 살기 이전의 것으로 밝혀지고 이것을 연구하는데 이러한 사실은 당연히 우리 인간을 창조하기 이전의 세계라는 것입니다.

> 창1:3-5 하나님이 이르시되 빛이 있으라 하시니 빛이 있었고 4 빛이 하나님이 보시기에

좋았더라 하나님이 빛과 어둠을 나누사 5 하나님이 빛을 낮이라 부르시고 어둠을 밤이라 부르시니라 저녁이 되고 아침이 되니 이는 첫째 날이니라

여기서 벌써 예수 그리스도께서 빛으로 오실 것을 말하고 처음부터 하늘과 땅, 빛과 어둠, 낮과 밤을 정확하게 나누어 놓으셨습니다.

> 고전15:47-49 첫 사람은 땅에서 났으니 흙에 속한 자이거니와 둘째 사람은 하늘에서 나셨느니라 48 무릇 흙에 속한 자들은 저 흙에 속한 자와 같고 무릇 하늘에 속한 자들은 저 하늘에 속한 이와 같으니 49 우리가 흙에 속한 자의 형상을 입은 것 같이 또한 하늘에 속한 이의 형상을 입으리라

우리는 하늘에 속한 것을 그리스도라 하고 땅에 속한 것을 말씀이 육신이 되어 오신 예수라고 합니다. 또 어둠을 이 세상, 율법의 세계라 하고 빛은 주 되신 그리스도, 낮은 하나님의 아들로 밤은 마귀의 자녀로 나누고 있습니다. 하나님은 처음부터 구별된 세상을 우리 가운데 나누어 놓으시고 하늘에 속한 세계, 땅에 속한 세계, 사람의 육체, 짐승의 육체, 새의 육체, 물고기의 육체, 하늘에 속한 형체, 하늘에 속한 영광, 땅에 속한 영광, 첫 사람 아담은 땅에서 난자, 마지막 아담은 하늘에서 온 자, 그리고 우리는 밤에 있고 어둠에 있는 자인데 예수가 그리스도가 되시는 십자가의 비밀을 통해서 땅에 속한 자가 하늘에 속한 자가 되고, 어둠에 있는 자가 주 안에서 빛이 되고 낮의 아들 빛의 아들이 된다고 사도바울은 설명하고 있습니다.

> 엡5:8 너희가 전에는 어둠이더니 이제는 주 안에서 빛이라 빛의 자녀들처럼 행하라
>
> 엡2:2-3 그때에 너희는 그 가운데서 행하여 이 세상 풍조를 따르고 공중의 권세 잡은 자를 따랐으니 곧 지금 불순종의 아들 가운데서 역사하는 영이라 3 전에는 우리도 다 그 가운데서 우리 육체의 욕심을 따라 지내며 육체와 마음의 원하는 것을 하여 다른 이들과 같이 본질상 진노의 자녀이었더니
>
> 살전5:4-10 형제들아 너희는 어둠에 있지 아니하매 그날이 도둑같이 너희에게 임하지 못하리니 5 너희는 다 빛의 아들이요 낮의 아들이라 우리가 밤이나 어둠에 속하지 아니하나니 6 그러므로 우리는 다른 이들과 같이 자지 말고 오직 깨어 정신을 차릴지라 7 자는 자들은 밤에 자고 취하는 자들은 밤에 취하되 8 우리는 낮에 속하였으니 정신을 차리고 믿음과 사랑의 호심경을 붙이고 구원의 소망의 투구를 쓰자 9 하나님이 우리를 세우심은 노하심에 이르게 하심이 아니요 오직 주 예수 그리스도로 말미암아 구원을 받게 하심이라 10 예수께서 우리를 위하여 죽으사 우리로 하여금 깨어 있든지 자든지 자기와 함께 살게 하려 하셨느니라

하나님은 천지를 창조하는 처음부터 분리하는 작업으로부터 모든 세계를 시작하십니다. 그래서 성경 처음부터 빛과 어둠을 나누므로 예수와 그리스도가 분리되어 보여주시고 있는 것입니다. 이것이 성경의 모든 것을 다 보여 주는 것이고 이것을 기록해서 믿게 함으로 우리에게 새 생명을 주시고자 하셨던 것입니다.

> 요17:3 영생은 곧 유일하신 참 하나님과 그가 보내신 자 예수 그리스도를 아는 것이니이다 20:31 오직 이것을 기록함은 너희로 예수께서 하나님의 아들 그리스도 이심을 믿게 하려 함이요 또 너희로 믿고 그 이름을 힘입어 생명을 얻게 하려 함이니라

첫째 날부터 구원은 예수가 아니라 그리스도라는 것을 보여주고 **구원할 자이신 예수를 (마1:21)믿는 것**과 **구원한 자 그리스도를 믿는 것**은 다르다는 것을 나누어서 설명하고 계신 것입니다. 알고 보면 하늘과 땅, 빛과 어둠, 천국과 지옥, 생명과 사망, 아벨과 가인, 이삭과 이스마엘, 다윗과 사울, 율법과 진리, 예수와 그리스도, 성경 전체가 나누어져 있는 것을 알 수 있습니다. 사66:1(행7:49)에 하늘은 나의 보좌요 땅은 나의 발등상으로 나누어 기록한 것도 아래와 같이 나누어집니다.

하늘의 보좌	땅의 발등상
빛(생명)	어둠(사망)
그리스로의 세계	율법의 세계/예수의 세계
구원한 자	구원할 자
낮	밤

요 8:1-11에서 간음하다 현장에서 잡힌 여인을 바리새인과 서기관들이 예수께 데려와 고발할 증거를 얻으려고 시험을 하고 예수님은 땅에 두 번 굽혀 땅에 손가락으로 글을 쓰시면서 너희 중에 죄 없는 자가 돌로 치라고 했을 때 다 도망하고 여자만 남았을 때 다시는 죄를 범하지 말라고 하셨습니다. 바로 간음한 여인이 곧 나로 보이면 성경을 제대로 풀어가는 것이고 복음이 들려와서 구원을 받을 자입니다. 간음한 여인은 온 인류의 우리를 말하고 몸을 굽혔다는 것은 십자가의 죽음을 말하므로 몸을 드린 그리스도를 만나야 구원이라는 얘기입니다. 복음을 전해보면 죄를 깨닫고 돌아올 자들이 있다는 것입니다.

행위의 죄는 율법 아래 피로 되지만 본질의 죄인 육체 곧 옛사람, 죄의 몸, 사망의 몸은
율법인 첫 것을 십자가에서 폐하고 몸을 드렸을 때 해결이 됩니다.

> 롬6:6 우리가 알거니와 우리의 옛사람이 예수와 함께 십자가에 못 박힌 것은 죄의 몸이
> 죽어 다시는 우리가 죄에게 종노릇 하지 아니하려 함이니
> 히10:9 그 후에 말씀하시기를 보시옵소서 내가 하나님의 뜻을 행하러 왔나이다 하셨으
> 니 그 첫째 것을 폐하심은 둘째 것을 세우려 하심이라

빛 되신 그리스도를 만나지 못하면 사망입니다. 이 말씀을 하시고 곧 나는 세상의 빛이
라고 하셨고 곧 이어 생명의 빛을 언급하셨습니다.

> 요8:12 | 예수께서 또 일러 이르시되 나는 세상의 빛이니 나를 따르는 자는 어두움에 다
> 니지 아니하고 생명의 빛을 얻으리라

요 9:5에서는 내가 세상에 있는 동안에는 세상의 빛이라고 하셨습니다. 이 빛이 언제 생
명의 빛이 되는가? 예수는 발등상의 세계의 빛으로 오셨습니다. 이 세상의 빛인 예수의
세계, 율법의 세계에서는 구원을 받을 수 없기에 반드시 이 예수님께서 십자가에 죽으
시고 부활하셨을 때

> 행2:36 그런즉 이스라엘 온 집은 확실히 알지니 너희가 십자가에 못 박은 이 예수를 하
> 나님이 주와 그리스도가 되게 하셨느니라 하니라

비로소 생명의 빛이 되십니다.

건축자들이 버린 모퉁이 돌이 되셔야만 하셨습니다.

> 시118:22 마21:42 행4:11 그 예수는 너희 건축자들의 버린 돌로서 집 모퉁이의 머릿돌
> 이 되었느니라 벧전2:7 그러므로 믿는 너희에게는 보배이나 믿지 아니하는 자에게는 건
> 축자들이 버린 그 돌이 모퉁이의 머릿돌이 되고

사도요한은 이것을 그리스도 안에 생명이 있었는데 이 생명이 사람들의 빛이요,
참 빛 이라고 설명을 하고 있습니다.

> 요1:4,9 그 안에 생명이 있었으니 이 생명은 사람들의 빛이라 9 참 빛 곧 세상에 와서 각
> 사람에게 비추는 빛이 있었나니

하나님은 첫째 날의 빛을 예수 그리스도가 이 땅에 오실 것을 예표하는 빛으로서 지으셨는데 이는 우리 주 예수 그리스도가 만물이 으뜸이라고 하는 것을 보여주시기 위함입니다. 천지창조 첫째 날 첫 시간에 우리 가운데 빛이라는 창조를 통해서 우리 주 예수 그리스도가 으뜸이시고 근본이시고 모든 것이 되신다는 것을 말씀을 통해서 주시고자 함이셨습니다.

> 골1:18 그는 몸인 교회의 머리시라 그가 근본이시오 죽은 자들의 가운데서 먼저 나신 이시니 이는 친히 만물의 으뜸이 되려 하심이라

모든 것이 어둠이 있었는데 빛이 세상에 옴으로 사람들이 빛을 알고 깨달았다는 것입니다. 빛이 있으라 하신 이 빛을 알지 못하면 다시 말해 그리스도를 알지 못하고 만나지 못하면 우리 신앙은 아무 의미가 없는 것입니다.

창세기의 첫째 날부터 일곱째 날까지는 하나님의 비밀들이 많이 숨겨져 있습니다.

실제 인류 역사 7천 년의 모든 것이 숨겨져 있고 우리 개인의 신앙의 빛이 되신 그리스도를 만나서 어떻게 그 안식까지 들어가게 되는지에 대한 우리 신앙의 개인적인 단계성까지 이 안에 다 들어있습니다. 그러기에 우리의 모든 소유를 다 팔아(육체) 밭을 사서 경작을 해야 합니다. 첫째 날의 빛과 어두움이 나누어지지 않고는 둘째 날의 창조는 없습니다.

이 세상에 빛으로 오신 예수님이 고난을 통해서 이 모든 것을 없애고 죽은 자 가운데서 부활하심으로 그리스도가 되심으로 참 빛, 곧 생명 의 빛이 되시고 우리를 하나님의 자녀가 되게 하는 비밀을 알지 못하고서는 일곱째 날 안식까지는 가지도 못합니다. 그리스도를 알지 못하고 만나지 못하면 신앙의 출발도 하지 못한 것입니다. 그러니 경륜 속에 감추었던 그리스도의 복음을 모르고 예수를 믿고 나대신 십자가 지셨으니 구원받은 것이라고 죄를 지어도 예수님의 이름으로 회개하면 되고 구원은 이미 얻은 것이라고 생각하고 죄를(육체) 해결하지 못한 체 예배를 드리고 기도하고, 사람들을 많이 모으고 교회를 크게 짓는다고 한들 그리고 십자가에서 믿음의 행함을 하는 과정과 성령과 그리스도의 영이 무엇인지 몰라 그리스도를 모시지 못한 채 은사를 받았다고 한들 무슨 소용

이 있겠습니까?

성경이 말하는 성령과 성경이 말하는 예수가 아닌 다른 예수, 다른 영, 다른 복음을 받은 것이 되고 교묘한 마귀의 속임수에 빠져서 체질화 되고 고착화된

> 눅4:6 이르되 이 모든 권위와 그 영광을 내가 네게 주리라 이것은 내게 넘겨 준 것이므로 내가 원하는 자에게 주노라, 4:41 여러 사람들에게서 귀신들이 나가며 소리 질러 이르되 당신은 하나님의 아들이니이다 예수께서 꾸짖으사 그들이 말함을 허락하지 아니하시니 이는 자기를 그리스도인 줄 앎이어라

율법 아래에서 종교적이고 인본적인 신앙인이었다는 것을 깨닫고 돌이켜야 합니다.

> 갈4:4-5 때가 차매 하나님이 그 아들을 보내사 여자에게서 나게 하시고 율법 아래에 나게 하신 것은 5 율법 아래에 있는 자들을 속량하시고 우리로 아들의 명분을 얻게 하려 하심이라

예수님을 통하여 그리스도를 만나는 것입니다. 또 성령은 그리스도만을 증거 한다고

> 행5:32 우리는 이 일에 증인이요 하나님이 자기에게 순종하는 사람들에게 주신 성령도 그러하니라 하더라

기록하고 있고 요14장-16장과 요일5장에서 성령은 보혜사이시고 그리스도에게 속한 영이라고 말하고 고전12:4-11절의 은사도 성령이 주시는 것이 아닙니다.

> 4 은사는 여러 가지나 성령은 같고 5 직분은 여러 가지나 주는 같으며 6 또 사역은 여러 가지나 모든 것을 모든 사람 가운데서 이루시는 하나님은 같으니 7 각 사람에게 성령을 나타내심은 유익하게 하려 하심이라 8 어떤 사람에게는 성령으로 말미암아 지혜의 말씀을 어떤 사람에게는 같은 성령을 따라 지식의 말씀을, 9 다른 사람에게는 같은 성령으로 믿음을, 어떤 사람에게는 한 성령으로 병 고치는 은사를, 10 어떤 사람에게는 능력 행함을, 어떤 사람에게는 예언함을, 어떤 사람에게는 영들 분별함을, 다른 사람에게는 각종 방언 말함을, 어떤 사람에게는 방언들 통역함을 주시나니 11 이 모든 일은 같은 한 성령이 행하사 그의 뜻대로 각 사람에게 나누어주시는 것이니라

영문이나 원문 헬라어 성경을 확인하면 모두 영(그리스도의 영)이 주시는 것으로 되어있습니다. 그러므로 성령의 은사는 하나님의 뜻대로 그리스도께서 각 사람에게 나누어 주시는 선물입니다.

그러므로 옛사람을 십자가에서 실제로 해결하고

> 롬6:3-6 무릇 그리스도 예수와 합하여 세례를 받은 우리는 그의 죽으심과 합하여 세례를 받은 줄을 알지 못하느냐 4 그러므로 우리가 그의 죽으심과 합하여 세례를 받음으로 그와 함께 장사되었나니 이는 아버지의 영광으로 말미암아 그리스도를 죽은 자 가운데서 살리심과 같이 우리도 또한 새 생명 가운데서 행하게 하려 함이라 5 만일 우리가 그의 죽으심과 같은 모양으로 연합한 자가 되었으면 또한 그의 부활과 같은 모양으로 연합한 자도 되리라 6 우리가 알거니와 우리의 옛 사람이 예수와 함께 십자가에 못 박힌 것은 죄의 몸이 죽어 다시는 우리가 죄에게 종 노릇 하지 아니하려 함이니

그리스도를 만나 물과 영으로 거듭나야만 그리스도의 영이 내 안에 오셔야만 비로소 그 영의 은사들이 임하는 것이고 막16:17절(믿는 자들에게는 이런 표적이 따르리니 곧 그들이 내 이름으로 귀신을 쫓아내며 새 방언을 말하며)도 예수를 그리스도로 믿는 자들에게는 십자가에서 죽고 부활하시는 십자가의 도를 나타내는 표적이고 육체인 옛 사람, 죄의 몸, 사망의 몸이 마귀의 밥인 자들이 그리스도를 만나 생명의 빛이 들어오면 저절로 악한 세력은 떠나가는 것입니다. 그리고 막16:18절(뱀을 집어 올리며 무슨 독을 마실지라도 해를 받지 아니하며 병든 사람에게 손을 얹은즉 나으리라 하시더라)은 말일, 끝날, 복음의 때 그때에는 실제로 홍해가 갈라지고 만나가 내리고 죽은 자를 살리고 병자를 일으키는 이적과 기적이 지금과는 비교가 안 될 정도로 엄청난 일들이 일어날 것이라는 것을 표현하신 말씀입니다. 이것도 모두 복음이 전해지면서 일어날 일들입니다.

성경을 베뢰아 사람들처럼 상고하고 믿자
> 행17:11 베뢰아에 있는 사람들은 데살로니가에 있는 사람들보다 더 너그러워서 간절한 마음으로 말씀을 받고 이것이 그러한가 하여 날마다 성경을 상고하므로

그동안 설교자들이나 부흥사들, 신유자, 치료자, 능력행하는 자들이 했던 말들을 그대로 믿지 말고 성경에 그 말씀이 있는지 직접 확인하고 믿어야 옳지 않겠습니까?

저들은 하나님이 생혼 속에 끝 날에 쓰시려고 감추어놓으신 능력을 불러내어 여러가지(은사주의자들 입신 관상기도 신사도운동 등) 교계를 현혹시키고 속여 왔습니다. 이는 마귀가 40만 년 동안 지나면서 보아 알고 있기에 충분히 가능한 궤계입니다. 이는 마귀의 속임이지 하나님의 능력이 아닙니다. 하나님은 말씀 안에서 말씀대로만 일하시지 말

씀 밖으로 넘어가지 않으십니다.

필도 여러 경험들을 거치다가 삶이 변화되지 못하는 많은 분들을 보면서 성경 말씀을 통하여 지금의 말씀들을 주님께서 풀어주심으로 다시 진짜 복음의 생명 안으로 들어왔습니다. 가르치는 자가 그리스도의 영을 받은 자가 전해야 한다는 것을 깊이 깨닫습니다. 내가 십자가에 죽지 않고서는 그 누구도 부활하지 않는다는 사실을 명심해야 합니다.

거짓사역자에게 잘못 배워서 사람을 넘어뜨리고 능력이 나타나고 병이 치료되고 영계를 보기도 하고 예언기도를 딱 맞게 해주면, 신령하다고 하고, 능력 있다고 인정받아 사람들이 모여들고 교회를 크게 지으면 성공했다고 했습니다. 그 삶들은 변화는 커녕 인격적이지도 않고 손으로 구하는 삶 어린아이 신앙입니다. 진짜 그리스도께서 오시면 다 드러납니다.

세상이 잘되는 것이 마치 하나님의 축복으로 알고 가르치는 스스로 속고 속이는 거짓 사역자들이 많습니다. 세상에 속한 열매는 하나님의 자녀가 될 수 없습니다.

그러나 이젠 이런 마귀의 6천년의 시대가 막을 내렸습니다. 더 이상은 이런 일로 교회는 성장이 되지 못할 것이고 통하지도 않을 것이며 이제 그리스도의 복음이 전해지기 시작하면 교회 안에 들어와 있던 사람들이 실상을 알게 되고 성경대로의 믿음을 따르게 될 것입니다.

말일에는 말씀이 있는 시온 산으로 민족들이 몰려가고 많은 사람들이 야곱의 전 하나님의 산에 모여 들게 됩니다.

> 미4:1-2 끝 날에 이르러는 여호와의 전의 산이 산들의 꼭대기에 굳게 서며 작은 산들 위에 뛰어나고 민족들이 그리로 몰려갈 것이라 2 곧 많은 이방 사람들이 가며 이르기를 오라 우리가 여호와의 산에 올라가서 야곱의 하나님의 전에 이르자 그가 그의 도를 가지고 우리에게 가르치실 것이니라 우리가 그의 길로 행하리라 하리니 이는 율법이 시온에서부터 나올 것이요 여호와의 말씀이 예루살렘에서부터 나올 것임이라 사2:2 말일에 여호와의 전의 산이 모든 산꼭대기에 굳게 설 것이요 모든 작은 산 위에 뛰어나리니 만방이 그리로 모여들 것이라

성경은 영이신 하나님이 말씀이시기에 육체로 풀다가는 스스로 망합니다.

> 벧후3:16 또 그 모든 편지에도 이런 일에 관하여 말하였으되 그 중에 알기 어려운 것이

더러 있으니 무식한 자들과 굳세지 못한 자들이 다른 성경과 같이 그것도 억지로 풀다가 스스로 멸망에 이르느니라

반드시 영으로 보고 영으로 풀어야 풀려집니다.

행17:2-3 바울이 자기의 관례대로 그들에게로 들어가서 세 안식일에 성경을 가지고 강론하며 3 뜻을 풀어 그리스도가 해를 받고 죽은 자 가운데서 다시 살아나야 할 것을 증언하고 이르되 내가 너희에게 전하는 이 예수가 곧 그리스도라 하니

눅24:32 그들이 서로 말하되 길에서 우리에게 말씀하시고 우리에게 성경을 풀어 주실 때에 우리 속에서 마음이 뜨겁지 아니하더냐 하고

사복음서의 기적도 모두 십자가의 도를 숨겨 기록한 것이고 사도행전의 모든 이적도 복음이 전해지면서 그리스도의 복음을 드러내기 위한 것입니다.

바울은 이 어두움에서 빛으로 인도하기 위해서 예수가 그리스도라고 증거하고 전하고 십자가만 자랑했던 것입니다.

행5:42 그들이 날마다 성전에 있든지 집에 있든지 예수는 그리스도라고 가르치기와 전도하기를 그치지 아니하니라

행26:16-18 일어나 너의 발로 서라 내가 네게 나타난 것은 곧 네가 나를 본 일과 장차 내가 네게 나타날 일에 너로 종과 증인을 삼으려 함이니 17 이스라엘과 이방인들에서 내가 너를 구원하여 그들에게 보내어 18 그 눈을 뜨게 하여 어둠에서 빛으로 사탄의 권세에서 하나님께로 돌아오게 하고 죄 사함과 나를 믿어 거룩하게 된 무리 가운데서 기업을 얻게 하리라 하더이다 22-23 하나님의 도우심을 받아 내가 오늘 까지 서서 높고 낮은 사람 앞에서 증언하는 것은 선지자들과 모세가 반드시 되리라고 말한 것 밖에 없으니 23 곧 그리스도가 고난을 받으실 것과 죽은 자 가운데서 먼저 살아나사 이스라엘과 이방인들에게 빛을 전하시리라 함이니이다 하니라

엡5:8 너희가 전에는 어둠이더니 이제는 주안에서 빛이라 빛의 자녀들처럼 행하라 고전2:2 내가 너희 중에서 예수 그리스도와 그가 십자가에 못 박히신 것 외에는 알지 아니하기로 작정하였음이라 갈6:14 그러나 내게는 우리 주 예수 그리스도의 십자가 외에 결코 자랑할 것이 없으니 그리스도로 말미암아 세상이 나를 대하여 십자가에 못 박히고 내가 또한 세상을 대하여 그러하니라

앞으로 많은 사람들이 이 복음을 듣고 돌이켜서 생명의 빛이 되신 그리스도를 만나 십자가만을 자랑하며 추수의 일꾼들이 세워지기를 간절히 기도합니다.

2. 창1:6-8 궁창(하늘) 위의 물과 아래(땅)의 물

> 창1:6-8 | 6 하나님이 이르시되 물 가운데에 궁창이 있어 물과 물로 나뉘라 하시고 7 하나님이 궁창을 만드사 궁창 아래의 물과 궁창 위의 물로 나뉘게 하시니 그대로 되니라 8 하나님이 궁창을 하늘이라 부르시 니라 저녁이 되고 아침이 되니 이는 둘째 날이니라

물은 만물을 소생시키는 근본인데 하나님께서 빛을 통하여 우리 가운데 물을 궁창 위(하늘)의 물과 궁창 아래(땅)의 물로 나누어 놓으셨습니다. 궁창 아래의 물은 율법의 세계요. 땅의 세계, 마귀가 쥐고 있는 세계이기에 일시적인 해갈뿐입니다. 반면 궁창 위의 물은 그리스도의 세계요. 새 하늘입니다. 궁창(하늘)은 그리스도안의 새 하늘의 비밀이기에 그리스도를 만나 궁창(하늘) 위의 물을 통해 새 하늘과 새 땅이 열리게 됩니다.

어둠에 속한 자들은 궁창 아래(땅)의 물을 먹고 빛 되신 그리스도를 만난 사람들은 궁창 위(하늘)의 물을 마시게 됩니다. 율법의 세계를 보여주기 위해서 첫째 날의 빛과 어둠의 궁창이 필요하고 그 율법의 세계에 예수님이 세상의 빛으로 와야 하기에 둘째 날 궁창 위(하늘)의 물을 받기 전 궁창 아래(땅)의 물로 가두어 두었습니다. 율법의 세계에 예수님이 세상의 빛으로 오셔서

> 요8:12 예수께서 또 말씀하여 이르시되 나는 세상의 빛이니 나를 따르는 자는 어둠에 다니지 아니하고 생명의 빛을 얻으리라

십자가를 지신 후에 생명의 빛으로(참 빛)가는 비밀이 있습니다. 그러니까 빛과 어두움, 가인과 아벨의 그림자를 통해 사울과 다윗, 하늘과 땅, 이스마엘과 이삭, 율법과 진리, 예수와 그리스도를 처음부터 나누어 놓으셨습니다.

궁창 아래(땅)의 물은 침례요한의 회개의 물인데 이것은 우리가 일시적으로 하나님 앞에 나아가는 물입니다.

> 마3:11 나는 너희로 회개하게 하기 위하여 물로 세례를 베풀거니와 내 뒤에 오시는 이는 나보다 능력이 많으시니 나는 그의 신을 들기도 감당하지 못하겠노라 그는 성령과 불로 너희에게 세례를 베푸실 것이요

이 물은 회개를 촉구하는 물인데 효력은 있되 일시적인 것이고 영원한 것은 될 수 없습니다. 그리고 궁창 아래(땅) 물은 악한 마귀의 권세 아래에 있기에 아무리 마셔도 우리 죄의 문제를 해결하고 혼의 문제를 해결해 주지 못합니다.

우리가 마셔야 할 물은 참 빛 되시는 그리스도를 만나 신령한 음료, 영원한 생명수를 마셔야 합니다.

> 고전10:4 다 같은 신령한 음료를 마셨으니 이는 그들을 따르는 신령한 반석으로부터 마셨으매 그 반석은 곧 그리스도시라,
> 계17:17 이는 하나님이 자기 뜻대로 할 마음을 그들에게 주사 한 뜻을 이루게 하시고 그들의 나라를 그 짐승에게 주게 하시되 하나님의 말씀이 응하기 까지 하심이라

율법의 마지막 선지자가 침례요한인데 그는 일시적인 해갈의 궁창 아래(땅)의 물밖에는 주지 못합니다.

> 눅16:16 | 율법과 선지자는 요한의 때까지요 그 후부터는 하나님 나라의 복음이 전파되어 사람마다 그리로 침입하느니라

가나의 혼인 잔치에서도

> 요2:9-11 | 9 연회장은 물로 된 포도주를 맛보고도 어디서 났는지 알지 못하되 물 떠온 이 하인들은 알더라 연회장이 신랑을 불러 10 말하되 사람마다 먼저 좋은 포도주를 내고 취한 후에 낮은 것을 내거늘 그대는 지금까지 좋은 포도주를 두었도다 하니라 11 예수께서 이 첫 표적을 갈릴리 가나에서 행하여 그의 영광을 나타내시매 제자들이 그를 믿으니라

궁창 아래(땅)의 물을 먹고 취한 자들은 이 포도주의 맛을 모르지만 포도주의 맛을 느끼고 아는 사람들이 있음을 말씀하시고 오늘날도 복음을 전하면 듣는 사람이 있다는 말씀입니다.
우리는 이 맛을 느끼는 자들에게 복음을 전해주어야 합니다. 요2:11의 믿음은 영광의 믿음이 아닌 표적의 믿음이기에 가짜 믿음이지만,

> 요2:19-22 | 19 예수께서 대답하여 이르시되 너희가 이 성전을 헐라 내가 사흘 동안에 일으키리라 20 유대인들이 이르되 이 성전은 사십육 년 동안에 지었거늘 네가 삼 일 동안에 일으키겠느냐 하더라 21 그러나 예수는 성전 된 자기 육체를 가리켜 말씀하신 것이라 22 죽은 자 가운데서 살아나신 후에야 제자들이 이 말씀하신 것을 기억하고 성경과 및 예수의 하신 말씀을 믿었더라

위 본문에 나타난 믿음은 진짜 믿음입니다. 이 궁창 위(하늘)의 물을 마셔야 마귀로부터 벗어납니다. 즉 죄로부터의 해방입니다. 누구든지 그리스도를 만나지 못하면 궁창 위(하늘)의 물을 마실 수가 없습니다. 아브라함도 창12-50장까지 본토, 친척, 아비 집을 떠나서 궁창 위(하늘)의 물로 가라는 메시지이고 아내를 두 번 팔고 (십자가의 죽음의 그림자) 육체를 깨닫게 하기 위해 율법인 이스마엘을 등장시키고 14년 동안 침묵하시다가 할례를 행하시고(십자가의 죽음) 이삭이 탄생되어 모든 것이 이루어집니다.

> 갈3:16 이 약속들은 아브라함과 그 자손에게 말씀하신 것인데 여럿을 가리켜 그 자손들이라 하지 아니하시고 오직 한 사람을 가리켜 네 자손이라 하셨으니 곧 그리스도라

> 렘17:3 | 이스라엘의 소망이신 여호와여 무릇 주를 버리는 자는 다 수치를 당할 것이라 무릇 여호와를 떠나는 자는 흙에 기록이 되오리니 이는 생수의 근원이신 여호와를 버림이니이다

주를 만나지 못하는 자는 생수를 궁창 위(하늘)의 물을 마시지 못합니다. 야곱도 환도 뼈가 위골될 때 믿음의 행함이 이루어져 그리스도를 만났습니다.

> 창32:25-28 자기가 야곱을 이기지 못함을 보고 그가 야곱의 허벅지 관절을 치매 야곱의 허벅지 관절이 그 사람과 씨름할 때에 어긋났더라 26 그가 이르되 날이 새려하니 나로 가게 하라 야곱이 이르되 당신이 내게 축복하지 아니하면 가게 하지 아니하겠나이다 27 그 사람이 그에게 이르되 네 이름이 무엇이냐 그가 이르되 야곱이니이다 28 그가 이르되 네 이름을 다시는 야곱이라 부를 것이 아니요 이스라엘이라 부를 것이니 이는 네가 하나님과 및 사람들과 겨루어 이겼음이니라

스가랴는 생수가 예루살렘에서 솟아나 절반은 동해로 절반은 서해로 흐를 것이라고 했습니다.

> 슥14:6-8 | 6 그날에는 빛이 없겠고 광명한 것들이 떠날 것이라 7 여호와께서 아시는 한 날이 있으리니 낮도 아니요 밤도 아니라 어두워 갈 때에 빛이 있으리로다 8 그 날에 생수가 예루살렘에서 솟아나서 절반은 동해로, 절반은 서해로, 흐를 것이라 여름에도 겨울에도 그러하리라

세상의 빛 아래서는 더 이상 빛이 없습니다. 어두워 갈 때의 말일에 참 빛인 그리스도를 만나야 합니다. 진리 안에서 율법을 보고 예수가 그리스도라고 말하게 됩니다. 그날에 생수가 궁창 위(하늘)의 물이 예루살렘에서 이것은 새 예루살렘이 솟아나서 복음이 전해져서 이루어지는 몸 된 성전이 이루어져 절반은 동해로 이방인의 구원이 먼저 이루어지고 유대인의 구원이 이루어질 것을 말하고 있습니다. 절반은 서해로 이방인 구원 후 나팔 때 요셉과 베냐민 지파 3/1이 목 베임의 구원을 받을 것을 말씀하십니다. 6째인 때 10/1이 돌아오고 난 후 용이 땅으로 내려가 휴거 되지 않은 자들은 666을 받게 됩니다. 일곱째 인을 떼면 바로 첫째 나팔과 맞물려 유대인이 구원을 받게 됩니다.

> 행1:8 | 오직 성령이 너희에게 임하시면 너희가 권능을 받고 예루살렘과 온 유대와 사마리아와 땅 끝까지 이르러 내 증인이 되리라 하시니라

부르심을 받은 자들은 복음을 듣고 먼저 회개하고 그리스도의 세례를 받고 죄 사함을 받으면 성령이 선물을 받고 구원의 약속을 받고 구원의 완성에 이르기까지 사역자에게 가르침을 받으며 주님을 더 알기를 갈망하며 기도하는 자로 영적세계가 열어지는 하나님의 자녀로 위의 것을 바라보게 됩니다.

> 행2:36-42 그런즉 이스라엘 온 집은 확실히 알지니 너희가 십자가에 못 박은 이 예수를 하나님이 주와 그리스도가 되게 하셨느니라 하니라 37 그들이 이 말을 듣고 마음에 찔려 베드로와 다른 사도들에게 물어 이르되 형제들아 우리가 어찌할꼬 하거늘 38 베드로가 이르되 너희가 회개하여 각각 예수 그리스도의 이름으로 세례를 받고 죄 사함을 받으라 그리하면 성령의 선물을 받으리니 39 이 약속은 너희와 너희 자녀와 모든 먼데 사람 곧 주 우리 하나님이 얼마든지 부르시는 자들에게 하신 것이라 하고 40 또 여러 말로 확증하며 권하여 이르되 너희가 이 패역한 세대에서 구원을 받으라 하니 41 그 말을 받은 사람들은 세례를 받으매 이날에 신도의 수가 삼천이나 더하더라 42 그들이 사도의 가르침을 받아 서로 교제하고 떡을 떼며 오로지 기도하기를 힘쓰니라

이 말씀은 우리가 흔히 말하는 병을 치료하는 능력, 귀신을 쫓는 그런 능력의 차원이 아닙니다.

성경의 능력은 오직 십자가의 도 밖에 없습니다.
> 고전1:18 십자가의 도가 멸망하는 자들에게는 미련한 것이요 구원을 받는 우리에게는 하나님의 능력이라

이 권능이 임하면 증인이 되는데 무슨 증인인가요? 예수가 그리스도라고 생명 걸고 전하는 증인을 말합니다. 그것이 예루살렘으로부터 시작되는데 그리스도 자신의 몸을 말하고 있음을 깨달아야 합니다.
그리스도로부터 시작해서 온 세상으로 복음이 전해지고 확산 될 것을 말씀하시고 있는 기록입니다. 그리스도의 복음을 받아 우리가 이제 몸 된 성전이 되어 전해주어야 하는 것이 복음입니다.
율법의 마지막 선지자인 침례요한이 나는 궁창 아래의 물로 침례를 주지만 내 뒤에 오시는 그리스도께서는 궁창 위의 물로 성령침례와 그리스도의 침례를 주실 것이라고 기록하십니다.
> 마3:11 나는 너희로 회개하기 위하여 물로 세례를 베풀거니와 내 뒤에 오시는 이는 나보다 능력이 많으시니 나는 그의 신을 들기도 감당하지 못하겠노라 그는 성령과 불로 너희에게 세례를 베푸실 것이요

> 행13:23-25 | 23 하나님이 약속하신 대로 이 사람의 후손에서 이스라엘을 위하여 구주를 세우셨으니 곧 예수라 24 그가 오시기에 앞서 요한이 먼저 회개의 세례를 이스라엘 모든 백성에게 전파 하니라 25 요한이 그 달려갈 길을 마칠 때에 말하되 너희가 나를 누구로 생각하느냐 나는 그리스도가 아니라 내 뒤에 오시는 이가 있으니 나는 그 발의 신발 끈을 풀기도 감당하지 못하리라 하였으니

우리는 이스마엘에서 이삭으로 가야 합니다. 약속하신 씨에서 구주를 세우셨는데 그분이 예수님이십니다. 죄가 없으신 분이 그 육신에 죄를 정하여
> 롬8:3 율법이 육신으로 말미암아 연약하여 할 수 없는 그것을 하나님은 하시나니 곧 죄

> 로 말미암아 자기 아들을 죄 있는 육신의 모양으로 보내어 육신에 죄를 정하사

십자가로 가서 그 몸을 드리면 영이신 우리 믿음의 대상이신 주와 그리스도가 되시는 비밀을 알아야 합니다.

> 행2:36 그런즉 이스라엘 온 집은 확실히 알지니 너희가 십자가에 못 박은 이 예수를 하나님이 주와 그리스도가 되게 하셨느니라 하니라 갈1:4 그리스도께서 하나님 곧 우리 아버지의 뜻을 따라 이 악한 세대에서 우리를 건지시려고 우리 죄를 대속하기 위하여 자기 몸을 주셨으니
> 벧전2:24 친히 나무에 달려 그 몸으로 우리 죄를 담당하셨으니 이는 우리로 죄에 대하여 죽고 의에 대하여 살게 하려 하심이라 그가 채찍에 맞음으로 너희는 나음을 얻었나니
> 히10:10 이 뜻을 따라 예수 그리스도의 몸을 단 번에 드리심으로 말미암아 우리가 거룩함을 얻었노라

4가지 침례 중에서 요한의 물 침례는 사람이 주지만 성령/아들/아버지의 침례는 (마28:19 그러므로 너희는 가서 모든 민족을 제자로 삼아 아버지와 아들과 성령의 이름으로 세례를 베풀고)는 하나님이 직접 주십니다. 사람이 할 수 있는 일은 궁창 위(하늘)의 물을 마실 수 있도록 길을 열어주는 일 뿐입니다. 6천년 인생사 동안 궁창 아래(땅)의 물을 마실 수밖에 없다가 예수님이 십자가를 지시기 전에 그 분이 바로 메시야, 그리스도라는 사실을 안 사람은 인류 최초로 침례요한밖에 없습니다. 그는 궁창 아래의 물을 설명하고 궁창 위의 물을 마실 수 있도록 하고는 자신은 헤롯에게 죽으러 갑니다. 왜냐하면 땅에서 난 사람은 그리스도의 복음을 전할 수 없기 때문입니다.

배에서 생수가 나오려면 그리스도를 믿어야 합니다. 요7장의 생수도 계21장의 생명수도 다 그리스도를 믿어야만 마실 수 있습니다.

> 요7:38 나를 믿는 자는 성경에 이름과 같이 그 배에서 생수의 강이 흘러나오리라 하시니
> 계21:6 또 내게 말씀하시되 이루었도다 나는 알파와 오메가요 처음과 마지막이라 내가 생명수 샘물을 목마른 자에게 값없이 주리니

그렇다면 우리가 이제 어떻게 해야 궁창 위(하늘)의 물을 마실 수 있겠습니까? 그것을 요4장에서 사마리아 여인을 통해 말씀해주시고 계십니다.

사마리아 여인은 날마다 야곱의 우물터에 나와서 이스라엘의 회복을 기다리는 여인이

었고 자신이 죄인임을 느끼며 율법 안에서 진리를 사모하며 깨어 있는 삶을 사는 이기에 성경은 이 사마리아 여인 한 사람을 국한 시켜서 하는 말씀이 아니라 온 인류의 그림자로 말씀하시고 있는 것입니다. 천지창조 여섯째 날에 하나님의 참 형상이 나오기에 우리로 참 신부로 준비되어 신랑 되신 그리스도를 만나 구원을 받으라는 그림자로서 말씀을 주시고 있습니다. 그러니까 바로 내가 수가 성 여인이다 라고 여기며 이 말씀을 받아야 열리고 풀리고 받아진다는 말씀입니다. 이제 본문의 말씀 한 절 한 절을 살피며 그 의미를 되새겨 보겠습니다.

> 요4:7 | 사마리아 여자 한사람이 물을 길으러 왔으매 예수께서 물을 좀 달라 하시니

사마리아 여자는 우리 모두이고 물을 길러 온 것은 물론 궁창 아래(땅)의 물입니다. 물을 좀 달라고 요청했을 때 우리가 드릴 수 있는 물이 있어야 합니다. 가장 작은 자 소자에게 물 한 모금 준 것이 주님에게 마시게 한 물이기에 아버지의 뜻을 이루어드리는 것이 됩니다.

> 마25:40 임금이 대답하여 이르시되 내가 진실로 너희에게 이르노니 너희가 여기 내 형제 중에 지극히 작은 자 하나에게 한 것이 곧 내게 한 것이니라 하시고

> 요4:8 | 이는 제자들이 먹을 것을 사러 동네에 들어갔음 이러라

구원은 이방인이 먼저 받아야 하기에 제자들은 동네로 들어가야 하고 이방인이 사마리아 여인이 등장하여 주님과 만나 생수를 마셔야 합니다. 이것이 하나님의 계획입니다.
성경은 놀랍게도 십자가의 도를 숨겨놓고 있습니다.

> 요4:9 | 사마리아 여자가 이르되 당신은 유대인으로서 어찌하여 사마리아 여자인 나에게 물을 달라 하나이까 하니 이는 유대인이 사마리아인과 상종하지 아니함 이러라

하나님의 구원의 계획이 이루어져야 하기에 주님은 오늘 행보를 사마리아로 하셨고 야곱의 우물이 있고 수가 성 여인이 올 것도 정확히 알고 계신 주님이셨습니다.

> 요4:10 | 예수께서 대답하여 이르시되 네가 만일 하나님의 선물과 또 네게 물 좀 달라 하는 이가 누구인 줄 알았더라면 네가 그에게 구하였을 것이요 그가 생수를 네게 주었으리라

여기서 주님이 말씀 하시는 하나님의 선물이 무엇인가요?
> 행2:38 베드로가 이르되 너희가 회개하여 각각 예수 그리스도의 이름으로 세례를 받고 죄 사함을 받으라 그리하면 성령의 선물을 받으리니

여기서 말씀하심은 성령을 말씀하시고 있습니다.
또 물 좀 달라 하는 이가 누구입니까?
그 분은 그리스도셨습니다. 이 성령을 먼저 알고 성령의 인도로 받지 못하면 그리스도를 절대로 알 수가 없습니다. 땅에 속한 자는 그 누구도 비밀이신 그리스도를 알게 해 줄 수가 없기에 반드시 성령이 오셔야만 죄와 의와 심판에 대해 책망하시고
> 요16:8-10 그가 와서 죄에 대하여, 의에 대하여, 심판에 대하여 세상을 책망하시리라 9 죄에 대하여라 함은 그들이 나를 믿지 아니함이요 10 의에 대하여라 함은 내가 아버지께로 가니 너희가 다시 나를 보지 못함이요

예수가 그리스도이시고 이 분을 믿어 십자가에서 옛사람을 멸하는 믿음의 행함을 해야만 새 생명 가운데 거한다는 사실을 알게 해주신다는 말씀입니다.
> 롬6:3-6 무릇 그리스도 예수와 합하여 세례를 받은 우리는 그의 죽으심과 합하여 세례를 받은 줄을 알지 못하느냐 4 그러므로 우리가 그의 죽으심과 합하여 세례를 받음으로 그와 함께 장사되었나니 이는 아버지의 영광으로 말미암아 그리스도를 죽은 자 가운데서 살리심과 같이 우리로 또한 새 생명 가운데서 행하게 하려 함이라 5 만일 우리가 그의 죽으심과 같은 모양으로 연합한 자도 되리라 6 우리가 알거니와 우리의 옛 사람이 예수와 함께 십자가에 못 박힌 것은 죄의 몸이 죽어 다시는 우리가 죄에게 종 노릇 하지 아니하려 함이니

말씀처럼 성령의 인도를 받아야 물 좀 달라하는 이가 예수가 아니라 그리스도임을 알게 된다는 엄청난 사실에 눈을 떠야합니다. 성령은 진리의 영이시기에 오직 진리이신 그리스도만을 나타내고 증거 합니다. 그리고 이 진리의 영은 자의로 말하지 않고
> 요16:13 그러나 진리의 성령이 오시면 그가 너희를 모든 진리 가운데로 인도하시리니 그가 스스로 말하지 않고 오직 들은 것을 말하며 장래 일을 너희에게 알리시리라

듣는 것만 말씀하시고 예수가 그리스도라는 장래 일만 알리십니다. 진리는 옛사람을 벗어버리고 새 사람을 입는 것이라고 바울은 설명하면서 진리가 예수 안에 있다고 말씀하십니다. 예수 안이라는 말은 곧 그리스도라는 말씀입니다.

> 엡4:20-24 오직 너희는 그리스도를 그 같이 배우지 아니하였느니라 21 진리가 예수 안에 있는 것같이 너희가 참으로 그에게서 듣고 또한 그 안에서 가르침을 받았을진대 22 너희는 유혹의 욕심을 따라 썩어져가는 구습을 따르는 옛 사람을 벗어버리고 23 오직 너희의 심령이 새롭게 되어 24 하나님을 따라 의와 진리의 거룩함으로 지으심을 받은 새 사람을 입으라

> 요4:11 | 여자가 이르되 주여 물길을 그릇도 없고 이 우물은 깊은데 어디서 당신이 그 생수를 얻겠사옵나이까

사실 지금 당장 생수를 부어주어도 육체 속의 죄 때문에 담을 수가 없습니다. 담을 그릇이 없는 것이고 하나님이 보시고 경작할 밭이 없기 때문입니다. 복음에는 내용이 있어야 하고 진리의 지식을 들어서 먼저 우리가 진짜 율법으로 들어가야 하고 거기서부터 돌 항아리에 말씀을 채워서 성소에서 출산해야 하고 지성소에서 사역을 하여 성령의 음성과 그리스도의 음성을 들어 우리 영이 온 영까지 가야 하는 길이 있습니다. 그래야 이삭 번제입니다.

그러니 율법으로 출발하여 진리로 나아가 성령의 인도로 십자가에서 죽어야 이 깊은 과정을 거쳐야 생수를 얻을 수 있기에 우물은 깊은 것입니다.

> 요4:12-15 | 12 우리 조상 야곱이 이 우물을 우리에게 주셨고 또 여기서 자기와 자기 아들들과 짐승이 다 마셨는데 당신이 야곱보다 더 크니이까 13 예수께서 대답하여 이르시되 이 물을 마시는 자마다 다시 목마르려니와 14 내가 주는 물을 마시는 자는 영원히 목마르지 아니하리니 내가 주는 물은 그 속에서 영생하도록 솟아나는 샘물이 되리라 15 여자가 이르되 주여 그런 물을 내게 주사 목마르지도 않고 또 여기 물 길으러 오지도 않게 하옵소서

주님이 주시는 물은 궁창 위의 물이고 생수이고 솟아나는 샘물입니다. 주님의 양식은 보내신 아버지의 뜻을 이루어 온전히 이루는 것입니다.

> 요4:34 예수께서 이르시되 나의 양식은 나를 보내신 이의 뜻을 행하며 그의 일을 온전히 이루는 이것이니라

이 양식은 일용할 양식인 주기도문 양식입니다.

> 마6:9-13 | 9 그러므로 너희는 이렇게 기도하라 하늘에 계신 우리 아버지여 이름이 거룩히 여김을 받으시오며 10 나라가 임하시오며 뜻이 하늘에서 이루어진 것 같이 땅에서도 이루어지이다 11 오늘 우리에게 일용할 양식을 주시옵고 12 우리가 우리에게 죄 지은 자를 사하여 준 것 같이 우리 죄를 사하여 주시옵고 13 우리를 시험에 들게 하지 마시옵고 다만 악에서 구하시옵소서 나라와 권세와 영광이 아버지께 영원히 있사옵나이다 아멘.

아버지의 뜻은 첫 것을 폐하고 둘째 것을 세우는 것입니다.

> 히10:9 그 후에 말씀하시기를 보시옵소서 내가 하나님의 뜻을 행하러 왔나이다 하셨으니 그 첫째 것을 폐하심은 둘째 것을 세우려 하심이라

그렇다면 우리의 옛사람을 십자가의 죽음과 부활을 통해 멸하는 것이 주님의 양식이고 이것이 영생하도록 솟아나는 샘물인 그리스도이시고 야고보가 말씀하시는 행함의 믿음입니다.

> 약2:17-23 이와 같이 행함이 없는 믿음은 그 자체가 죽은 것이라 18 어떤 사람은 말하기를 너는 믿음이 있고 나는 행함이 있으니 행함이 없는 네 믿음을 내게 보이라 나는 행함으로 내 믿음을 네게 보이리라 하리라 19 네가 하나님은 한 분이신 줄을 믿느냐 잘하는도다 귀신들도 믿고 떠느니라 20 아아 허탄한 사람아 행함이 없는 믿음이 헛것인 줄을 알고자 하느냐 21 우리 조상 아브라함이 그 아들 이삭을 제단에 바칠 때에 행함으로 의롭다 하심을 받은 것이 아니냐 22 네가 보거니와 믿음이 그의 행함과 함께 일하고 행함으로 믿음이 온전하게 되었느니라 23 이에 성경에 이른 바 아브라함이 하나님을 믿으니 이것을 의로 여기셨다는 말씀이 이루어졌고 그는 하나님의 벗이라 칭함을 받았나니

또 아버지의 뜻대로 하는 자가 내 형제요 자매라고 하신

> 마12:50 누구든지 하늘에 계신 내 아버지의 뜻대로 하는 자가 내 형제요 자매요 어머니이니라 하시더라

기록을 연결시키면 형제는 한 남자인 그리스도이시고 자매는 온 인류의 우리라면 이삭번제를 드렸을 때가 형제의 양식이요 자매의 양식이 될 수 있다는 말이 됩니다.

우리가 믿음의 행함을 하게 되면 맏아들인 그리스도의 동생들이 되는 것이고 우리 끼리도 형제가 되는 관계가 됩니다.

> 롬8:29 하나님이 미리 아신 자들을 또한 그 아들의 형상을 본받게 하기 위하여 미리 정하셨으니 이는 그로 많은 형제 중에서 맏아들이 되게 하려 하심이니라

> 요4:16-19 | 16 이르시되 가서 네 남편을 불러 오라 17 여자에게 대답하여 이르되 나는 남편이 없나이다 예수께서 이르시되 네가 남편이 없다 하는 말이 옳도다 18 너에게 남편 다섯이 있었고 지금 있는 자도 네 남편이 아니니 네 말이 참 되도다 19 여자가 이르되 주여 내가 보니 선지자로소이다

주님은 갑자가 남편 얘기를 하시면서 네 남편을 데려오라고 하십니다. 무슨 말씀을 하고 계신 건가요? 지금 까지 5명의 남편과 살았지만 헤어져야했고 6번째 남편과 살고 있지만 참 남편이 아니라는 말은 인생사 6천년 동안 복음이 그루터기만 남고 감추어졌기에 참 신랑은 6째날 하나님의 형상이 나오는데 그 분이 그리스도라는 것입니다. 6번째 까지의 남편이 바로 율법입니다. 진짜로 찾는 남편은 주님 자신을 말씀을 하고 계신 것입니다.

그러니 참 남편인 그리스도가 없기에 남편이 없나이다 라는 말은 거짓말이 아니고 사실인 것입니다. 신랑 되신 그리스도를 모시지 못한 고백입니다. 주님은 지금 내가 성경이 말하는 참 남편인 그리스도라고 말씀하시고 계신 것입니다. 이제 우리는 정결한 처녀로서 거룩한 신부로 준비되어 참 신랑 되신 그리스도와 실제로 혼인이 되어야 합니다.

이것이 성경 전체의 얘기입니다.

> 요4:20-24 | 20 우리 조상들은 이 산에서 예배하였는데 당신들의 말은 예배할 곳이 예루살렘에 있다 하더이다 21 예수께서 이르시되 여자여 내 말을 믿으라 이 산에서도 말고 예루살렘에서도 말고 너희가 아버지께 예배할 때가 이르리라 22 너희는 알지 못하는 것을 예배하고 우리는 아는 것을 예배하노니 이는 구원이 유대인에서 남이라 23 아버지께 참되게 예배하는 자들은 영과 진리로 예배할 때가 오나니 곧 이때라 아버지께서는 자기에게 이렇게 예배하는 자들을 찾으시느니라 24 하나님은 영이시니 예배하는 자가 영과 진리로 예배 할지니라

그러시다가 갑자기 대화가 예배로 넘어갑니다. 신랑 되신 그리스도를 만나 하나님을 아버지라 부를 수 있게 됨으로

> 갈4:6 너희가 아들이므로 하나님이 그 아들의 영을 우리 마음 가운데 보내사 아빠아버지라 부르게 하였느니라

이때부터 진정한 예배가 된다는 말씀입니다.

> 롬12:1 그러므로 형제들아 내가 하나님의 모든 자비하심으로 너희를 권하노니 너희 몸을 하나님이 기뻐하시는 거룩한 산 제물로 드리라 이는 너희가 드릴 영적 예배니라

신령하고 진정으로 드리는 예배는 옛 사람을 십자가에 못 박고 궁창(하늘)위의 물을 마실 때 이루어진다는 것입니다. 그러니 하나님은 지금 신부를 찾고 계시는 것입니다. 내가 네게 장가들리라는 호세아의 기록도

> 호2:19-22 내가 네게 장가들어 영원히 살되 공의와 정의와 은총과 긍휼히 여김으로 네게 장가들며 20 진실함으로 네게 장가들리니 네가 여호와를 알리라 21 여호와께서 이르시되 그 날에 내가 응답하리라 나는 하늘에 응답하고 하늘은 땅에 응답하고 22 땅은 곡식과 포도주와 기름에 응답하고 또 이것들은 이스라엘에 응답하리라

엡5:22-32절까지의 바울의 기록도 교회와 그리스도의 관한 설명을 하고 있으면서 남편과 혼인의 관계로 기록을 하고 있는 것입니다.

> 엡5:22 아내들이여 자기 남편에게 복종하기를 주께 하듯 하라 23 이는 남편이 아내의 머리됨이 그리스도께서 교회의 머리됨과 같음이니 그가 바로 몸의 구주시니라 24 그러므로 교회가 그리스도에게 하듯 아내들도 범사에 자기 남편에게 복종 할지니라 25 남편들아 아내 사랑하기를 그리스도께서 교회를 사랑하시고 그 교회를 위하여 자신을 주심 같이 하라 26 이는 곧 물로 씻어 말씀으로 깨끗하게 하사 거룩하게 하시고 27 자기 앞에 영광스러운 교회로 세우사 티나 주름 잡힌 것이나 이런 것들이 없이 거룩하고 흠이 없게 하려 하심이라 28 이와 같이 남편들도 자기 아내 사랑하기를 자기 자신과 같이 할지니 자기 아내를 사랑하는 자는 자기를 사랑하는 것이라 29 누구든지 언제나 자기 육체를 미워하지 않고 오직 양육하여 보호하기를 그리스도께서 교회에게 함과 같이 하나니 30 우리는 그 몸의 지체임이라 31 그러므로 사람이 부모를 떠나 그의 아내와 합하여 그 둘이 한 육체가 될지니 32 이 비밀이 크도다 나는 그리스도와 교회에 대하여 말하노라

산제사가 무엇인가요?

그것은 몸으로 드려지고 영적으로 드려지고 그리스도만을 나타나게 십자가의 죽음만을 선언하는 예배입니다. 이 예배를 통해 자녀가 나오고 백성이 나오고 혼인이 이루어집니다. 율법의 모든 것을 청산하고 그리스도를 모셔 들였으면 이제 내가 죽었음을 인정해야 합니다. 내가 죽었음을 날마다 인식해야 합니다.

> 고후4:10 우리가 항상 예수의 죽음을 몸에 짊어짐은 예수의 생명이 또한 우리 몸에 나타나게 하려 함이라 갈5:25 만일 우리가 성령으로 살면 또한 성령으로 행할지니

항상 예수가 죽은 것을 몸에 짊어지고 믿음의 삶을 살아야 합니다.
이것이 영의 행함입니다.
산제사는 살아있을 때 날마다 십자가의 죽음을 인식하는 것이고 산자들이 항상 예수를 위하여 죽음에 넘겨지는 것입니다.

> 고후4:11 우리 살아있는 자가 항상 예수를 위하여 죽음에 넘겨짐은 예수의 생명이 또한 죽을 육체에 나타나게 하려 함이라

이렇게 되면 예수의 생명이 나타나게 됩니다.

몸을 드리신 그리스도가 곧 생명의 떡입니다. 살입니다.

> 요6:48-51 내가 곧 생명의 떡이니라 49 너희 조상들은 광야에서 만나를 먹었어도 죽었거니와 50 이는 하늘에서 내려오는 떡이니 사람으로 하여금 먹고 죽지 아니하게 하는 것이니라 51 나는 하늘에서 내려온 살아 있는 떡이니 사람이 이 떡을 먹으면 영생 하리라

이 떡을 먹으면 영생입니다. 궁창위의 물을 마시는 것이 곧 하늘에서 내려온 산 떡을 먹는 것이고 주님의 살을 먹는 것입니다. 또한 살을 먹는다는 것은 예수님이 죽은 것을 몸에 짊어지는 것을 말씀하시고 있습니다.

> 고후4:10 우리가 항상 예수가 짊어짐은 예수의 생명이 또한 우리 몸에 나타나게 하려 함이라

생명수의 강이 흐르는 보좌 우편에 그리스도가 계시는데

> 계21:1 또 내가 새 하늘과 새 땅을 보니 처음 하늘과 땅이 없어졌고 바다도 다시 있지 않더라

그리스도를 믿음으로 마음에 모셔야 하고 하나님의 형상이 우리 안에서도 이루어져야 합니다.

하늘나라에 아버지의 성전이 있듯이 십자가의 죽음에 참예한 자에게 성전을 삼으셔서 그 성전 안에 그리스도가 계시고 그 분이 주시는 궁창 위(하늘)의 물인 영원한 생명수를 마실 수 있게 되는 것입니다.

> 요7:37-38 | 37 명절 끝날 곧 큰 날에 예수께서 서서 외쳐 가라사대 누구든지 목마르거든 내게로 와서 마시라 38 나를 믿는 자는 성경에 이름과 같이 그 배에서 생수의 강이 흘러나리라 하시니

3. 계12:7-9 하늘의 전쟁

> 계12:7-9 | 7 하늘에 전쟁이 있으니 미가엘과 그의 사자들이 용과 더불어 싸울새 용과 그의 사자들도 싸우나 8 이기지 못하여 다시 하늘에서 그들이 있어야 할 곳을 얻지 못한지라 9 큰 용이 내쫓기니 옛 뱀 곧 마귀라고도 하고 사탄이라고도 하며 온 천하를 꾀는 자라 그가 땅으로 내쫓기니 그의 사자들도 그와 함께 내쫓기니라

우리가 말하는 마귀의 근본은 타락한 천사가 아니라 용이라는 사실을 먼저 알아야 합니다. 용이 처음부터 땅에 난 짐승들을 다스리고 있는 우두머리이지 루시퍼가 아니라는 말씀입니다. 여기서 말씀하시는 짐승은 천지창조 여섯째 날에 지어진 짐승이 아니라 인간창조 전에 짐승을 말씀하십니다. 이 짐승들은 우리가 생각하는 이성 없는 짐승이

아니고 아이큐가 400-500이 넘는 생각하고 계획하고 모든 것을 다 할 수 있는 짐승들입니다. 왜냐하면 아직 이 땅에 죄가 드러나기 이전의 짐승이기 때문입니다. 루시퍼와 그를 따르는 삼분의 일의 천사들은 부리는 영으로 지음을 받아 용과 함께 하나님이 영광을 기리다가 무수한 시간이 흐르면서 그리스도 안에서 자녀창조의 비밀을 계속 보다가 자신의 지위와 아름다움이 자녀, 아들보다 낮은 것을 알고는 욕심이 들어왔고 결국 반역을 하게 됩니다.

> 겔28:13-19 네가 옛적에 하나님의 동산 에덴에 있어서 각 종 보석 곧 홍보석과 황보석과 금강석과 황옥과 홍마노와 창옥과 청보석과 남보석과 홍옥과 황금으로 단장하였음이여 네가 지음을 받던 날에 너를 위하여 소고와 비파가 준비되었도다 14 너는 기름부음을 받고 지키는 그룹임이여 내가 너를 세우매 네가 하나님의 성산에 있어서 불타는 돌들 사이에 왕래하였도다 15 네가 지음을 받던 날로부터 네 모든 길에 완전하더니 마침내 내게서 불의가 드러났도다 16 네 무역이 많으므로 네 가운데에 강포가 가득하여 네가 범죄하였도다 너 지키는 그룹아 그러므로 내가 너를 더럽게 여겨 하나님의 산에서 쫓아냈고 불타는 돌들 사이에서 멸하였도다 17 네가 아름다우므로 마음이 교만하였으며 네가 영화로우므로 네 지혜를 더럽혔음이여 내가 너를 땅에 던져 왕들 앞에 두어 그들의 구경거리가 되게 하였도다

용은 천사들과 같이 부리는 영이 아니고 흙을 통하여 몸이 있는 피조물입니다. 죄가 없기에 영물이라고 하는데 용도 45억 년의 무수한 시간이 흐르면서 하나님과 루시퍼 사이의 자녀창조의 비밀을 알게 되자 자신도 땅을 다스리는 최고의 우두머리인데 그리스도 안에서의 자녀, 아들에 관한 영광의 비밀을 아는 순간 자신의 권세가 아무것도 아니라는 것을 깨닫게 됩니다.

> 사14:11-14 네 영화가 스올에 떨어졌음이여 네 비파소리까지로다 구더기가 네 아래에 깔림이여 지렁이가 너를 덮었도다 12 너 아침의 아들 계명성이여 어찌 그리 하늘에서 떨어졌으며 너 열국을 엎은 자여 어찌 그리 땅에 찍혔는고 13 네가 네 마음에 이르기를 내가 하늘에 올라 하나님의 뭇별 위에 내 자리를 높이리라 내가 북극 집회의 산 위에 앉으리라 14 가장 높은 구름에 올라가 지극히 높은 이와 같아지리라 하는도다

루시퍼와 용이 똑같은 마음을 가지고 자신들도 아들이 되게 해달라고 요구하지만 하나님에게도 법칙이 있으므로 절대로 아들이 되는 권세로 바꾸어 줄 수가 없으시기에 수없는 시간동안 책망하고 나무라지만

> **히1:5의 흔적** '하나님께서 어느 때에 천사 중 누구에게 너는 내 아들이라 오늘 내가 너를 낳았다 하셨으며 또 다시 나는 그에게 아버지가 되고 그는 내게 아들이 되리라 하셨느냐'

이들의 욕심이 극에 달하여 하나님이 용서할 수 없는 차원이 되었을 때 하나님은 하늘과 땅에 심판을 가하신 것입니다.

> **창1:2** 땅이 혼돈하고 공허하며 흑암이 깊음 위에 있고 하나님의 영은 수면 위에 운행하시니라

이 때에 심판 받은 용은 공중에 내 쫓기게 되고 루시퍼는 영원한 결박으로 흑암에 가두셨습니다.

> **유1:6** 또 자기 지위를 지키지 아니하고 자기 처소를 떠난 천사들을 큰 날의 심판까지 영원한 결박으로 흑암을 가두셨으며
>
> **벧후2:4** 하나님이 범죄한 천사들을 용서하지 아니하시고 지옥에 던져 어두운 구덩이에 두어 심판 때 까지 지키게 하셨으며

> **왕상16:29-31** | 29 유다 왕 아사에 제 삼십팔년에 오므리의 아들 아합이 이스라엘 왕이 되니라 오므리의 아들 아합이 이스라엘의 왕이 되니라 오므리의 아들 아합이 사마리아에서 이십이 년 동안 이스라엘을 다스리니라 30 오므리의 아들 아합이 그의 이전의 모든 사람보다 여호와 보시기에 악을 더욱 행하여 31 느밧의 아들 여로보암의 죄를 따라 행하는 것을 오히려 가볍게 여기며 시돈 사람의 왕 엣바알의 딸 이세벨을 아내로 삼고 가서 바알을 섬겨 예배하고

북이스라엘의 왕 오므리는 악한 왕이었는데 그 아들 아합은 더욱 악을 행하였고 옛 바알의 딸 이세벨과 혼인하여 더욱 악을 행하게 됩니다. 아합과 이세벨의 혼인이 무엇을 말하는지 사도요한은 계시록에서 설명을 가하고 있습니다.

> **계2:18-20** | 18 두아디라 교회의 사자에게 편지하라 그 눈이 불꽃같고 그 발이 빛난 주석과 같은 하나님의 아들이 이르시되 19 내가 네 사업과 사랑과 믿음과 섬김과 인내를 아노니 네 나중행위가 처음 것보다 많도다 20 그러나 네게 책망할 일이 있노라 자칭 선지자라 하는 여자 이세벨을 네가 용납함이니 그가 내 종들을 가르쳐 꾀어 행음하고 우상의 제물을 먹게 하는도다

이세벨을 용납한 두아디라 교회는 바티칸 천주교를 말하고 아합의 그림자인 콘스탄틴 대제에 의해서 복음이 끊어진 것을 말합니다. 이것이 성격상 합칠 수 없는 사람들인 헤롯과 빌라도의 결탁과 연결이 되고 루시퍼와 용의 결탁과도 연결이 되는 것입니다. 예수님을 십자가에 못 박는 일에 헤롯과 빌라도가 당일에는 친구가 되었다고 말합니다.

> 눅23:11-12 | 11 헤롯이 그 군병들과 함께 예수를 업신여기며 희롱하고 빛난 옷을 입혀 빌라도 에게 도로 보내니 12 헤롯과 빌라도가 전에는 원수이었으나 당일에 서로가 친구가 되니라

루시퍼를 통한 용이 합해지고 아합과 이세벨의 혼인, 헤롯과 빌라도의 결탁이 이루어져야 예수께서 십자가에서 죽고 부활하여 그리스도가 되십니다. 다시 말해 용과 루시퍼가 구분이 되어 짐승의 우두머리는 루시퍼가 아니라 용이라는 사실을 알 때 진리가운데 말씀하시는 것을 깨달을 수가 있고, 이 세계를 알아야 예수가 이 땅에 육신을 입고 오셔서 그 몸에 죄를 정하시고 십자가를 지고 죽어 부활하심으로 그리스도가 되심이 이루어집니다. 만약에 이 사실을 모르면 예수가 오셔서 십자가에 죽어 그리스도가 되는 일이 절대로 있을 수 없게 됩니다. 또한 이 사실이 믿어져 진리가 옛 사람을 벗어버리고 심령이 새롭게 되어 새 사람을 입는 것이라는 것을 알게 되는 것입니다.

> 엡4:21-24 진리가 예수 안에 있는 것 같이 너희가 참으로 그에게서 듣고 또한 그 안에서 가르침을 받았을진대 22 너희는 유혹의 욕심을 따라 썩어져가는 구습을 따르는 옛사람을 벗어버리고 23 오직 너희의 심령이 새롭게 되어 24 하나님을 따라 의와 진리의 거룩함으로 지으심을 받은 새 사람을 입으라

또한 주님은 빌라도에게 이 진리에 대하여 증언 하러 오셨다고 말씀하십니다.

> 요18:36-37 | 36 예수께서 대답하시되 내 나라는 이 세상에 속한 것이 아니니라 만일 내 나라가 이 세상에 속한 것이었더라면 내 종들이 싸워 나로 유대인들에게 넘겨지지 않게 하였으리라 이제 내 나라는 여기에 속한 것이 아니니라 37 빌라도가 이르되 그러면 네가 왕이 아니냐 예수께서 대답하시되 네 말과 같이 내가 왕이니라 내가 이를 위하여 태어났으며 이를 위하여 세상에 왔나니 곧 진리에 대하여 증언하려 함이로라 무릇 진리에 속한 자는 내 음성을 듣느니라 하신대

주님의 나라는 이 땅에 속한 나라가 아니며 다른 진리의 세계가 있다는 것을 말씀하고 있고 그 세계가 곧 하늘의 보좌의 세계요, 궁창 위의 세계요, 그리스도의 세계입니다. 바울은 영의 세계의 생명을 신령하다고 말하고 이 신령한 세계의 시작이 첫 사람 아담이신 십자가에서 죽고 부활하신 그리스도였다는 것을 말씀하십니다.

> 고전15:45-49 기록된 바 첫 사람 아담은 생령이 되었다 함과 같이 마지막 아담은 살려 주는 영이 되었나니 46 그러나 먼저는 신령한 사람이 아니요 육의 사람이요 그 다음에 신령한 사람이니라 47 첫 사람은 땅에서 났으니 흙에 속한 자이거니와 둘째 사람은 하늘에서 나셨느니라 48 무릇 흙에 속한 자들은 저 흙에 속한 자와 같고 무릇 하늘에 속한 자들은 저 하늘에 속한 이와 같으니 49 우리가 흙에 속한 자의 형상을 입은 것 같이 또한 하늘에 속한 이의 형상을 입으리라

신령한 영의 세계는 시작이 있어도 안 되고 끝이 있어도 안 되는 영원한 세계이고 이 세계가 곧 만물의 으뜸이 되시는 그리스도이십니다.

> 골1:15-18 그는 보이지 아니하는 하나님의 형상이시오 모든 피조물보다 먼저 나신이시니 16 만물이 그에게서 창조되되 하늘과 땅에서 보이는 것들과 보이지 않는 것들과 혹은 왕권들이나 주권들이나 통치자들이나 권세들이나 만물이 다 그로 말미암고 그를 위하여 창조되었고 17 또한 그가 만물보다 먼저 계시고 만물이 그 안에 함께 섰느니라 18 그는 몸인 교회의 머리시라 그가 근본이시요 죽은 자들 가운데서 먼저 나신이시니 이는 친히 만물의 으뜸이 되려 하심이요

보이는 것들은 율법의 세계요, 현상의 세계요 예수의 세계이고 보이지 않는 것들은 진리의 세계, 그리스도의 세계입니다. 보이는 세계는 보이지 않는 세계를 나타내기 위함이고 용과 루시퍼도, 아합과 이세벨도, 헤롯과 빌라도도 보이지 않는 세계를 보여주기 위함 이었습니다. 하나님의 시작 지점은 바로 보이지 않는 그리스도의 세계였습니다.

새 하늘과 새 땅을 창조하는 시작 지점이 십자가의 죽음과 부활을 통해 하나님의 아들 그리스도가 된 그때인 것입니다. 우리는 그리스도를 만나야 구원이 있습니다. 그러니 짐승(마귀)은 품속에서 말씀하신 세계가 아니고 십자가를 통해 시작한 그리스도의 세계를 막고 있습니다. 이것만을 막으면 사망이기에 죽이고 도둑질하고 거짓 선지자들을 통하여 부정한 것과 가증한 것을 먹이려고 혈안이 되어 있는 것입니다.

> 레11:7-12 | 7 돼지는 굽이 갈라져 쪽발이로되 새김질을 못하므로 너희에게 부정하니 8 너희는 이러한 고기를 먹지 말고 그 주검도 만지지 말라 이것들은 너희에게 부정하니라 9 물에 있는 모든 것 중에서 너희가 먹을 만한 것은 이것이니 강과 바다와 다른 물에 있는 모든 것 중에서 지느러미와 비늘 없는 모든 것은 너희에게 가증한 것이라 11 이들은 너희에게 가증한 것이니 너희는 그 고기를 먹지 말고 그 주검을 가증히 여기라 12 수중 생물에 지느러미와 비늘 없는 것은 너희가 혐오할 것이니라

거짓 선지자들이 전하여 먹이는 것은 신화와 족보로 성경을 풀어서 먹이는 율법이고 부정한 것입니다. 저들은 앞으로 계속해서 입으로는 예수는 그리스도라고 전하고 있지만 모두가 가짜입니다. 진리의 지식을 진리의 율법으로 바꾸어 전하기에 가증한 것입니다. 그래서 저들은 우리가 전하는 복음과 같이 전해지기에 제대로 모르기에 쉽게 속는 것입니다.

복음은 들어서 알고 있지만 생명으로 낳아지지 못했기에 진리의 율법을 전하게 되는데 이렇게 전하는 자들이 바로 거짓 그리스도들입니다.

> 마24:24 거짓 그리스도들과 거짓 선지자들이 일어나 큰 기적과 기사를 보여 할 수 만 있으면 택하신 자들도 미혹하리라

마지막 끝 날에 미가엘과 용이 싸우는 하늘의 전쟁이 시작되는데 이 때가 바로 복음의 때입니다. 땅에서 미혹하던 귀신들은 이 때 모두 공중으로 불려 올라가는데 그렇게 되면 이 땅의 모든 사람이 예수가 그리스도라는 십자가의 도의 복음을 깨닫게 됩니다.

하늘의 전쟁 전에 우리는 출산에서 온 영의 과정이 있게 되고 추수의 종들이 낫을 들고 추수함으로 끝나게 됩니다.

> 슥3:9 만군의 여호와가 말하노라 그날에 너희가 각각 포도나무와 무화과나무 아래로 서로 초대하리라 하셨느니라 계14:18 또 불을 다스리는 다른 천사가 제단으로 부터 나와 예리한 낫 가진 자를 향하여 큰 음성으로 불러 이르되 네 예리한 낫을 휘둘러 땅의 포도송이를 거두라 그 포도가 익었느니라 하더라

예수가 그리스도라는 사실을 모두가 알게 되지만 그 사실이 믿어지지가 않아서 알곡과 쭉정이가 나누어지게 됩니다. 바로 이때 흙의 몸을 통하여 십자가의 죽음과 부활이 말일에 전해지게 될 때 용이 쓰임 받게 되어 알곡과 가라지를 분리해 내게 되는 것입니다.

그 시제 안에서 루시퍼도 쓰임 받는데 영원한 천국에 들어가기 전에 곡과 마곡의 때에 심판을 위해 쓰임 받게 됩니다.

> 계20:1-3 또 내가 보매 천사가 무저갱의 열쇠와 큰 쇠사슬을 그의 손에 가지고 하늘로부터 내려와서 2 용을 잡으니 곧 옛 뱀이요 마귀요 사탄이라 잡아서 천 년 동안 결박하여 3 무저갱에 던져 넣어 잠그고 그 위에 인봉하여 천 년이 차도록 다시는 만국을 미혹하지 못하게 하였는데 그 후에는 반드시 잠깐 놓이리라

> 창1:26-27 | 26 하나님이 이르시되 우리의 형상을 따라 우리의 모양대로 우리가 사람을 만들고 그들로 바다의 물고기와 하늘의 새와 가축과 온 땅과 땅에 기는 모든 것을 다스리게 하자 하시고 27 하나님이 자기 형상 곧 하나님의 형상대로 사람을 창조하시되 남자와 여자를 창조하시고

용이 사주하는 짐승의 세력들이 이제는 사람 속에 역사하여 그리스도를 깨닫지 못하게 합니다. 사람 속에 이미 장악되어 있고 양의 옷을 입은 이리가

> 마7:15 거짓 선지자들을 삼가라 양의 옷을 입고 너희에게 나아오나 속에는 노략질 하는 이리라

되어 버렸습니다. 다시 말해 지금은 사람의 짐승화 시대입니다. 이 세상에 있는 우상들의 모습을 보십시오!
모두 한결 같이 짐승의 모습일 겁니다. 그런데 창조 여섯째 날에 왜 사람과 짐승을 같은 날 만드신 이유는 무엇일까요? 한마디로 진짜를 가려내기 위한 계획이십니다.
아버지와 아들을 통하여 짐승과 사람을 지어 섞었다가 말일에 십자가의 도를 전해보면 드러난다는 것입니다. 한 날에 만들어서 섞어 놓았다가 복음을 받는 자가 사람이라는 것이고 다시 말해 그리스도를 만난 자가 사람이고 못 만나면 짐승이라는 것입니다.
창1:26절에 우리라는 아들과 아버지의 계획을 통해 만들어지는 사람이 진짜 하나님의 사람입니다.

> 창1:26 하나님이 이르시되 우리의 형상을 따라 우리의 모양대로 우리가 사람을 만들고 그들로 바다의 물고기와 하늘의 새와 가축과 온 땅과 땅에 기는 모든 것을 다스리게 하자 하시고

눈으로 보면 다 사람 같아 보이지만 영적으로 보면 짐승과 사람이 섞여 있습니다.

여기에 십자가의 도를 전해보면 사람(하나님의 자녀)과 짐승(마귀의 자녀)이 구분이 됩니다.

존귀에 처하나 깨닫지 못하면 멸망하는 짐승 같다고 말씀하셨습니다.

> 시49:20 존귀하나 깨닫지 못하는 사람은 멸망하는 짐승 같도다

예레미야는 사람의 씨와 짐승의 씨를 이스라엘 집과 유다 집에 뿌릴 날이 이를 것이라고 말씀하셨습니다.

> 렘31:27 여호와의 말씀이니라 보라 내가 사람의 씨와 짐승의 씨를 이스라엘 집과 유다 집에 뿌릴 날이 이르리니

십자가에서 죽고 부활하셔서 주와 그리스도가 되신 분을 알고 믿는 자는 사람이고, 예수가 그리스도인줄 모르면 짐승이라는 것입니다. 즉 마귀입니다.

4. 창17:1 (너는 내 앞에서 행하여 완전하라)

> 창17:1 | 아브람의 구십 구 세 때에 여호와께서 아브람에게 나타나서 그에게 이르시되 나는 전능한 하나님이라 너는 내 앞에서 행하여 완전 하라

아브람은 아직 육적 몸을 벗지 못했습니다. 이름도 안 바뀌었습니다. 약속은 받았지만 육체 때문에 이루어지지 않았습니다. 하나님은 이를 이루시기 위해 하갈을 통하여 율법인 이스마엘을 16장에 나타나게 해서 율법을 깨닫게 하십니다. 아브람이 86세에 이스마엘을 낳고 율법의 행위 안에 지낸 14년 동안 하나님은 침묵하십니다.

14년간의 단절을 의미하는 것은 율법 아래에서의 그 어떤 열심과 노력도 그리스도를 얻지 못하면 아무 소용이 없다는 것을 말해줍니다. 그 아래서 헌신, 봉사하면서 충성한다고 받으시지 않는다는 것입니다.

그리고 17장부터 예수 안에서 율법을 받고 육체를 깨닫습니다. 99세가 된 아브람에게 하나님께서 다시 말씀하시고 자신과 사래까지 이름을 바꿔주시고 언약의 표징으로 할례를 행하게 하십니다.

바울은 율법 아래 속한 자들은 저주 아래에 있다고 했고 율법은 믿음에서 난 것이 아니라고 했습니다. 율법의 행위로 살아가는 자들은 항상 저주 아래 이스마엘로 살아간다는 것인데 이들은 그리스도를 깨닫기 전까지는 계속 왕 노릇하며 큰 소리치고 대장노릇하며 살아갑니다.

> 갈3:10-12 무릇 율법 행위에 속한 자들은 저주 아래에 있나니 기록된바 누구든지 율법책에 기록된 대로 모든 일을 항상 행하지 아니하는 자는 저주 아래에 있는 자라 하였음이라 11 또 하나님 앞에서 아무도 율법으로 말미암아 의롭게 되지 못 할 것이 분명하니 이는 의인은 믿음으로 살리라 하였음이라 12 율법은 믿음에서 난 것이 아니니 율법을 행하는 자는 그 가운데서 살리라 하였느니라

성경보다는 유명한 사람의 말이 우선되고 축복을 강조하여 눈을 멀게 하였고 세미나, 강연식의 설교로 변한 강단에서 웃기는 미사여구의 말로 사람들을 감동시키고 눈물을 쏙 빼게 하면 큰 힘을 얻어 세력을 얻고 명성을 얻어 성공했다고 여기는 잣대가 얼마나 황당하고 우스운 일인지 모르겠습니다. 미안하지만 그리스도를 깨닫지 못하고 진리 안에 거하지 못한 채 드려진 모든 행위의 예배를 받아보신 적이 없다고 성경은 기록하십니다.

> 행7:48 그러나 지극히 높으신 이는 손으로 지은 곳에 계시지 아니하시나니 선지자가 말한바 히9:24 그리스도께서는 참 것의 그림자인 손으로 만든 성소에 들어가지 아니하시고 바로 그 하늘에 들어가사 이제 우리를 위하여 하나님 앞에 나타나시고 히10:1-10 1 율법은 장차 올 좋은 일의 그림자일 뿐이요 참 형상이 아니므로 해마다 늘 드리는 같은 제사로는 나아오는 자들을 언제나 온전하게 할 수 없느니라 마7:21-23 나더러 주여 주여 하는 자마다 다 천국에 들어가는 것이 아니요 다만 하늘에 계신 내 아버지의 뜻대로 행하는 자라야 들어가리라 22 그 날에 많은 사람이 나더러 이르되 주여 주여 우리가 주의 이름으로 선지자 노릇 하며 주의 이름으로 귀신을 쫓아내며 주의 이름으로 많은 권능을 행하지 아니하였나이까 하리니 23 그때에 내가 그들에게 밝히 말하되

내가 너희를 도무지 알지 못하니 불법을 행하는 자들아 내게서 떠나가라 하리라

이것이 우리 모두의 실상입니다. 그러다가 성경은 나무에 달려 우리를 위해 대신 저주를 받으시고 율법의 저주에서 우리를 속량해 주신 그 분이 바로 그리스도시라는 설명을 하십니다.

> 갈3:13 그리스도께서 우리를 위하여 저주를 받은바 되사 율법의 저주에서 우리를 속량하셨으니 기록된 바 나무에 달린 자마다 저주 아래에 있는 자라 하였음이라

그리고 바울은 이어서 이제 그리스도 예수 안에서 아브라함의 복이 이방인에게 미치게 하고 우리의 믿음을 보이면 그것으로 말미암아 영의 약속을 받게 해주셨다는 것입니다.

> 갈3:14 이는 그리스도 예수 안에서 아브라함의 복이 이방인에게 미치게 하고 또 우리로 하여금 믿음으로 말미암아 성령의 약속을 받게 하려 함이라

야고보는 진리의 말씀으로 낳아져야 한다고 했고 바울은 복음으로 낳았다고 말씀하십니다.

> 약1:18 그가 피조물 중에 우리로 한 첫 열매가 되게 하시려고 자기의 뜻을 따라 진리의 말씀으로 우리를 낳으셨느니라 고전4:15 그리스도 안에서 일만 스승이 있으되 아버지는 많지 아니하니 그리스도 예수 안에서 내가 복음으로써 너희를 낳았음이라

사라의 생리가 끊기고 아브람의 몸이 죽어 씨까지 끊겨야 이삭이 태어나게 됩니다. 십자가에 죽어야 이삭이 탄생합니다. 우리 모두가 이스마엘에서 이삭으로 나아가야 합니다. 율법을 통하여 육체의 죄를 깨달으면 이스마엘은 복종하게 됩니다.

예수님 밑에서 율법을 깨닫고 죄를 해결해야 합니다. 그러면 성령의 인도를 통해 십자가에서 믿음의 행함을 하게 되고 성령의 사역을 통해 자녀로 나아가게 됩니다. 결국 알고 보니 이 이삭이 곧 그리스도였다고 바울은 기록합니다.

> 롬4:19 그가 백세가 되어 자기 몸이 죽은 것 같고 사라의 태가 죽은 것 같음을 알고도 믿음이 약하여지지 아니하고 갈3:16 이 약속들은 아브라함과 그 자손에게 말씀하신 것인데 여럿을 가리켜 그 자손들이라 하지 아니하시고 오직 한 사람을 가리켜 네 자손이라 하셨으니 곧 그리스도라

창세기를 통해서는 사라를 통해 이삭을 낳듯 성경 전체를 통해서는 예수를 통해 그리스도를 만나야 한다는 것입니다.

> 창17:4-8 | 4 보라 내 언약이 너와 함께 있으니 너는 여러 민족의 아버지가 될지라 5 이제 후로는 네 이름을 아브람이라 하니니 이는 내가 너를 여러 민족의 아버지가 되게 하려 함이니라 6 내가 너로 심히 번성하게 하리니 내가 네게서 민족들이 나게 하며 왕들이 네게로부터 나오리라 7 내가 내 언약을 나와 너 및 네 대대 후손 사이에 세워서 영원한 언약을 삼고 너와 네 후손의 하나님이 되리라 8 내가 너와 네 후손에게 내가 거류하는 이 땅 곧 가나안 온 땅을 주어 영원한 기업이 되게 하고 나는 그들의 하나님이 되리라

드디어 하나님께서 이름을 바꾸어 주십니다.
열국의 아비라는 뜻의 아브라함으로
열국의 어미라는 뜻이 사라로 이름이 바뀌었습니다.

이름을 바꾸어 주신 의미가 무엇일까요?
이것은 이삭을 얻기 위한 시작에 불과하지만 아주 중요한 의미가 내포되어 있습니다.
복음을 인식하기 시작했다는 얘기인데 예수가 누구이고 그리스도가 누구신지 성경의 메시지가 분리되어 보여지기 시작한 것이고, 죄가 무엇인지 의가 무엇인지 심판이 무엇인지 성령의 인도로 깨달아져서 성령의 침례가 무엇인지 알았다는 것입니다.
여주인 사라는 복음은 낳아져야 하기에 그리스도의 그림자로 나타납니다.

> 갈4:23-26 여종에게서는 육체를 따라 났고 자유 있는 여자에게서는 약속으로 말미암았느니라 24 이것은 비유니 이 여자들은 두 언약이라 하나는 시내 산으로부터 종을 낳은 자니 곧 하갈이라 25 이 하갈은 아라비아에 있는 시내 산으로서 지금 있는 예루살렘과 같은 곳이니 그가 그 자녀들과 더불어 종 노릇하고 26 오직 위에 있는 예루살렘은 자유자니 곧 우리 어머니라

그 다음은 아브라함의 영원한 언약의 회복인 할례를 행하게 됩니다.

> 렘18:3-6 | 3 내가 토기장이의 집으로 내려가서 본즉 그가 녹로로 일을 하는데 4 진흙으로 만든 그릇이 토기장이의 손에서 터지매 그가 그것으로 자기 의견에 좋은 대로 다른 그릇을 만들더라 5 그때에 여호와의 말씀이 내게 임하니라 이르시되 6 여호와의 말씀이니라 이스

> 라엘 족속아 이 토기장이가 하는 것 같이 내가 능히 너희에게 행하지 못하겠느냐 이스라엘 족속아 진흙이 토기장이의 손에 있음 같이 너희가 내 손에 있느니라

예레미야는 토기장이가 진흙으로 만든 그릇을 만들다가 자기의 의견에 안 맞으면 파상하고 다른 그릇을 만드는 것을 볼 때 하나님의 말씀이 임했고 나도 이 토기장이가 하는 것 같이 너희에게 행하겠다고 말씀하십니다. 이는 진흙인 옛 사람을 십자가(녹로)에서 파상하고 복음으로 낳아지는 비밀을 이야기하고 있고, 그리스도의 침례로 온 영까지 가야 완성되는 과정을 그려주고 있습니다. 믿음이 온 세상에 전파 될 때가 오게 되는데 그 때는 하나님이 정하신 때이고, 건축자의 돌이 모퉁이의 머릿돌이 되는 때이고 많은 사람들이 말씀이 있는 시온 산, 즉 몸 된 성전으로 몰려가는 기쁘고 즐거운 날이 올 것을 말씀 해주시고 계십니다.

> 롬1:8 먼저 내가 예수 그리스도로 말미암아 너희 모든 사람에 관하여 내 하나님께 감사함은 너희 믿음이 온 세상에 전파됨이로다
> 합2:3 이 묵시는 정한 때가 있나니 그 종말이 속히 이르겠고 결코 거짓되지 아니하리라 비록 더딜지라도 기다리라 지체되지 않고 반드시 응하리라
> 미4:2 곧 많은 이방 사람들이 가며 이르기를 오라 우리가 여호와의 산에 올라가서 야곱의 하나님의 전에 이르자 그가 그의 도를 가지고 우리에게 가르치실 것 이니라 우리가 그의 길로 행하리라 하리니 이는 율법이 시온에서부터 나올 것이요 여호와의 말씀이 예루살렘에서 부터 나올 것임이라
> 시118:24 이 날은 여호와께서 정하신 것이라 이 날에 우리가 즐거워하고 기뻐하리로다

그리스도의 말씀을 주시는 때가 바로 소돔과 고모라의 심판직전에 이름을 아브라함으로 바꾸어 줄 시점입니다. 옛사람을 멸하고 새 생명을 주시고 추수의 종들을 세울 때가 아브람이 육적 몸을 벗고 할례를 행할 직전입니다. 토기장이의 손에서 파상되어야 시민권이 하늘에 있게 되는데, 이는 십자가에서 죽고 이스마엘에서 이삭으로 가야 가능한 일입니다.

시민권은 모든 것을 잃어버리고 얻게 됩니다. 그리스도를 얻게 되는 것은 십자가에서 육체를 해결하고 모든 것을 배설물로 버렸을 때입니다.

> 빌3:8-9 또한 모든 것을 해로 여김은 내 주 그리스도 예수를 아는 지식이 가장 고상하기 때문이라 내가 그를 위하여 모든 것을 잃어버리고 배설물로 여김은 그리스도를 얻고 9 그 안에서 발견되려 함이니 내가 가진 의는 율법에서 난 것이 아니요 오직 그리스도를

믿음으로 말미암은 것이니 곧 믿음으로 하나님께로부터 난 의라

> 창17:9-14 | 9 하나님이 또 아브라함에게 이르시되 그런즉 너는 내 언약을 지키고 네 후손도 대대로 지키라 10 너희 중 남자는 다 할례를 받으라 이것이 나와 너희와 너희 후손 사이에 지킬 내 언약이니라 11 너희는 표피를 베어라 이것이 나와 너희 사이의 언약의 표징이니라 12 너희의 대대로 모든 남자는 집에서 난 자나 또는 너희 자손이 아니라 이방사람에게서 돈으로 산 자를 막론하고 난지 팔일 만에 할례를 받을 것이라 13 너희 집에서 난 자든지 너희 돈으로 산 자든지 할례를 받아야 하리니 이에 내 언약이 너희 살에 있어 영원한 언약이 되려니와 14 할례를 받지 아니한 남자 곧 그 포피를 베지 아니한 자는 백성 중에서 끊어지리니 그가 내 언약을 배반 하였음이니라

이제 언약을 말씀하시면서 할례를 받으라고 명령하십니다. 아브라함의 할례는 실상을 보니 길갈할례였고 마음의 할례였습니다.

> 롬2:29 오직 이면적 유대인이 유대인이며 할례는 마음에 할지니 영에 있고 율법 조문에 있지 아니한 것이라 그 칭찬이 사람에게서가 아니요 다만 하나님에게서니라
> 골2:11 또 그 안에서 너희가 손으로 하지 아니한 할례를 받았으니 곧 육의 몸을 벗는 것이요 그리스도의 할례니라
> 출4:24-26 | 24 모세가 길을 가다가 숙소에 있을 때에 여호와께서 그를 만나사 그를 죽이려 하신지라 25 십보라가 돌칼을 가져다가 그의 아들의 포피를 베어 그의 발에 갖다 대며 이르되 당신은 참으로 내게 피 남편이로다 하니 26 여호와께서 그를 놓아 주시니라 그 때에 십보라가 피 남편이라 함은 할례 때문 이었더라

할례문제 때문에 하나님께서 모세를 죽이려고 하자 십보라가 차돌을 취하여 그의 아들에게 할례를 행하였을 때에 비로소 놓아 주셨다고 기록하고 있습니다.

> 단2:34-35 또 왕이 보신즉 손대지 아니한 돌이 나와서 신상의 쇠와 진흙의 발을 쳐서 부서뜨리며 35 그때에 쇠와 진흙과 놋과 은과 금이 다 부서져 여름 타작 마당의여 겨같이 되어 바람에 불려 간 곳이 없었고 우상을 친 돌은 태산을 이루어 온 세계에 가득하였나이다

에서 뜨인 돌이 등장하면서 신상의 쇠와 진흙이 발을 부서뜨리고 우상을 친 돌은 태산

을 이루어 온 세상에 가득했다고 기록합니다. 여기서 돌은 모두 머릿돌 되신 그리스도를 상징합니다. 마찬가지로 십보라가 취한 차돌도 또한 위로부터 내려온 그리스도의 비밀입니다. 아무것도 섞이지 않은 즉, 율법의 세계의 것이 섞이지 않은 수정같이 깨끗한 돌이신 그리스도이십니다. 여호수아에게는 길갈할례를 행할 때에 부싯돌로 칼을 만들어 할례를 행하게 하십니다.

> 수5:2-3 | 그때에 여호와께서 여호수아에게 이르시되 너는 부싯돌로 칼을 만들어 이스라엘 자손들에게 다시 할례를 행하라 하시매 여호수아가 부싯돌로 칼을 만들어 할례 산에서 이스라엘 자손들에게 할례를 행하니라

부싯돌이 무엇인가요?

불을 일으키는 돌이 아닙니까? 불은 십자가의 죽음을 나타내는 십자가의 도를 나타냅니다.

> 출29:18절 그 숫양 전부를 제단 위에 불사르라 이는 여호와께 드리는 번제라 이는 향기로운 냄새니 여호와께서 드리는 화제니라

에 나타난 숫양 전부를 제단위에 불살라 드리는 화제는 그리스도의 몸을 나타내는 십자가의 도이고, 레10:1-2 '아론의 아들 나답과 아비후가 각기 향로를 가져다가 여호와께서 명령하시지 아니하신 다른 불을 담아 여호와 앞에 분향하였더니 2 불이 여호와 앞에서 나와 그들을 삼키매 그들이 여호와 앞에서 죽은지라' 에 나답과 아비후가 예수가 그리스도임을 믿지 못해 드리는 다른 불은 삼키우는 바 되는 불에 타죽는 죽음을 말씀하십니다. 그리고 말씀이 육신이 되어 오신 예수는 불을 던지러 이 땅에 오셨다고 기록합니다.

> 눅12:49-50 내가 불을 땅에 던지러 왔노니 이 불이 이미 붙었으면 내가 무엇을 원하리요 50 나는 받을 세례가 있으니 그것이 이루어지기까지 나의 답답함이 어떠하겠느냐

양피를 베는 이 언약은 신약에 와서 언약의 피로 넘어가서 만찬식 때 떡을 떼시면서 이것은 내 몸이라 하시면서 기념의 대상의 피가 아닌 몸임을 말씀하십니다.

> 마26:26-28 그들이 먹을 때에 예수께서 떡을 가지사 축복하시고 떼어 제자들에게 주시며

이르시되 받아서 먹으라 이것은 내 몸이니라 하시고 27 또 잔을 가지사 감사 기도하시고 그들에게 주시며 이르시되 너희가 다 이것을 마시라 28 이것은 죄 사함을 얻게 하려고 많은 사람을 위하여 흘리는 바 나의 피 곧 언약의 피니라

고전11:23-26 내가 너희에게 전한 것은 주께 받은 것이니 곧 예수께서 잡히시던 밤에 떡을 가지사 24 축사하시고 떼어 이르시되 이것은 너희를 위하는 내 몸이니 이것을 행하여 나를 기념하라 하시고 25 식후에 또한 그와 같이 잔을 가지시고 이르시되 이 잔은 내 피로 세운 새 언약이니 이것을 행하여 마실 때마다 나를 기념하라 하셨으니 26 너희가 이 떡을 먹으며 이 잔을 마실 때마다 주의 죽으심을 그가 오실 때까지 전하는 것이니라

피로 세운 새 언약은 몸을 드려야 언약의 표징이 됩니다. 만약에 길갈에서 할례를 행하지 않았다면 이 언약도 깨져버리게 됩니다.

창17:12절 '너희의 대대로 모든 남자는 집에서 난 자나 또는 너희 자손이 아니라 이방 사람에게서 돈으로 산자를 막론하고 난지 팔일 만에 할례를 받을 것이라 에 이방인에게 난지 팔일 만에 할례를 행하라' 고 되어 있습니다. 이는 천년안식후의 새 하늘의 영원한 세계로 나아가는 비밀입니다.

아브라함은 이 시점에서 모든 민족의 조상이 됩니다. 길갈할례를 행하고 실제적으로 마음의 할례를 받아 가나안에 들어가 가나안의 7족속을 정복하는 육신 정복이 이루어져 십자가의 도가 완성되는 그림자로 보여줍니다.

창17:15-19 | 15 하나님이 또 아브라함에게 이르시되 네 아내 사래는 이름을 사래라 하지 말고 그 이름을 사라라 하라 16 내가 그에게 복을 주어 그로 네게 아들을 낳아주게 하며 내가 그에게 복을 주어 그로 열국의 어미가 되게 하리니 민족의 열 왕이 그에게서 나리라 17 아브라함이 엎드리어 웃으며 심중에 이르되 백 세 된 사람이 어찌 자식을 낳을까 사라는 구십 세니 어찌 생산하리요 하고 18 아브라함이 이에 하나님께 아뢰되 이스마엘이나 하나님 앞에 살기를 원하나이다 19 하나님이 이르시되 아니라 네 아내 사라가 네게 아들을 낳으리니 너는 그 이름을 이삭이라 하라 내가 그와 내 언약을 세우리니 그의 후손에게 영원한 언약이 되리라

우리가 그리스도의 침례를 받았다고 해서 다 된 것은 아닙니다. 아직 육신 정복이 남았습니다. 결코 만만치가 않은 일입니다. 이제는 그리스도의 영이 임하였으므로

내 안이 아니라 내 주변에서 사망의 법으로 존재합니다. 그것을 날마다 마음에 십자가를 지면서 이겨 나가야합니다. 몸을 통해 영의 법의 지식을 혼에게 넣어주어야 성령이 이것을 보고 성령의 사역이 활발하게 이루어지는 것이 실상이 되어야합니다. 그래야 우리 영이 온 영으로 자라 육신을 정복하게 됩니다. 육신의 정복은 내가 노력해서 이루어지는 것이 아니라 신랑 되신 그리스도께서 해 주셔야만 가능한 것입니다. 우리 입장에서는 말씀을 채워서 믿음으로 가만히 서 있기만 하면 됩니다. 이 말씀도 결국은 영으로 채워야 함은 물론입니다.

사라를 통해 아들이 탄생되고 열 왕의 어미가 되리라고 하시자 아브라함은 속으로 웃으면서 어찌 이런 일이?...라고 하면서 이스마엘이나 하나님 앞에 살기를 원한다는 형편없는 믿음 없는 모습을 보입니다. 이것이 오늘 날 우리의 모습일 수 있습니다. 영으로 시작했다가 약속도 받고 이름도 바꾸고 할례까지 받았어도 육으로 다시 갈 수도 있다는 말입니다. 하나님은 '아니다'라고 하시면서 네 아내가 아들을 낳을 것이고 그 이름을 이삭이라고 단호하게 말씀하십니다. 언약의 말씀을 받은 자들은 믿음의 말씀으로 무장하여 반드시 이기는 자가 되어야 합니다.

> 계3:12 이기는 자는 내 하나님 성전에 기둥이 되게 하리니 그가 결코 다시 나가지 아니하리라 내가 하나님의 이름과 하나님의 성 곧 하늘에서 내 하나님께로부터 내려오는 새 예루살렘의 이름과 나의 새 이름을 그이 위에 기록하리라

5. 성령의 인도와 사역 1

예수 그리스도의 나심은 이러하니라 그의 어머니 마리아가 요셉과 약혼하고 동거하기 전에 성령으로 잉태된 것이 나타났더니(마1:18)
 Now the birth of Jesus Christ was on this wise: When as his mother Mary

was espoused to Joseph, before they came together, she was found with child of the Holy Ghost.(KJV)

예수님은 성령으로 잉태되었습니다. 사람의 몸은 흙이지만 예수님은 몸(body)자체가 성령이라는 말씀이십니다. 말씀이 육체로 될 수 있는 것은 성령으로 가능합니다.
좀 더 풀어서 사용한다면 예수님의 영으로 보면 아버지 품속에 계셨던 그리스도이셨고

> 요1:18 본래 하나님을 본 사람이 없으되 아버지 품속에 있는 독생하신 하나님이 나타내셨느니라

창조하신 분이십니다. 아들과 아버지는 하나이십니다.

> 요10:30 나와 아버지는 하나이니라 하신대

본질이 그리스도이신 예수님이 말씀 가운데 잉태되려면 반드시 성령으로만 가능합니다. 첫 사람 아담은 몸이 흙이기에 생혼을 넣습니다.
흙이 없으면 생혼을 못 붓습니다. 예수님은 말씀이 육체가 되어야 하기 때문에 말씀 가운데 잉태되려면 성령이 있어야 합니다. 말씀은 영이기에 우리에게 보여줄 수 없어서 영인 말씀이 육체가 될 수 있는 것은 성령 밖에 없습니다. 첫 사람 아담은 오실 자의 표상이므로 그림자로서 보여주면서 말씀이 육체로 오시는 예수님을 설명합니다. 그래서 예수님은 육체에서 성령으로 잉태되십니다.

땅에서 난 자 그 누구도 사람을 구원할 수 없기에 하나님이신 그리스도께서 육을 입고 이 땅에 오셔야만 하셨습니다.
그래서 마리아에게서 요셉과 약혼은 했지만 동거하기 전에 성령으로 잉태된 것이 나타났다고 성경은 기록하고 있습니다. 이렇게 오신 분이 예수님이십니다.
야곱은 마리아의 남편 요셉을 낳았으니 마리아에게서 그리스도라 칭하는 예수가 나시니라

> 마1:16 야곱은 마리아의 남편 요셉을 낳았으니 마리아에게서 그리스도라 칭하는 예수가 나시니라

예수님이 요단강에서 침례를 받으실 때 하늘이 열리고 하나님의 영이 비둘기 같이 내렸

다고 하셨습니다. 우리 말 성경에는 성령과 영을 혼동해서 거의 성령으로 기록해 놓았기 때문에 영문을 참고로 기록했습니다.

예수께서 세례를 받으시고 곧 물에서 올라오실 새 하늘이 열리고 하나님의 성령이 비둘기 같이 내려 자기 위에 임하심을 보시더니(마3:16)

> And Jesus, when he was baptized, went up straightway out of the water: and, lo, the heavens were opened unto him, and he saw the Spirit of God descending like a dove, and lighting upon him:

사도요한도 이 장면을 설명하면서 침례요한의 사촌인 예수가 하나님의 아들이신 그리스도 임을 몰랐는데 침례를 줄 때 영이 비둘기 같이 임하는 것을 보고 그 분이 곧 성령으로 침례를 주는 이인 줄 알았고 그 분이 곧 하나님의 아들이심을 알았다고 기록합니다. 예수께서 여자가 낳은 자 중에 이 침례요한보다 큰 자가 없다고 말씀하신 이유도

> 마11:11 내가 진실로 너희에게 말하노니 여자가 낳은 자 중에 세례요한보다 큰 이가 일어남이 없도다 그러나 천국에서는 극히 작은 자라도 그보다 크니라

요한이 십자가로 가기 전에 예수를 하나님의 아들이신 그리스도로 알았기 때문이었습니다.

그러나 천국복음은 위에서 온 사람만 전할 수 있으므로 율법에 속한, 흙에 속한 침례요한은 전할 수가 없어서 헤롯에게 죽으러 가는 것입니다.

> 요1:31-34 | 31 나도 그를 알지 못하였으나 내가 와서 물로 세례를 베푸는 것은 그를 이스라엘에 나타내려 함이라 하니라 32 요한이 또 증언하여 이르되 내가 보매 성령이 비둘기 같이 하늘로부터 내려와서 그의 위에 머물렀더라 33 나도 그를 알지 못하였으나 나를 보내어 물로 세례를 베풀라 하신 그이가 나에게 말씀하시되 성령이 내려서 누구 위에든지 머무는 것을 보거든 그가 곧 성령으로 세례를 베푸는 이인 줄 알라 하셨기에 34 내가 보고 그가 하나님의 아들이심을 증언하였노라 하니라

32 And John bare record, saying, I saw the Spirit descending from heaven like a dove, and it abode upon him.

33 And l knew him not: but he that he that sent me to baptize with water, the same said unto me, upon me, upon whom thou shalt see the Spirit descending, and remaining on him, the same is he which baptizes with the Holy Ghost.

예수께서 성령의 충만함을 입어 요단강에서 돌아오사 광야에서 사십 일 동안 성령에게(영)이끌리시며(눅4:1)

And Jesus being full of the Holy Ghost returned from Jordan, and was led the Spirit into the wilderness

요단강에서 침례 받기 전 영이 오기 전에는 이미 몸 자체가 성령이신데 다시 성령이 임한다는 것은 앞뒤가 안 맞습니다. 그래서 눅4:1절의 표현이 맞습니다. 요단강 전에는 성령의 충만함이었고 요단강 후에는 영이 임한 것입니다. 이렇게 요단강에서 침례를 받으시고 영이 임했기에 그 영에 이끌리셔서 40일을 금식하고 마귀에게 시험을 받으셨습니다. 성령은 한번 오시면 되십니다. 더 뜨겁고 강렬한 성령이 다시 오실 수 없습니다. 이 때는 회개하고 성령의 선물로 나타나는 성령의 충만입니다.

예수님은 30세까지 성령으로 있으실 때는 사람들을 생명으로 낳아주실 수 없으셨습니다. 왜냐하면 아직 영이 안 와서 사역의 시작이 안 되었기 때문입니다.

성령으로 잉태되어 30년 동안 지켰다가 요단강에서 침례를 받으시고 하늘로부터 영이 임하였을 때 생명의 사역이 시작되는 것입니다. 예수님은 이 때부터 영이 중심이 됩니다.

그러면 성령은 무엇을 하십니까?

성령은 동행하면서 보혜사만 하십니다. 사복음서의 기사와 이적을 행하실 때에는 성령은 보혜사이시고 주님은 십자가의 도를 전하십니다. 이 생명의 사역 때 성령의 도움을 받았지만 나타나는 것은 그리스도로 나타나십니다. 요19:30절에 '다 이루었다' 하시고 영혼이 떠나 실 때까지 동행하다가 성령은 사역을 마칩니다. 그러니까 십자가의 죽음과 부활 후에 그리스도가 되셨을 때 성령은 예수님의 대한 사역을 마치게 되는 것입니다.

이제 우리의 경우를 살펴보겠습니다. 예수님의 몸이 성령으로 있다가 영이 임하시고 사역을 했습니다. 그러나 우리는 다릅니다. 흙인 우리는 회개하고 죄 사함 받아 성령을 선물로 받습니다. 그러니까 우리는 옛 사람을 멸하기 전에 성령이 오시는 것입니다.

예수가 그리스도라는 복음이 깨달아지고 믿어져서 성령으로 침례를 받고 계속적인 성령의 인도하심으로 우리의 본질적인 죄인 육체를(죄의 몸, 사망의 몸, 옛사람) 십자가에 못 박았을 때 그리스도의(아들) 침례를 받고 우리 영이 형성이 되어 온 영까지 나아가게 됩니다. 성령을 선물로 받은 성도에게 십자가로 인도하는 것이 성령의 인도하심입니다. 이때 우리 육체가 성령을 대적하고 순종치 않으면 성령은 소멸되지만 순종하면 점차 성령은 살아납니다. 결국 옛 사람을 십자가에서 멸하고 그리스도의 영이 왔을 때 성령의 사역입니다. 그리스도의 영과 더불어서 성령의 인도함을 받을 때 물과 영으로 거듭남의 시점이고 성경이 말씀하시는 생명을 받았다라고 말할 때입니다. 이 때 성령은 사역으로 들어가고 그리스도의 영의 인도가 시작됩니다. 그리스도의 영의 인도함은 우리를 출산시키기 위한 인도하심입니다. 성령의 사역은 육신을 날마다 죽도록 도와주고 말씀을 계속 채우도록 도와서 생명으로 낳도록 해 줍니다. 사역으로 들어가면 역시 우리에게도 성령은 보혜사만 하십니다. 그러나 나타나는 것은 그리스도로 나타납니다. 이것을 방해하는 마귀는 육신의 기관인 생각을 통해서 우리 마음까지 먹으려고 호시탐탐 기회를 노리고 있습니다. 생각에서 마음까지 가면 벌써 진 것이 아니겠습니까?

왜냐하면 마음까지 가면 행동으로 이어지기 때문입니다. 옛사람을 멸한 사람은 이제 중요한 것이 날마다 죽음을 인식하는 것입니다. 생각에서 날마다 죽음이 이루어져야 마음까지 안 갑니다. 생각 속에서 마귀가 우릴 미혹 할 때 즉시 영의 법안에서 날마다 죽음을 인식하면 즉시로 물리치고 이기게 됩니다. 이렇게 되어야 모든 것이 교통정리가 되어 속에서 나오는 생명을 줄 수 있고 죄를 짓지 않는 상태가 됩니다.
마음과 생각 속에서 날마다 죽는 죽음이 이루어지도록 해야 합니다.
중요한 것은 우리가 영의 법안에 들어가서 마음과 생각 속에서 날마다 죽는 자리가 어디인가를 아는 것입니다. 그 자리는 생각의 성령의 인도하심입니다.
날마다 죽음으로 생각에서는 성령의 사역이 이루어지고 그리스도의 영은 마음 가운데 말씀을 새기도록 합니다. 생각에서 날마다 죽음이 안 되면 마음까지 가게 되고 행동으로 이어져 죄를 짓게 됩니다.

또 주께서 이르시기를 이 언약은 내가 그들의 열조의 손을 잡고 애굽 땅에서 인도하여 내던 날에 그들과 맺은 언약과 같지 아니하도다 그들은 내 언약 안에 머물러 있지 아니하므로 내가 그들을 돌보지 아니하였노라

> 히8:9 또 주께서 이르시기를 이 언약은 내가 그들의 열조의 손을 잡고 애굽 땅에서 인도하여 내던 날에 그들과 맺은 언약과 같지 아니하도다 그들은 내 언약 안에 머물러 있지 아니하므로 내가 그들을 돌보지 아니하였노라

말씀을 생각에 두고 기록하는 것은 성령의 사역이고 주께서 이르시되 그 날 후로는 그들과 맺을 언약이 이것이라 하시고 내 법을 그들의 마음에 두고 그들의 생각에 기록하리라 하신 후에 말씀을 마음에 두고 생각에 기록하는 것은 그리스도의 영의 사역입니다.

> 히10:16 주께서 이르시되 그날 후로는 그들과 맺을 언약이 이것이라 하시고 내 법을 그들의 마음에 두고 그들의 생각에 기록하리라 하신 후에

날마다 생각 속에서 성령의 인도하심을 받으십시오!
날마다의 죽음을 순간마다 인식하고 고백하고 시인하며 사십시오!
이 부분은 너무나 중요하기에 계속적으로 반복해서 강조하는 것이고 하루에 이것을 인식하는 시간이 많으면 많을수록 그만큼 자라갑니다. 십자가에서 그리스도와 함께 죽은 후 이 생명은 계속 살아있어야 하는데 이것을 지탱하는 것이 날마다 죽음입니다.
영의 법안에서 성령의 인도하심을 받아가는 법을 깨달으면 십자가의 못 박힘이 그대로 살아있게 됩니다.

> 갈2:20 내가 그리스도와 함께 십자가에 못 박혔나니 그런즉 이제 내가 사는 것이 아니요 오직 내 안에 그리스도께서 사시는 것이라 이제 내가 육체가운데 사는 것은 나를 사랑하사 나를 위하여 자기 자신을 버리신 하나님의 아들을 믿는 믿음 안에서 사는 것이라

육체는 십자가에서 한 번 죽는 것으로 끝나지만 정욕과 탐심은 날마다 죽어야 합니다.

> 갈5:24 그리스도 예수의 사람들은 육체와 함께 그 정욕과 탐심을 십자가에 못 박았느니라

십자가에서 죽은 육체의 고난은 주님 앞에 갈 때 까지 가야함을 명심해야 합니다.

> 벧전4:1-2 그리스도께서 이미 육체의 고난을 받으셨으니 너희도 같은 마음으로 갑옷을 삼으라 이는 육체의 고난을 받은 자는 죄를 그쳤음이니 2 그 후로는 다시 사람의 정욕을

따르지 않고 하나님의 뜻을 따라 육체의 남은 때를 살게 하려 함이라

육체는 마귀의 밥입니다. 그러나 육체를 멸하여 육신이 된 사람은 먹지 못하지만 생각에서 미혹합니다. 여기서 계속 영이 자라나서 우리 영이 형성되지 않으면 육신에 속한 자가 되고 우리 영이 형성되면 육신을 정복하는 자가 됩니다.

> 롬8:13-17 너희가 육신대로 살면 반드시 죽을 것이로되 영으로써 몸의 행실을 죽이면 살리니 14 무릇 하나님의 영으로 인도함을 받는 사람은 곧 하나님의 아들이라 15 너희는 다시 무서워하는 종의 영을 받지 아니하고 양자의 영을 받았으므로 우리가 아빠 아버지라고 부르짖느니라 16 성령이 친히 우리의 영과 더불어 우리가 하나님의 자녀인 것을 증언하시나니 17 자녀이면 또한 상속자 곧 하나님의 상속자요 그리스도와 함께 한 상속자니 우리가 그와 함께 영광을 받기 위하여 고난도 함께 받아야 할 것이니라

날마다 죽음을 통하여 우리 영이 형성돼야 영의 사람, 그리스도의 사람, 육신을 정복한 십자가의 도가 완성된 사람입니다. 우리는 결국 날마다 죽음을 통해 생명이 존재해 가고 믿음 안에서 사는 것이 됩니다.(갈2:20)

우리는 복음을 들으면서 소멸되었던 성령이 살아나서 성령의 인도를 받을 수 있게 되었고, 예수가 그리스도임이 믿어져 성령으로 침례를 받고 십자가로 인도 받아 옛 사람을 멸하게 되는 그리스도의 침례까지 받았습니다.

이는 우리가 잘 나서도 아니고 노력하고 기도해서 되는 것이 아니라는 것을 기억해야 합니다. 정한 때가 되어서 이루어진 것입니다. 우리 때문에 예수님을 통해 그 과정을 다 보여주셨고 깨닫게 해 주신 하나님의 경륜입니다.

> 합2:3 이 묵시는 정한 때가 있나니 그 종말이 속히 이르겠고 결코 거짓되지 아니하리라 비록 더딜지라도 기다리라 지체되지 않고 반드시 응하리라

성령의 인도하심과 사역 2

예수님은 성령으로 잉태되어 30년 동안 성령이 지켰다가 요단강에서 침례를 받은 후 영

을 받고 생명의 사역으로 들어가십니다. 이후 성령은 보혜사를 하시다가 십자가에 죽고 부활하여 그리스도가 되셨을 때 사역을 마칩니다. 우리는 회개하여 성령을 선물로 받고 예수가 그리스도이심이 믿어져 성령침례를 받고, 어느 기간 동안 성령의 인도하심으로 옛사람을 십자가에 못 박았을 때 혼(마음)에 그리스도의 영이 와서 영혼의 사람이 됩니다. 영혼의 목자이신 그리스도를 만나게 된 것입니다.

> 벧전2:25 너희가 전에는 양과 같이 길을 잃었더니 이제는 너희 영혼의 목자와 감독되신 이에게 돌아왔느니라

이후로 성령은 우리가 천국에 갈 때까지 사역을 하게 됩니다.

우리가 옛 사람을 멸했다고 해서 모든 것이 해결된 것은 아닙니다. 여전히 한번 죽은 생명을 보존하고 자라가야 합니다. 그리스도의 도의 초보에 머물러 이성과 감성에 빠지면, 마귀가 만지지도 못한다고 착각하여 다 된 것처럼 생각하여 다시 진리의 율법으로 돌아가게 됩니다. 빨리 영의 개념을 알고 영분별을 가지고 영의 법 안에서 인도함을 받는 법을 배워나가야 합니다. 우리의 육체는 한 번 죽는 가운데 영의 법안에서 성령의 인도하심을 받는 법을 깨달아야 십자가의 못 박힘이 살아있고 생명이 존재하고 믿음 안에서 살아가게 되는 비밀이 있습니다. 이제 그리스도의 영과 더불어 성령이 인도해 가시는 부분을 더 살펴봅니다.

그리스도 안에서 새로운 피조물이 된 사람은 그리스도 안에서 생명이 보존되고 자라가야 합니다. 그리스도의 장성한 분량까지 자라가려면 반드시 날마다 죽음을 통해서 가능합니다. 사도행전을 통해서 생명의 영의 법안에서 날마다 죽어있는 상태에 들어가는 장면을 살펴봅니다.

> 행1:8 | 오직 성령이 너희에게 임하시면 너희가 권능을 받고 예루살렘과 온 유대와 사마리아와 땅 끝까지 이르러 내 증인이 되리라 하시니라

성령은 진리의 영이시고 거룩한 영이십니다. 또한 그리스도에게 속한 영입니다.

> 요15:26 내가 아버지께로부터 너희에게 보낼 보혜사 곧 아버지께로부터 나오시는 진리의 성령이 오실 때에 그가 나를 증언하실 것이요

성령이 임하시면 오직 증인으로만 나타납니다.
주가 되시는 그리스도만을 나타내는 증인이 성령이라는 말씀입니다.

> 행5:32 우리는 이 일에 증인이요 하나님이 자기에게 순종하는 사람들에게 주신 성령도 그러하니라 하더라

권능을 받는 다는 말도 성령의 인도와 사역을 통해 십자가의 도를 깨닫는 것을 말하는 것이지 병고치고 귀신 쫓는 그런 능력을 말하는 것이 아님을 명심해야 합니다.
예루살렘도 도시를 말함이 아니고 몸 된 교회를 말하는 것이고 이 몸 된 성전으로부터 (여기 성전은 그리스도이십니다.) 시작해서 복음이 유대와 사마리아 즉 온 세계로 전해질 것을 말씀하신 것입니다.

> 행4:8-12 | 8 이에 베드로가 성령이 충만하여 이르되 백성의 관리들과 장로들아 9 만일 병자에게 행한 착한 일에 대하여 이 사람이 어떻게 구원을 받았냐고 오늘 우리에게 질문한다면 10 너희와 모든 이스라엘 백성들은 알라 너희가 십자가에 못 박고 하나님이 죽은 자 가운데서 살리신 나사렛 예수 그리스도의 이름으로 이 사람이 건강하게 되어 너희 앞에 섰느니라 11 이 예수는 너희 건축자들의 버린 돌로서 집 모퉁이의 머릿돌이 되었느니라 12 다른 이로써는 구원을 받을 수 없나니 천하사람 중에 구원을 받을 만한 다른 이름을 우리에게 주신 일이 없음이라 하였더라

베드로는 지금 성령의 충만한 가운데 말씀하고 있으십니다.
성전미문 앞에 있던 앉은뱅이를 고친 것은 개인의 권능과 경건으로 된 것이 아니라 너희가 십자가에 못 박고 하나님이 죽은 자 가운데 살리신 예수 그리스도께서 살리신 것이라고 말씀하십니다. 베드로가 성령 충만한 결과가 무엇입니까? 그리스도를 증거 하는 것 입니다. 그러니까 베드로는 옛사람을 멸하시고 생명의 성령의 법안에 들어와서 날마다 죽어있는 상태라는 말씀인 것입니다. 우리도 성령 충만해서 그리스도만을 나타내야 합니다.

> 행6:3-7 | 3 형제들아 너희 가운데서 성령과 지혜가 충만하여 칭찬 받는 사람 일곱을 택

> 하라 우리가 이 일을 그들에게 맡기고 4 우리는 오로지 기도하는 일과 말씀사역에 힘쓰리라 하니 5 온 무리가 이 말을 기뻐하여 믿음과 성령이 충만한 사람 스데반과 또 빌립과 브로고로와 니가노르와 디몬과 바메나와 유대교에 입교했던 안디옥 사람 니골라를 택하여 6 사도들 앞에 세우니 사도들이 기도하고 그들에게 안수하니라 7 하나님의 말씀이 점점 왕성하여 예루살렘에 있는 제자의 수가 더 심히 많아지고 허다한 제사장의 무리도 이 도에 복종 하니라

성령과 지혜가 충만하다는 말도 믿음과 성령이 충만하다는 말도 날마다 죽음 안에 있는 상태이고 생명의 성령의 법 안에 있다는 말씀입니다. 생각가운데 마귀의 미혹을 물리치고 성령으로 충만 하게 되면 나타나는 것이 항상 그리스도로 나타나게 됩니다.
생각 가운데 들어온 가나안 일곱 족속도 성령 충만해서 생각과 마음속에서 날마다
죽음이 이루어지면 정복하게 되고 그리스도의 영광으로 나타나게 됩니다.

> 행7:55-56 | 55 스데반이 성령이 충만하여 하늘을 우러러 주목하여 하나님의 영광과 및 예수께서 하나님 우편에 서신 것을 보고 56 말하되 보라 하늘이 열리고 인자가 하나님 우편에 서신 것을 보노라 한대

사도행전 7장에서 스데반이 성령의 법안에서 날마다 죽어 있는 상태에서 설교를 합니다. 바울은 다메섹에서 그리스도를 만난 후 아나니아를 만나 안수를 받고 눈에서 비늘이 떨어집니다. 그리고 즉시로 성령으로 충만해져서 예수가 하나님의 아들이심을 전파하게 됩니다.

> 행9:17-19 | 17 아나니아가 떠나 그 집에 들어가서 그에게 안수하여 이르되 형제 사울아 주 곧 네가 오는 길에서 나타나셨던 예수께서 나를 보내어 너로 다시 보게 하시고 성령으로 충만하게 하신다 하니 18 즉시 사울의 눈에서 비늘 같은 것이 벗어져 다시 보게 된지라 일어나 세례를 받고 19 음식을 먹으매 강건해지니라
> 행9:20-22 | 20 즉시로 각 회당에서 예수가 하나님의 아들이심을 전파하니 21 듣는 사람이 다 놀라 말하되 이 사람이 예루살렘에서 이 이름을 부르는 사람을 멸하려던 자가 아니냐 여

> 기 온 것도 그들을 결박하여 대제사장들에게 끌어가고자 함이 아니냐 하더라 22 사울은 힘
> 을 더 얻어 예수를 그리스도라 증언하여 다메섹에 사는 유대인들을 당혹하게 하니라

바울도 성령 충만하여 영의 법안에서 날마다 죽어 있는 상태가 된 것입니다. 역시 바울도 그리스도의 침례와 성령 침례를 받은 후에 즉시로 성령의 사역으로 들어가 날마다 죽음을 통해 그리스도를 나타내는 것입니다.

> 행11:24-26 | 24 바나바는 착한 사람이요 성령과 믿음이 충만한 사람이라 이에 큰 무리가
> 주께 더하여지더라 25 바나바가 사울을 찾으러 다소에 가서 26 만나매 안디옥에 데리고
> 와서 둘이 교회에 일 년간 모여 있어 큰 무리를 가르쳤고 제자들이 안디옥에서 비로소 그
> 리스도인이라 일컬음을 받게 되었더라

여기서 바나바도 역시 생명의 성령의 법 안에서 날마다 죽음 안에 있는 상태입니다.
성령 충만한 바나바와 바울이 1년 동안 안디옥에서 큰 무리를 가르쳤습니다. 두 사람이 생명의 성령의 법 안에서 날마다 죽음을 가르쳤을 때 비로소 안디옥에 있던 제자들이 그리스도인이 되었습니다. 그리스도의 사람이 되었다는 것은 생명의 성령의 법을 깨달은 사람을 두고 말씀하시는 것입니다. 놀랍지 않습니까?
모두가 한결같이 옛 사람을 멸하고 성령의 법안에 들어와 있는 상태에서 성령의 사역을 했다는 점이 말입니다.

이제 분명해졌습니다. 복음을 제대로 깨닫지 못했을 때에는 마치 성령이 무엇이든지 다 하는 것처럼 가르치고 배우고 그런 줄 알았습니다. 그러나 복음을 깨닫고 보니 성령은 그리스도만을 증거 하신다는 것이 명백한 진리가 아니겠습니까?
성령이 구원을 주지 못합니다. 성령이 믿음을 주지 못합니다.
성령이 귀신을 쫓는 것이 아닙니다. 성령이 병을 고치는 것이 아닙니다.

> 행8:5 빌립이 사마리아 성을 내려가 그리스도를 백성에게 전파하니,14-17 14 예루살렘
> 에 있는 사도들이 사마리아도 하나님의 말씀을 받았다 함을 듣고 베드로와 요한을 보내
> 매 15 그들이 내려가서 그들을 위하여 성령 받기를 기도하니 16 이는 아직 한 사람에게

> 도 성령 내리신 일이 없고 오직 주 예수의 이름으로 세례만 받을 뿐이더라 17 이에 두 사도가 그들에게 안수하매 성령을 받는지라

이 모든 것은 그리스도께서 하시는 것입니다.
이것은 성령과 그리스도의 영을 같은 것으로 보는 데서 오는 치명적인 오류입니다.

구약의 여호와의 신이나 신이라고 할 때는 모두가 그리스도의 영이고 예수께서 십자가에서 죽으시고 부활하여 그리스도가 되신 후에 보내신 보혜사 성령은 진리의 영이고 거룩한 영이십니다.

> 요14:17 그는 진리의 영이라 세상은 능히 그를 받지 못하나니 이는 그를 보지도 못하고 알지도 못함이라 그러나 너희는 그를 아나니 그는 너희와 함께 거하심이요 또 너희 속에 계시겠음이라 15:26 내가 아버지께로부터 너희에게 보낼 보혜사 곧 아버지께로부터 나오시는 진리의 성령이 오실 때에 그가 나를 증언 하실 것이요 16:7 그러나 내가 너희에게 실상을 말하노니 내가 떠나가는 것이 너희에게 유익이라 내가 떠나가지 아니하면 보혜사가 너희에게로 오시지 아니할 것이요 가면 내가 그를 너희에게로 보내리니, 13 그러나 진리의 성령이 오시면 그가 너희를 모든 진리가운데로 인도하시리니 그가 스스로 말하지 않고 오직 들은 것을 말하며 장래 일을 너희에게 알리시리라

이 그리스도의 영이 와야 성령의 사역으로 은사가 주어지고 열매를 맺어가게 됩니다. 옛 사람이 멸하지 않은 사람이 (죄의 문제를 해결하지 못하고 해결된 것으로 여기고 있는 사람) 귀신을 쫓고 병을 고치고 은사가 임했다고 펄쩍 뛰면서 사람들을 모아 교회를 키워 나가고 큰 목회자라고 한다면 이는 분명 잘못된 일입니다.

> 눅4:5-6 마귀가 또 예수를 이끌고 올라가서 순식간에 천하만국을 보이며 6 이르되 이 모든 권위와 그 영광을 내가 네게 주리라 이것은 내게 넘겨준 것이므로 내가 원하는 자에게 주노라

또 성도들 가운데서 이런 오류에 빠져서 영의 세계가 열려서 천국을 갔다가 온 간증을 하고 한쪽으로 치우쳐서 마치 그런 세계를 경험 못 하는 사람을 무시하고 자기를 높게 여기는 상태에 빠진다면 이는 큰일인 것입니다. 여러 형태로 혼란에 빠져 있는 한국 교계를 바라보면서 가슴을 치면서 기도하는 사람들이 많이 나와야 합니다. 바른 성경적

인 복음을 듣고 외쳐주는 사도바울과 요한과 같은 사람이 필요한 때입니다.
가르치는 목회자들이 먼저 제대로 주님을 알고 사랑하는 신앙의 본질 가운데 바른 성경적인 복음과 생명의 성령의 법을 가르치고 외쳐야 할 때입니다.
더 많은 목회자들이 신앙의 본질 가운데 하나님의 일꾼, 참된 목자들로 돌아와야 합니다.
오 주님 도우소서! 하나님 아버지의 긍휼하심으로 참된 목자들로 전환되게 하소서!!
은혜가 무엇입니까? 죄로부터 벗어나 구원을 받는 것입니다. 생명의 성령의 법안에서 있는 것이 하나님의 전적인 은혜입니다.

> 롬15:15-19 | 15 그러나 내가 너희로 다시 생각나게 하려고 하나님께서 내게 주신 은혜로 말미암아 더욱 담대히 대략 너희에게 썼노니 16 이 은혜는 곧 나로 이방인을 위하여 그리스도 예수의 일꾼이 되어 하나님의 복음의 제사장 직분을 하게 하사 이방인을 제물로 드리는 것이 성령 안에서 거룩하게 되어 받으실 만하게 하려 하심이라 17 그러므로 내가 그리스도 예수 안에서 하나님의 일에 대하여 자랑하는 것이 있거니와 18 그리스도께서 이방인들을 순종하게 하기 위하여 나를 통하여 역사하신 것 외에는 내가 감히 말하지 아니하노라 그 일은 말과 행위로 19 표적과 기사의 능력으로 성령의(영) 능력으로 이루어졌으며 그리하여 내가 예루살렘으로부터 두루 행하여 일루리곤까지 그리스도의 복음을 편만하게 전하였노라

바울은 그리스도 예수 안에서 자랑하는 것이 하나 있는데 그것은 성령의 능력으로 역사하신 것이라는 것입니다. 자신이 한 일이 아니라 순전히 성령의 사역과 영의 사역이라는 말씀입니다.

> 고전1:18 | 십자가의 도가 멸망하는 자들에게는 미련한 것이요 구원을 얻는 우리에게는 하나님의 능력이라
>
> 고전2:2 | 내가 너희 중에서 예수 그리스도와 그의 십자가에 못 박히신 것 외에는 아무것도 알지 아니하기로 작정하였음이라
>
> 갈6:14 | 그러나 내게는 우리 주 예수 그리스도의 십자가 외에 결코 자랑할 것이 없으니 그리스도로 말미암아 세상이 나를 대하여 십자가에 못 박히고 내가 또한 세상을 대하여 그러하니라

그리스도의 영과 더불어 성령의 인도를 받는 것은 날마다 죽음을 통하여 이루어집니다. 십자가에서 옛사람을 멸하는 것은 죄 때문이고 날마다 죽어야 하는 것은 그리스도의 영 때문입니다. 우리는 생각 안에서 성령의 인도를 받아가야 합니다.

그래야 마음과 생각 가운데 날마다 죽음이 이루어집니다. 성령 충만 받아 영의 법안에 날마다 죽는 상태가 되어 성령의 사역이 이루어지도록 해야 합니다.

당신은 생명의 영의 법을 깨달은 그리스도인이 되었습니까?
그리고 영의 법안에서 죽어있는 상태가 되었습니까?
나는 죽고 내 안의 그리스도로 살아야 합니다.

6. 그리스도의 부활 (영 혼 육의 부활의 개념과 분별력)

> 엡1:4 | 곧 창세 전에 그리스도 안에서 우리를 택하사 우리로 사랑 안에서 그 앞에 거룩하고 흠이 없게 하시려고
>
> 요17:5 | 아버지여 창세 전에 내가 아버지와 함께 가졌던 영화로써 지금도 아버지와 함께 나를 영화롭게 하옵소서
>
> 요17:24 | 아버지여 내게 주신 자도 나 있는 곳에 나와 함께 있어 아버지께서 창세 전부터 나를 사랑하시므로 내게 주신 나의 영광을 그들로 보게 하시기를 원하옵나이다

성경은 감추어 놓은 계시를 아무 때나 또 아무나 할 수 있는 것이 아니라고 말씀하십니다. 때가 되어야 하는데 그 때가 말일이라는 것이고 인간의 이성이나 지식, 판단으로 알 수

있는 것은 더욱 아니기에 오직 그리스도의 계시로만 알 수 있고 깨달아 갈 수 있다는 것입니다.

예레미야가 말한 말일에 그것을 완전히 깨닫게 된다고 했고 바울과 베드로도 알지 못하던 것을 우리는 깨달을 수 있다는 것인데, 온 영을 통해 영의 법안에서 말씀의 계시가 있고, 빛 비춤이 있고, 풀어주는 말씀이 채워져 영으로 들리고 믿어지는 지점이 오게 된다는 것입니다.

> 렘23:20 여호와의 진노가 내 마음에 뜻하는 바를 행하여 이루기까지는 그치지 아니하나니 너희가 끝 날에 그것을 완전히 깨달으리라

즉, 침례를 통해 뜰에서 영의 법의 개념을 세우고, 성소에서 채워진 말씀을 통해 성령이 사역을 해주고 생명으로 출산되어, 지성소에서 날마다 죽음을 통해 온 영으로 자라가는데 이러한 사역을 통해 6개의 돌 항아리가 채워지면 그 안에 계시가 있게 된다는 것입니다.

> 갈1:12 이는 내가 사람에게서 받은 것도 아니요 배운 것도 아니요 오직 예수 그리스도의 계시로 말미암은 것이라

천지의 세계는 말씀 안에 예수와 그리스도라는 세계가 있었으며 예수 안에서는 처음 하늘과 처음 땅이 지어졌고 그리스도 안에서는 새 하늘과 새 땅이 지으셨다는 것을 알아야 합니다.
이미 하나님께서 시간을 하나하나 다 정해 놓으신 위의 사실들을 깨닫는 기간이 40만년이라는 것입니다. 그렇다면 어떠한 상태에서 생혼이 되었습니까? 무한한 세계가 지나면서 자녀창조의 비밀을 알게 된 용과 루시퍼가 타락하게 됨으로 하나님은 심판을 가하시게 되고 그 심판이 가해진 혼돈된 흙의 상태에서 첫 사람 아담을 창조하게 됩니다.

> 창1:2 | 땅이 혼돈하고 공허하며 흑암이 깊음 위에 있고 하나님의 영은 수면 위에 운행하시니라
> 창2:7 | 여호와 하나님이 땅의 흙으로 사람을 지으시고 생기를 그 코에 불어넣으시니 사람이 생령(혼)이 되니라

1단계 : 흙으로 사람을 지으시고 (몸)

2단계 : 생기를 그 코에 불어 넣으시고 (생기)

3단계 : 사람이 생혼이 됨 (생혼)

이제 이 중에서 하늘에서 온 것과 땅에서 취한 것을 구분해야 하는데 하나님께서 흙으로 사람을 지으시고 그 코에 생기를 훅~ 불어 넣으실 때 이미 공기와 마찰이 되어 생혼이 되었고 이때 생각이라는 기관이 생겼다는 것을 이해하면 구분이 쉽습니다. 이미 땅의 성분과 마찰이 되었기에 하늘에서 온 것은 '생혼' 밖에 없다는 것을 알아야합니다. 그러므로 생기와 생각은 육신의 기관입니다.

회개하고 죄 사함을 받으면 성령이 선물로 와서 계속 십자가로 인도하여 옛 사람을 못 박게 하여 그리스도를 만나게 하십니다. 이렇게 믿음의 행함을 통하여 육체를 정복했다 하더라도 생각의 기관은 계속 역사합니다. 가나안 7족속들이 생각 속에 계속 공격해 들어오게 되는데 이 때 생각에서 죄들이 끊어지게 하는 사역을 성령이 해 주셔야 합니다. 영의 법을 알려주기 위해서 성령은 사역을 하시는 영역인데 날마다 순간마다 십자가의 죽음을 인식함으로 인해 육신을 정복해 나가는 데까지 갈 수 있는 것입니다. 우리가 해야 할 일은 진리의 지식을 채워 그리스도의 말씀으로 무장하면 되고 순간 생각에 들어오는 죄들을 날마다 죽음을 통해 이겨 나가야합니다. 이것이 반복적으로 이루어지다보면 영의 법안에서 죄가 끊어지고 죄를 짓지 않는 상태가 되고 마음의 죄가 없는 상태로 생명이 들어오게 되는 것입니다.

이 생명이 들어오면 말씀의 계시의 빛 비침이 이루어져 풀어주는 말씀이 됩니다. 내가 하는 것이 아니라 말씀이 하시는 것입니다. 나는 다만 영의 법의 말씀을 통해 믿음으로 가만히 서 있는 것 뿐입니다.

혼이란 무엇인가요?

사람의 지성 감정 의지 등 정신세계의 근원을 통해서 자신이 보고 듣고, 느끼며 체험하는 본능을 통하여 살아가는 것입니다. 몸을 통하여 혼은 지식을 얻습니다.
사람의 혼은 하나님께로부터 온 것이고 혼은 자각하는 기능이 있는 살아있는 인격이 되었습니다. 혼은 바로 영과 몸 양자가 서로 접촉하고 연결되는 고리입니다. 혼은 몸으로 말미암아 외부세계와 접촉 할 수 있고 외부세계의 영향을 받을 수 있습니다.

창3:14절 이후 마귀에게 다 넘어간 이후 생혼은 혼이 되었고 육신은 육체가 되어 버렸습니다. 선악과를 따 먹음으로 말미암아 생혼에서 생기가 떨어져 나가 본능으로 있는 혼 밖에 안 남게 된 것입니다.

> 창3:14 | 여호와 하나님이 뱀에게 이르시되 네가 이렇게 하였으니 네가 모든 가축과 들의 모든 짐승보다 더욱 저주를 받아 배로 다니고 살아 있는 동안 흙을 먹을지니라

구원은 혼의 목자이신 그리스도를 만나는 것입니다.
> 벧전3:15 너희 마음에 그리스도를 주로 삼아 거룩하게 하고 너희 속에 있는 소망에 관한 이유를 묻는 자에게는 대답 할 것을 항상 준비하되 온유와 두려움으로 하고

생혼의 기관에 양심이 있는데 이 양심이 팔려 버리면 복음을 듣지 못하는데 바울은 양심을 따라 하나님을 섬겼다고
> 행24:16 이것으로 말미암아 나도 하나님과 사람에 대하여 항상 양심에 거리낌이 없기를 힘쓰나이다

말씀하시고 계시고 간음한 여인 사건에서는 몸을 굽혀 손가락으로 땅에 쓰셨을 때 사람들이 양심의 가책을 느껴 떠나갔다고 말씀하시고 계십니다.
> 요8:9 그들이 이 말씀을 듣고 양심에 가책을 느껴 어른으로 시작하여 젊은이까지 하나씩 하나씩 나가고 오직 예수와 그 가운데 섰는 여자만 남았더라

결국 혼과 양심은 영의 법안에서 불가분의 관계라는 것을 알 수 있는데 생혼에 있는 양심이 팔리면 결국 복음을 듣지 못한다는 말이고 구원은 이 혼이 받아야 한다는 말씀 입니다.

> 창 3:8 | 그들이 그 날 바람이 불 때 동산에 거니시는 여호와 하나님의 소리를 듣고 아담과 그의 아내가 여호와 하나님의 낯을 피하여 동산 나무 사이에 숨은지라
>
> 창6:3 | 여호와께서 이르시되 나의 영이 영원히 사람과 함께 하지 아니하리니 이는 그들이 육신이 됨이라 그러나 그들의 날은 백이십 년이 되리라 하시니라

아담과 하와가 서늘함을 그날에 바람이 불 때 느꼈다는 것은 무엇을 뜻하는 것이겠습니까? 이미 선악과를 먹으면 반드시 죽는다는 말씀을 하셨습니다.

> 창2:17 선악을 알게 하는 나무의 열매는 먹지 말라 네가 먹는 날에는 반드시 죽으리라 하시니라

그런데 뱀을 통해 죄의 유혹이 들어왔을 때 저들은 죽을까 하노라 로 바꾸어 버렸고 먹음직하고 (육신의 정욕) 탐스러운(이생의 자랑) 나무 열매를 따먹고 범죄 해 버렸습니다.

> 창3:3 동산 중앙에 있는 나무의 열매는 하나님의 말씀에 너희는 먹지도 말고 만지지도 말라 너희가 죽을까 하노라 하셨느니라

이 때 아담과 하와에게는 성령이 없었기 때문에 넘어갔지만 우리는 성령이 오셔서 사역을 해 주시기 때문에 다릅니다.

죄의 유혹이 넘볼 때 십자가의 날마다 죽음을 인식하면 우리는 즉시로 승리하게 됩니다. 영의 법 안에서 이루어지는 일입니다. 내가 하는 것이 아니라 나는 날마다 죽기만 하면 됩니다. 서늘함을 느낀다는 것은 죄가 들어와 육신을 통해 느꼈다는 것을 의미합니다. 이렇게 우리 몸에 느끼게 하는 것은 마귀가 하는 짓인데 복음을 모르면 체험이나 느낌을 중요시 여기고 따라가는 신앙이 이것을 말해주고 있습니다.

아담과 하와를 통해 죄가 들어온 지 천년이 차니까 육체가 됩니다. 하루아침에 육신에서 육체가 된 것이 아니고 천년이라는 세월이 지나가니깐 육체가 되었기에 우리가 과정을 통해 그리스도의 침례를 받았다 하더라도 하루아침에 성경이 말하는 대로 온전해지는 것이 아닙니다. 들어오는 과정이 있기에 빠져나가는 과정이 있는 것이기에 믿음의 행함을 통해 그리스도의 영이 와서 혼의 목자를 모셨는데도 여전히 욕심을 부리는 모습, 분노를 터트리며 싸우는 모습, 시기하고 분쟁하고 교만한 모습을 보이는 이유가 그것입니다.

육체를 지배하는 주인은 마귀이기에 이 놈이 육신일 때와 육체일 때 들어오는 것이 다름을 알아야합니다. 육체가 되었다는 것은 처음하늘의 45억년과 첫 땅의 아담의 40만년, 새 하늘의 모든 기간을 다 포함하고 있습니다. 육체일 때 들어온 모든 것은 하나님의 이름으로 했지만 모두 마귀로부터 들어온다는 사실을 알아야합니다.

어두움이 4라는 육체 세계의 예표인데 이 어두움이 차야 삼일의 죽음과 부활인 빛으로 나아갑니다. 그래서 때가 차서 율법아래 말씀이 육신이 되어 오시게 되는 것입니다.

> 갈4:4 때가 차매 하나님이 그 아들을 보내사 여자에게서 나게 하시고 율법아래에 나게 하신 것은 요1:14 말씀이 육신이 되어 우리 가운데 거하시매 우리가 그의 영광을 보니 아버지의 독생자의 영광이요 은혜와 진리가 충만하더라

지금까지 우리는 진리의 지식을 들었고 이제 영의 법을 듣고 채워야 하는데 진리의 지식에 마지막 지식이 육체 문제를 해결해야 그리스도의 세계, 그리스도의 영의 지식이 들어온다는 것입니다. 그리고 영의 법의 기초가 육신을 통해 영에 관한 지식을 혼에게 주어야 성령의 사역이 된다는 점입니다. 하나님의 영/아버지의 영, 예수의 영/그리스도의 영, 아들의 영/ 주의 영이 성령을 통해 온 영이 되어야 그리스도의 음성과 성령의 음성을 구별할 수 있고, 엡1:10절이 말씀하시는 "하늘에 있는 것이나 땅에 있는 것이 다 그리스도 안에서 통일되게 하려 하심이라" 하늘과 땅이 통일이 되고 정복되는 지점까지 간다는 것입니다. 초보 때에는 선한 양심이 진리의 지식을 준 것이고 이제는 육신이 영의 법을 주면서 성령이 사역(운행)을 하는 것입니다. 그러니깐 성령은 그리스도의 말씀이 채워진 것이 있어야 그것을 보고 사역을 한다는 것입니다.

> 벧전3:19-20 | 19 그에게 또한 영으로 가서 옥에 있는 영들에게 선포하시니라 20 그들은 전에 노아의 날 방주를 준비할 동안 하나님이 오래 참고 기다리실 때에 복종하지 아니하던 자들이라 방주에서 물로 말미암아 구원을 얻은 자가 몇 명뿐이니 겨우 여덟 명이라

주님이 십자가에서 죽으시고 무덤 속에 있었던 삼일 동안 옥에 있는 영들에게 복음을 전하러 가시는데 저들이 누구입니까? 저들은 노아의 때에 육체의 비밀을 모르고 죽은 자들이었다고 설명하고 방주에서 구원 받은 자가 8명이라고 말씀하십니다. 이는 남자가 4

명 여자가 4명 합하여 8명입니다. 온 인류의 여자는 한 남자인 그리스도를 만나야 구원입니다. 여자가 남자를 안아야 구원입니다. 혼인이 된 것입니다.

> 렘31:22 반역한 딸아 네가 어느 때까지 방황하겠느냐 여호와가 새 일을 세상에 창조하였나니 곧 여자가 남자를 둘러싸리라(개역개정) 개역한글에는 여자가 남자를 안으리라

현재 부부의 관계에서 먼저 한 육체가 되고 그리스도의 몸을 이루는 지체로서 혼인의 비밀에 있다는 말씀입니다. 이 땅에서 아내와 남편의 관계를 말씀하시면서 그리스도와 교회의 큰 비밀을 말씀하십니다. 우리는 끝까지 그리스도의 혼인잔치에 거룩한 신부로 단장되는 먼저 훈련이 가정에서 부터 그리스도와 교회의 완성으로 새 언약의 성취가 이루어져야합니다.

> 엡5: 22 아내들이여 자기 남편에게 복종하기를 주께 하듯 하라 23 이는 남편이 아내의 머리됨이 그리스도께서 교회의 머리됨과 같음이니 그가 바로 몸의 구주시니라 24 그러므로 교회가 그리스도에게 하듯 아내들도 범사에 자기 남편에게 복종 할지니라 25 남편들아 아내 사랑하기를 그리스도께서 교회를 사랑하시고 그 교회를 위하여 자신을 주심같이 하라 26 이는 곧 물로 씻어 말씀으로 깨끗하게 하시고 27 자기 앞에 영광스러운 교회로 세우사 티나 주름 잡힌 것이나 이런 것들이 없이 거룩하고 흠이 없게 하려 하심이라 28 이와 같이 남편들도 자기 아내 사랑하기를 자기 자신과 같이 할지니 자기 아내를 사랑하는 자는 자기를 사랑하는 것이라 29 누구든지 언제나 자기 육체를 미워하지 않고 오직 양육하여 보호하기를 그리스도께서 교회에게 함과 같이 하나니 30 우리는 그 몸의 지체임이라 31 그러므로 사람이 부모를 떠나 그의 아내와 합하여 그 둘이 한 육체가 될지니 32 이 비밀이 크도다 나는 그리스도와 교회에 대하여 말하노라

> 고전 15:45-49 | 45 기록된 바 첫 사람 아담은 생령이 되었다 함과 같이 마지막 아담은 살려주는 영이 되었나니 46 그러나 먼저는 신령한 사람이 아니요 육의 사람이요 그 다음에 신령한 사람이니라 47 첫 사람은 땅에서 났으니 흙에 속한 자 이거니와 둘째 사람은 하늘에서 나셨느니라 48 무릇 흙에 속한 자들은 저 흙에 속한 자와 같고 무릇 하늘에 속한 자들은 저 하늘에 속한 이와 같으니 49 우리가 흙에 속한 자의 형상을 입은 것 같이 또한 하늘에 속한 이의 형상을 입으리라

첫 사람 아담	마지막 아담
흙	성령
생각	말씀
생혼	살려 주는 영
육 있는 자	신령한 자
땅[흙]에 속한 자	하늘에 속한 자
율법의 세계	진리의 세계
말씀이 육신이 되어 오신 예수님	십자가에 죽고 부활하신 그리스도

우리는 복음이 들려와 예수가 그리스도라는 사실이 믿어져 성령의 침례와 믿음의 행함을 통해 그리스도의 침례를 받았으므로 영은 이미 들어와 있습니다. 이제는 몸을 통해 영의 법을 혼에게 전해 주어야 우리 영이 자라 성령의 음성과 그리스도의 영을 구별하고 육신을 정복하는 단계까지 갈 수 있게 됩니다. 성령이 인도하실때 육체도 다 안 것이 아니라 부분적으로 안 것이고 깨알만큼 알게 된 것이기에 내 자신 속에서 성령의 사역이 실상이 되어야 그리스도의 도의 초보에 들어와서 영의 법 안에서 날마다 죽음이 인식 단계에서 마음으로 이루어지고 온 영을 이루는 십자가의 도가 완성되는 것으로 이해하고 전체적인 그림을 그려야 합니다. 자녀 창조의 온 영의 비밀을 알아야 이제 그 세계를 지배하고 다스릴 수 있게 됩니다.

> 창1:26-28 | 26 하나님이 이르시되 우리의 형상을 따라 우리의 모양대로 우리가 사람을 만들고 그들로 바다의 물고기와 하늘의 새와 가축과 온 땅과 땅에 기는 모든 것을 다스리게 하자 하시고 27 하나님이 자기 형상 곧 하나님의 형상대로 사람을 창조하시되 남자와 여자를 창조하시고 28 하나님이 그들에게 복을 주시며 하나님이 그들에게 이르시되 생육하고 번성하여 땅에 충만하라, 땅을 정복하라, 바다의 물고기와 하늘의 새와 땅에 움직이는 모든 생물을 다스리라 하시니라

26절의 우리의 형상대로 아버지와 아들이고 우리가 사람을 만들고는 '사람아담' 입니다. 27절의 자기 형상대로 창조한 사람은 '첫 사람 아담'입니다.

첫 사람 아담은 표상이기에 실제로 하나님의 형상은 안 가졌고 하나님의 참 형상은 그리스도이시고 우리가 하늘에 속한 자의 형상을 입어 하나님의 형상이 되면 그리스도는 하나님의 본체가 되십니다.

> 히1:2-3 이 모든 날 마지막에는 아들을 통하여 말씀하셨으니 이 아들을 만유의 상속자로 세우시고 또 그로 말미암아 모든 세계를 지으셨느니라 3 이는 하나님의 영광의 광채시오 그 본체의 형상이시라 그의 능력의 말씀으로 만물을 붙드시며 죄를 정결하게 하는 일을 하시고 높은 곳에 계신 지극히 크신 이의 우편에 앉으셨느니라 고후4:4 그 중에 이 세상의 신이 믿지 아니하는 자들의 마음을 혼미하게 하여 그리스도의 영광의 복음의 광채가 비치지 못하게 함이니 그리스도는 하나님의 형상이니라
> 골1;15 그는 보이지 아니하는 하나님의 형상이시오 모든 피조물보다 먼저 나신 이시니

실체가 오면 그림자는 없어집니다. 그리스도의 영광의 복음의 광채가 비추어 우리가 하나님의 참 형상인 그리스도의 신부가 되어 혼인이 되는 것이 자녀 창조의 비밀입니다.

하나님도 여자가 들어와야 생육과 번성이 이루어지고 뼈와 살을 통하여 정복하고 다스리게 되어 남자와 하나가 되게 하십니다. 다스리는 세계는 온 영의 세계이고 이 세계를 알면 하나님의 일에 이끌림을 받습니다. 실제로 땅을 정복하고 정복한 만큼 주님의 인도함을 받으려면 어찌해야 합니까? 첫째 하늘과 첫 땅의 세계가 깨달아져서 몸의 실제로 이루어져야 하고 새 하늘의 세계가 열려 그 세계의 생명이 들어와야 생육과 번성이 이루어져서 땅을 정복하고 다스리게 됩니다. 육신을 통해 영의 법의 지식이 혼으로 들어가야 다시 말해서 생혼과 육신의 세계를 알아야 성령이 사역을 합니다. 왜냐하면 이미 그리스도의 영이 오셨기 때문입니다. 땅을 정복한 아비의 단계에 가야 바다의 고기와(용, 마귀) 공중의 새 (귀신, 거짓 선지자들, 복음을 한 번도 들어보지 못한 채 그럴 듯하게 흉내만 내는 자들) 들을 다스릴 수 있게 됩니다.

하나님은 첫째 하늘 전의 놀랍고 어마한 세계와 그때 창세 전의 아버지와 아들이 함께 가졌던 깊고 깊은 영화를

> 요17:5 아버지여 창세 전에 내가 아버지와 함께 가졌던 영화로써 지금도 아버지와 함께 나를 영화롭게 하옵소서

자녀에게 주려고 하는 것이 목적이시고, 온 영의 자녀를 만들어 내는 것이 소망이십니다. 그래서 바울은 우리가 하나님께로부터 온 영을 받아

> 고전2:11-13 사람의 일을 사람의 속에 있는 영 외에는 누가 알리요 이와 같이 하나님의 일도 하나님의 영외에는 아무도 알지 못 하느니라 12 우리가 세상의 영을 받지 아니하고 오직 하나님으로부터 온 영을 받았으니 이는 우리에게 은혜를 주신 것들을 알게 하려 하심이라 13 우리가 이것을 말하거니와 사람의 지혜가 가르친 말로 아니하고 오직 성령께서 가르치신 것으로 하니 영적인 일은 영적인 것으로 분별하느니라

은혜로 주신 것들을 알게 하시기를 원한다고 하셨던 것입니다. 물론 은혜로 주신 것은 예수가 그리스도 이신 것을 믿어 옛 사람을 벗어버리고 새 사람을 입은 자녀가 되어 온 영이 되는 것입니다.

> 엡4:21-24 진리가 예수 안에 있는 것 같이 너희가 참으로 그에게서 듣고 또한 그 안에서 가르침을 받았을진대 22 너희는 유혹의 욕심을 따라 썩어져 가는 구습을 따르는 옛 사람을 벗어버리고 23 오직 너희의 심령이 새롭게되며 24 하나님을 따라 의와 진리의 거룩함으로 지으심을 받은 새 사람을 입으라

> 계7:2-4 | 2 또 보매 다른 천사가 살아계신 하나님의 인을 가지고 해 돋는 데로부터 올라와서 땅과 바다를 해롭게 할 권세를 받은 네 천사를 향하여 큰 소리로 외쳐 3 이르되 우리가 우리 하나님의 종들의 이마에 인치기까지 땅이나 바다나 나무들을 해하지 말라 하더라 4 내가 인침을 받은 자의 수를 들으니 이스라엘 자손의 각 지파 중에서 인침을 받은 자들이 십사만 사천이니

지금까지 이 144,000명이라는 숫자 때문에 많은 오류가 있었고 이단의 단체들이나 특정한 교주들이 이 숫자를 주장하여 자기들만이 구원받는 숫자에 들어간다는 잘못된 주장과 교리 때문에 교계가 혼란스러웠습니다. 이제 속지 말아야 합니다. 이 숫자는 무슨 특별한 사람의 숫자이거나 구원받는 숫자도 아닙니다. 하나님의 비밀의 수요, 새 하늘과 새 땅을 열 상징의 수로 보아야 합니다. 야곱의 12지파에 12,000명씩 곱해서 나오는 수인데 이제 하나님의 약속의 모든 부분이 다 끝났고 모든 세계가 끝나 때가 찼다는 상징의 수입니다. 이방인의 수가 찼고 이방인의 휴거만 남았다는 의미로 이해하면 됩니다. 요한계시록은 인 때 이방인의 구원이고 나팔 때 유대인의 구원, 대접 때 심판을 말씀하

십니다. 여섯째 인을 떼게 되면 복음이 이방인들에게 전해지게 되고 일곱째 인을 떼면 구원받은 이방인들은 하늘로 휴거 됩니다. 일곱째 인을 떼면 동시에 첫째 나팔로 교차해서 들어가게 되고 전 3년 반 동안(1,260일) 유대의 구원이 시작되는데 이 때 남은 이방인들에게는 666이 됩니다. 바다 속에 있는 자들(마귀의 자녀들)은 짐승의 표인 666표를 받을 수밖에 없습니다.

가인의 4천년의 세계는 율법이라는 육체의 세계입니다. 이 세계가 있어야 자녀창조가 된다는 것을 기억해야 하고 때가 차면 새 하늘이 열립니다. 4천년 가인의 율법세계는 가나안 지경에 이르기까지 성도들에게 먹이는 것이 광야의 만나였습니다.

> 출16:34-35 아론이 여호와께서 모세에게 명령하신 대로 그것을 증거 판 앞에 두어 간수하게 하였고 35 사람이 사는 땅에 이르기까지 이스라엘 자손이 사십 년 동안 만나를 먹었으니 곧 가나안 접경에 이르기까지 그들이 만나를 먹었더라

그러나 성막 뜰을 거쳐 성소를 지나 지성소 안에 있는 아론의 싹 난 지팡이를 먹는 지성소 사역까지 가려면 가나안의 만나를 먹어야만 합니다. 창세와 만세 전에 세웠던 모든 세계, 자녀 창조의 온 영에서 이루어지는 것이 지성소에 안에 있는 아론의 싹 난 지팡이를 먹는 지성소 사역까지 가려면 가나안의 만나를 먹어야만 합니다.

창세와 만세 전에 세웠던 모든 세계, 자녀 창조의 온 영에서 이루어지는 것이 지성소에 있는 아론의 싹 난 지팡이입니다. 그리스도의 영이 와서 성령의 사역이 실제적으로 이루어지고 성령의 음성과 그리스도의 음성이 들려올 때 까지 가나안의 만나를 계속 먹어야 하고 영의 사역이 되어 지성소 안에 있는 만나를 일구어 나가야 합니다.

우리는 이 가나안의 만나를 먹으면서 온 영이 완성되어 갑니다. 다시 말해 앞으로의 사역은 목회를 한다는 개념이 좀 달라져야 한다는 것입니다. 추수의 종들로 부름받은 분들의 사역으로 방향이 전환되어야 함을 개인적으로 느낍니다. 즉 가나안의 흔적을 가지고 목회와 사역을 해야 한다는 것입니다.

복음 만을 외침으로 듣는 자가 스스로 말씀을 듣고 그 말씀이 인도해 가시는 대로 준비되어 가고, 전하는 자는 위로 부터 주시는 말씀을 전하게 됨으로 온 영으로 완성되어 가는 것입니다. 이제 강단에서는 광야의 만나를 통한 가나안의 만나 만이 전해져야 합니

다. 십자가에서 죽으시고 부활하신 그리스도의 생명 만을 전하는 일이 교회에서 할 일이고 이 비밀을 아는 자가 온전한 구원을 받습니다.

이제 영의 법 안에서 성령과 그리스도의 영을 구분하게 되고 광야의 만나와 가나안의 만나를 전해 줄 하나님의 일꾼들이 나와야 합니다. 지금까지 마귀가 주인이 된 광야의 만나만 먹였다면 제대로 된 광야의 만나를 이제부터 먹어야하고 먹여야합니다. 광야의 만나는 십자가의 도이고 그리스도의 침례입니다. 하나님은 지금 하나님의 아들들이 나오기를 고대하고 계십니다.

7. 히10:1 (성경은 무엇을 기록하고 있습니까?)

> 히10:1 | 율법은 장차 오는 좋은 일의 그림자요 참 형상이 아니므로 해마다 늘 드리는 같은 제사로는 나아오는 자들을 언제든지 온전케 할 수 없느니라

구약은 신약의 그림자입니다. 율법아래 행하는 것은 모두 율법의 행위입니다.
그리스도의 신비와 비밀들로 감추어져 보이지 않는 반석의 말씀인 진리(십자가의 길)를 찾아 마음인 믿음의 법으로 십자가를 지고 예수 그리스도를 따라 가는 것이 진리의 복음입니다. 그래서 바로 그 진리의 복음을 감추어진 말씀(고전10:4 반석의 말씀. 그리스도)을 찾아 심비에 새기고 이루어가는 것이 생명의 길입니다.

> 고전 10:1-4 | 1 형제들아 너희가 알지 못하기를 내가 원치 아니하노니 우리 조상들이 다 구름 아래 있고 바다 가운데로 지나며 2 모세에게 속하여 다 구름과 바다에서 세례를 받

> 고 3 다 같은 신령한 식물을 먹으며 4 다 같은 신령한 음료를 마셨으니 이는 저희를 따르는 신령한 반석으로부터 마셨으매 그 반석은 곧 그리스도시라

예수께서 제자들에게 십자가를 따라야 영생을 얻을 수 있다고 하십니다.
> 마16:24 | 이에 예수께서 제자들에게 이르시되 아무든지 나를 따라오려거든 자기를 부인하고 자기 십자가를 지고 나를 쫓을 것이니라
>
> 마12:39 | 예수께서 대답하여 이르시되 아무든지 나를 따라오려거든 자기를 부인하고 자기 십자가를 지고 나를 쫓을 것이니라
>
> 요6:54 | 내 살을 먹고 내 피를 마시는 자는 영생을 가졌고 마지막 날에 내가 그를 다시 살리리니
>
> 요19:34 | 그 중 한 군병이 창으로 옆구리를 찌르니 곧 피와 물이 나오더라
>
> 요4:14 | 내가 주는 물을 마시는 자는 영원히 목마르지 아니하리니 내가 주는 물은 그 속에서 영생하도록 솟아나는 샘물이 되리라

자기를 부인하고 자기 십자가를 져야 합니다. 요나의 표적 밖에는 없습니다. 내(주님) 살을 먹고 내(주님) 피를 마시는 자가 되어야 합니다. 주님이 주시는 물을 마셔야 영생하도록 솟아나는 샘물이 됩니다. 이 모든 말씀들이 말하는 것이 무엇입니까? 한결 같이 십자가를 말씀하시고 계십니다. 요나의 표적도 삼일의 죽음과 부활을 뜻하는 십자가의 도이고 살과 피를 먹고 마신다는 것도 십자가의 도입니다.
성경은 모두 그리스도에 대한 기록이라고 말씀하십니다.
> 요5:39 | 너희가 성경에서 영생을 얻는 줄 생각하고 성경을 상고하거니와 이 성경이 곧 내게 대하여 증거 하는 이로다
>
> 눅22:27 | 이에 모세와 및 모든 선지자의 글로 시작하여 모든 성경에 쓴바 자기에 관한 것을 자세히 설명하시니라
>
> 눅22:44 | 또 이르시되 내가 너희와 함께 있을 때에 너희에게 말한 바 곧 모세의 율법과 선지자의 글과 시편에 나를 가리켜 기록된 모든 것이 이루어져야 하리라 한 말이 이것이라 하시고
>
> 요5:10 | 하나님의 아들을 믿는 자는 자기 안에 증거가 있고 하나님을 믿지 아니하는 자는 하나님을 거짓말 하는 자로 만드나니 이는 하나님께서 그 아들에 관하여 증거 하신 증

| 거를 믿지 아니하였음이라

하나님도 그 아들의 (그리스도) 대한 증거를 증거 하셨다고 말씀하십니다.

| 행13:29 | 성경에 저를 가리켜 기록한 말씀을 다 응하게 한 것이라 후에 나무에서 내려다가 무덤에 두었으나

십자가를 지심으로 성경을 다 응하게 한 것이라고(완성) 말씀하십니다.

| 히1:2-3 | 2 이 모든 날 마지막에 아들로 우리에게 말씀하셨으니 이 아들을 만유의 후사로 세우시고 또 저로 말미암아 모든 세계를 지으셨느니라 3 이는 하나님의 영광의 광채시오 그 본체의 형상이시라 그의 능력의 말씀으로 만물을 붙드시며 죄를 정결케 하는 일을 하시고 높은 곳에 계신 위엄의 우편에 앉으셨느니라

예수 그리스도는 하나님의 영광의 광체시고 본체의 형상이라는 것입니다.
즉 하나님의 본체라는 것입니다. 또 성경의 뜻을 풀어보니 예수가 곧 그리스도라는 사실이라는 것입니다.

| 빌2:6 | 그는 근본 하나님의 본체시나 하나님과 동등 됨을 취할 것으로 여기지 아니하시고
| 눅24: 45-48 | 45 이에 그들의 마음을 열어 성경을 깨닫게 하시고 46 또 이르시되 이같이 그리스도가 고난을 받고 제 삼일에 죽은 자 가운데서 살아날 것과 47 또 그의 이름으로 죄 사함을 받게 하는 회개가 예루살렘에서 시작하여 모든 족속에게 전파될 것이 기록되었으니 48 너희는 이 모든 일의 증인이라

마음을 열어 성경을 깨닫게 하시더니 예수님이 십자가에서 죽으시고 부활하신 십자가의 도를 제자들이 알게 되었다는 것입니다.

| 행17:2-3 | 2바울이 자기의 규례대로 저희에게로 들어가서 세 안식일에 성경을 가지고 강론하며 3 뜻을 풀어 그리스도가 해를 받고 죽은 자 가운데서 다시 살아나야 할 것을 증언하고 이르되 내가 전하는 이 예수가 곧 그리스도라 하니

사도바울이 데살로니가의 회당에서 성경을 가지고 강론하며 뜻을 보니 마찬가지로 예수가 십자가에 죽고 부활하여 그리스도가 되었다는 복음을 전하고 있습니다.
사도요한도 예수가 그리스도 되심만을 기록하고 있습니다.

> 요일5:1 | 예수께서 그리스도이심을 믿는 자마다 하나님께로서 난 자니 또한 낳으신 이를 사랑하는 자마다 그에게서 난 자를 사랑하느니라

사도행전에 기록된 것은 베드로, 바울 등이 기록한 내용도 모두 예수가 십자가에 죽으시고 부활하여 그리스도가 된 내용만을 전하고 있습니다.

> 행1:22 | 항상 우리와 함께 다니던 사람 중에 하나를 세워 우리로 더불어 예수께서 부활하심을 증거 할 사람이 되게 하여야 하리라 하거늘

가룟유다를 대신하여 맛디아를 뽑을 때의 기준도 예수께서 부활하심을 증거 할 사람이었다는 것입니다. 바울도 아볼로도 이 복음의 소식만을 전했습니다.

> 행4:1-4 | 1 사도들이 백성에게 말할 때에 제사장들과 성전 맡은 자와 사두개인들이 이르러 2 예수 안에 죽은 자의 부활이 있다고 백성에게 가르치고 전함을 싫어하여 3 그들을 잡으매 날이 이미 저물었으므로 이튿날 까지 가두었으나 4 말씀을 들은 사람 중에 믿는 자가 많으니 남자의 수가 약 오천이나 되었더라

> 행4:33 | 사도들이 큰 권능으로 주 예수의 부활을 증언하니 무리가 큰 은혜를 받아

> 행5:42 | 그들이 날마다 성전에 있든지 집에 있든지 예수는 그리스도라고 가르치기와 전도하기를 그치지 아니하니라

> 행9:22 | 사울은 힘을 더 얻어 예수를 그리스도라 증언하여 다메섹에 사는 유대인들을 당혹하게 하니라

> 행18:28 | 이는 성경으로써 예수는 그리스도라고 증언하여 공중 앞에서 힘 있게 유대인의 말을 이김이러라

> 고전2:2 | 내가 너희 중에서 예수 그리스도와 그가 십자가에 못 박히신 것 외에는 아무것도 알지 아니하기로 작정하였음이라

> 갈6:14 | 그러나 내게는 우리 주 예수 그리스도의 십자가외에 결코 자랑할 것이 없으니 그리스도로 말미암아 세상이 나를 대하여 십자가에 못 박히고 내가 또한 세상을 대하여 그러하니라

사도바울은 십자가에 못 박히신 것 외에는 아무것도 알지 아니하기로 작정했고 그리스도의 십자가만 자랑하겠다고 했습니다. 또 성찬식 때 십자가를 지라는 의미로 내 몸을 먹고 그리스도의 피를 마신 자는 주님의 죽으심을 오실 때까지 전하라고 하셨는데 이것이 십자가의 도이고 진리라는 것입니다.

> 고전11:23-26 | 23 내가 너희에게 전한 것은 주께 받은 것이니 곧 주 예수께서 잡히시던 밤에 떡을 가지사 24 축사하시고 떼어 이르시되 이것은 너희를 위하는 내 몸이니 이것을 행하여 나를 기념하라 하시고 25 식후에 또한 그와 같이 잔을 가지시고 이르시되 이 잔은 내 피로 세운 새 언약이니 이것을 행하여 마실 때마다 나를 기념하라 하셨으니 26 너희가 이 떡을 먹으며 이 잔을 마실 때마다 주의 죽으심을 그가 오실 때까지 전하는 것이니라

구약에서 예표로 보여준 표적이 홍해사건, 마라의 쓴 물, 반석의 샘물, 십계명과 돌판, 놋뱀 사건 등이 요나의 표적인데 이것 밖에는 보여줄 표적이 없다는 것입니다.
주님이 십자가에서 죽으실 때 십자가상에서 "다 이루었다"고 하셨듯이 우리도 그분과 함께 십자가를 지고 믿음의 행함을 하면 구원사가 완성이 되는 것입니다. 그런데 성경은 이 십자가의 도를 비유로 말씀하시고 숨겨놓으셨습니다. 예수님께서는 이 모든 것을 비유로 말씀하시고 비유가 아니면 아무것도 말씀하시지 않으셨다고 기록하셨습니다.

> 마13:34-35 | 34 예수께서 이 모든 것을 무리에게 비유로 말씀하시고 비유가 아니면 아무것도 말씀하지 아니하셨으니 35 이는 선지자를 통하여 말씀 하신 바 내가 입을 열어 비유로 말하고 창세부터 감추인 것들을 드러내리라 함을 이루려 하심이라

왜 그러면 비유로 기록하셨고 예수님께서는 아무나 글자로서는(육으로) 알아 볼 수 없게 왜 비유가 아니면 말씀을 안 하셨다고 하셨을까요? 비밀로 감추어졌기에 자기의 종들에게만 알려주시고 하나님이 직접 그 종들을 통하여 풀어주셔야 하고 절대로 사람의

힘으로 풀거나 억지로 풀면 망하게 되어 있습니다. 나름대로 풀거나 자기 스스로 어떤 감동 받아 풀었다면 그때 다른 예수 다른 그리스도의 진리가 나오게 되어 있습니다. 하나님이 감추어 놓으신 것은 십자가의 진리만 못 알아보게 숨겨놓으셨기에 이제 때가 되어 말일에 전해질 그리스도의 복음이 선택하신 온전한 종들을 통하여 전하기 시작하신 것입니다.

율법 아래의 말씀이라면 마귀가 짝을 맞추어 놓고 사람의 지혜를 통해서 억지로 풀어 진흙탕처럼 만들어 놓아 율법이 뭔지 진리가 뭔지 예수가 누구이신지 그리스도가 누구이신지를 아무것도 모르게 만드는 작업을 성공했기에 지금 혼미한 상태가 되어 버린 것입니다. 성경이 증거 하는 십자가의 도는 신학자나 유명한 설교자나 목회자 라고 해서 해석이 되고 그것으로 설교한다고 진리가 아닙니다.

> 창18:17 | 여호와께서 이르시되 내가 하려는 것을 아브라함에게 숨기겠느냐
> 암3:7 | 주 여호와께서는 자기의 비밀을 그 종 선지자들에게 보이지 아니하시고는 결코 행하심이 없으시리라
> 렘33:3 | 너는 내게 부르짖으라 내가 네게 응답하겠고 네가 알지 못하는 크고 은밀한 일을 네게 보이리라
> 엡3:9 | 영원부터 만물을 창조하신 하나님 속에 감추어져 있던 비밀의 경륜이 어떠한 것을 드러내게 하려 하심이라
> 골1:26-27 | 26 이 비밀은 만세와 만대로부터 감추어졌던 것인데 이제는 그의 성도들에게 나타났고 27 하나님이 그들로 하여금 이 비밀의 영광이 이방인 가운데 얼마나 풍성한지를 알게 하려 하심이라 이 비밀은 너희 안에 계신 그리스도시니 곧 영광의 소망이니라
> 골2:2 | 이는 그들로 마음에 위안을 받고 사랑 안에서 연합하여 확실한 이해의 모든 풍성함과 하나님의 비밀인 그리스도를 깨닫게 하려 함이라

이 비밀은 예수가 아니라 그리스도의 복음입니다. 지금까지 하나님의 경륜 가운데 숨겨졌다가 때가 되어 나왔기에 날로 먹거나 삶아 먹으면 안 되고 무교병과 쓴 나물과 함께 불에(십자가) 구워 먹어야 하는 복음입니다.

사6:13 그 중에 십분의 일이 아직 남아 있을지라도 이것도 황폐하게 될 것이나 밤나무와 상수리나무가 베임을 당하여도 그 그루터기는 남아 있는 것 같이 이 거룩한 씨가 이 땅의 그루터기니라 하시더라 단4:15 그러나 그 뿌리의 그루터기를 땅에 남겨두고 쇠와 놋줄로 동이고 그것을 들풀 가운데에 두어라 그것이 하늘 이슬에 젖고 땅의 풀 가운데에서 짐승과 더불어 제 몫을 얻으리라
출12:7-10 그 피를 양을 먹을 집 좌우 문설주와 인방에 바르고 8 그 밤에 그 고기를 불에 구워 무교병과 쓴 나물과 아울러 먹되 9 날 것으로나 물에 삶아서 먹지 말고 머리와 다리와 내장을 다 불에 구워먹고 10 아침까지 남겨두지 말며 아침까지 남은 것은 곧 불 사르라

그러니 죄 문제를 십자가에서 해결 받고 진리의 말씀이 아구까지 채워져 온전히 장성한 분량까지 이른 사람, 영의 법을 알아 온 영까지 이룬 아비의 단계에 있는 사도화 된 사람들을 통해 이 그리스도의 복음이 전해지고 신, 구약 전체 말씀이 십자가의 도로 풀어져 열매를 맺도록 인도해 가시는 것입니다.

살전5:23 평강의 하나님이 친히 너희를 온전히 거룩하게 하시고 또 너희의 온 영과 혼과 몸이 우리 주 예수 그리스도께서 강림하실 때에 흠 없게 보존되기를 원하노라

예수가 그리스도이심이 깨달아져 믿음의 행함을 통하여 육체를 정복하고 영의 법 안에서 가나안 일곱 족속을 멸하고 육신까지 정복하는 하늘의 법으로 채워진 종들을 통해서 십자가에 죽으시고 부활하신 그 안에 감추어진 비밀을 낱낱이 전하고 있는 것입니다. 이것이 감추어지지 않았다면 오늘 날 구원 받은 사람이 나오지 않을 뿐 아니라 아무나 자기 나름대로의 깨달음을 통해 자기 영광을 취하거나 악에게 먹힘을 당할까봐 숨겨 놓으셨던 것입니다.

천국의 비밀(진리, 십자가의 도)은 하나님이 정하신 종들 외에는 비밀로 하셨는데 이렇게 못 알아보게 비유로 해 놓으신 이유가 바로 저희가 보아도 보지 못하게 들어도 듣지 못하며 깨닫지도 못하게 하기 위함이라는 것입니다.

마13:11 대답하여 이르시되 천국의 비밀을 아는 것이 너희에게는 허락 되었으나 그들에게는 아니되었나니

즉 사6:9절의 말씀처럼 여호와께서 이르시되 가서 이 백성에게 이르기를 너희가 듣기는 들어도 깨닫지 못할 것이요 보기는 보아도 알지 못하리라

이 백성이 마음이 완악하여(세상과 간음하니) 듣고 마음으로 깨달아 고침을 받을까 스스로 두려워함이라고 하신 것입니다. 그래서 이 복음은 아무나 깨닫고 배우고 이루어갈 말씀이 아니고 오직 우리 중심을 미리보시고 택한 자만 이 말씀을 먹게 되어 있습니다. 그래서 예수님도 제자들에게만 비유로 말씀하신 것입니다. 오직 성령으로만 가능한 깨달음입니다.

> 마13:13-14 | 13 그러므로 내가 그들에게 비유로 말하는 것은 그들이 보아도 보지 못하며 들어도 듣지 못하며 깨닫지 못 함이니라 14 이사야의 예언이 그들에게 이루어졌으니 일렀으되 너희가 듣는 들어도 깨닫지 못할 것이요 보기는 보아도 알지 못하리라

그래서 초대교회 때(주후 313년 경) 진리가 없어지고 난 후엔 계속 없어졌다가 이제 마지막 때가 되니 다시 이 땅에 나오게 된 것이 십자가의 도입니다. 이 진리가 바로 주님이 우리에게 비밀로 감추어놓고 복음서에서도 나를 따라오려거든 자기 십자가를 지고 따라 오라 하셨던 바로 그리스도의 말씀이십니다.

성경은 처음부터 끝까지 바로 그리스도의 복음을 나타낸 십자가의 도입니다.

> 요20:30-31 | 30 예수께서 제자들 앞에서 이 책에 기록되지 아니한 다른 표적도 많이 행하셨으나 31 오직 이것을 기록함은 너희로 예수께서 하나님의 아들 그리스도이심을 믿게 하려함이요 또 너희로 믿고 그 이름을 힘입어 생명을 얻게 하려 함이니라
> 요5:39 | 너희가 성경에서 영생을 얻는 줄 생각하고 성경을 연구하거니와 이 성경이 곧 내게 대하여 증언하는 것이니라
> 요17:3 | 영생은 곧 유일하신 참 하나님과 그가 보내신 자 예수 그리스도를 아는 것이니이다

주님 : 이 모든 기록된 말씀들을 늘 기억하거라. 때가 악하니라.
지금부터는 규별된 양의 문으로 들어가야 할 것이니라.
나의 사랑, 어여쁜 자야 일어나 나와 함께 가자꾸나!

> 엡 5:16-17 | 16 세월을 아끼라 때가 악하니라 17 그러므로 어리석은 자가 되지 말고 오직 주의 뜻이 무엇인가 이해하라
>
> 요10:7-10 | 7 그러므로 예수께서 다시 이르시되 내가 진실로 진실로 너희에게 말하노니 나는 양의 문이라 8 나보다 먼저 온 자는 다 절도요 강도니 양들이 듣지 아니하였느니라 9 내가 문이니 누구든지 나로 말미암아 들어가면 구원을 받고 또는 들어가며 나오며 꼴을 얻으리라 10 도둑이 오는 것은 도둑질하고 죽이고 멸망시키려는 것 뿐이요 내가 온 것은 양으로 생명을 얻게 하고 더 풍성히 얻게 하려는 것이라
>
> 아가 2:13 | 무화과나무에는 푸른 열매가 익었고 포도나무는 꽃이 피어 향기를 토하는구나 나의 사랑, 나의 어여쁜 자야 일어나서 함께 가자

2020 양의 문으로
내 삶의 최고의 멘토
예수 그리스도

지 은 이　오미영

저작권자　오미영

1판 1쇄 발행　2020년 02월 02일

발 행 처　하움출판사
발 행 인　문현광
교정교열　홍새솔
편　　집　조다영
주　　소　전라북도 군산시 축동안3길 20, 2층 (수송동)
I S B N　979-11-6440-102-4

홈페이지　http://haum.kr/
이 메 일　haum1000@naver.com

좋은 책을 만들겠습니다.
하움출판사는 독자 여러분의 의견에 항상 귀 기울이고 있습니다.

이 도서의 국립중앙도서관 출판예정도서목록(CIP)은 서지정보유통지원시스템 홈페이지(http://seoji.nl.go.kr)와
국가자료종합목록 구축시스템(http://kolis-net.nl.go.kr)에서 이용하실 수 있습니다.(CIP제어번호 : CIP2020000478)

· 값은 표지에 있습니다.
· 파본은 구입처에서 교환해 드립니다.
· 이 책은 저작권법에 따라 보호받는 저작물이므로 무단전재와 무단복제를 금지하며,
  이 책 내용의 전부 또는 일부를 이용하려면 반드시 저작권자와 하움출판사의 서면동의를 받아야합니다.